두 사람 다 죽는다

두 사람이 같은 꿈을 꾼다

애덤 실베라 지음 | 이신 옮김

문학수첩

하루하루가 소중함을
일깨워 줄 이가 필요한 사람들에게.

힘껏 외쳐 봅니다.
엄마의 무한한 애정과 세실리아의 엄격한 애정을 향해.
고마워요, 두 사람 없으면 난 못 살아요.

1

데스캐스트

삶이란 세상에서 가장 희귀한 것이다.
사람들 대부분은 그저 존재할 뿐.

— 오스카 와일드

마테오 토레즈
2017년 9월 5일, 오전 12시 22분

전화벨이 울린다. '데스캐스트(Death-Cast)'다. 데스캐스트가, 오늘 내가 죽는다는 일생일대의 경고를 날릴 참이다. 아니, '경고'라는 표현은 틀린 것 같다. 경고란 피할 수 있는 무엇을 미리 알려 주는 것이니까. 빨간불인데 길을 건너는 이에게 뒤로 물러설 기회를 주는 자동차 경적음, 이를테면 그런 게 경고지. 이건 경고라기보다는 통보에 가깝다. 한 골목 건너에 있는 교회의 독특한 종소리처럼, 내 방 저쪽 끝에 놓인 휴대전화기가 특유의 경보음을 요란하게 울려 대고 있다. 이미 혼이 나갈 지경이다. 오만 가지 생각이 한꺼번에 떠오르며 주위 모든 것이 순식간에 쓸려 나간다. 혼돈 그 자체. 태어나 처음으로 스카이다이빙에 도전한 사람이 비행기에서 뛰어내리는 순간, 또는 피아니스트가 생애 첫 공연을 시작한 순간의 기분이 이럴까. 내 평생 직접 체험할 일은 없겠지만.

　진짜 말도 안 된다. 1분 전만 해도 난 '카운트다우너스

(CountDowners)'의 어제 자 블로그 게시물을 읽고 있었다. 카운트다우너스는 '데커(Decker)'들이 사진이나 상태를 업데이트하면서 생의 마지막 몇 시간을 실시간으로 기록하는 온라인 공간이다. 조금 전까지 내가 읽던 블로그 글은 어느 대학 2학년생이 자기가 키우던 골든 레트리버의 새집을 찾는다는 내용이었다. 그런데 이게 뭔가, 내가 곧 죽는다니.

내가 곧…… 설마…… 맞아. 그래.

가슴이 옥죄어 온다. 나, 오늘 죽는구나.

언제나 죽음이 두려웠다. 어째서 내게는 일어나지 않을 일이라 여겼는지 모르겠다. 물론 영원한 삶을 기대한 건 아니지만, 적어도 어른이 될 때까지는 살 줄 알았다. 아빠가 날 나쁜 일이 전혀 일어나지 않는 이야기의 주인공인 것처럼 세뇌해 놓은 탓도 있다. 영웅은 살아서 세상을 구해야 하므로 특히 죽는 일은 절대로 없다고 믿게 만들었단 말이다. 하지만 머릿속 잡음은 점차 잦아들고, 휴대전화 너머에선 데스캐스트 알리미가 기다리고 있다. 내가 오늘, 열여덟이란 나이에 죽는다는 소식을 전하려고.

와, 진짜로 내가…….

전화기를 집어 들기도 싫다. 대신 아빠 방으로 달려 들어가 아빠 베개에 대고 저주를 퍼붓고 싶다. 왜 하필 이런 때에 중환자실에 입원했느냐고. 아니면 벽을 치면서 엄마를 원망하고 싶다. 왜 날 낳다 죽어서 내게 때 이른 죽음을 예정해 놓았느냐고. 어느덧 전화벨은 서른 번째 울려 대고, 나도 더는 피할 수 없다. 오늘 내게 닥칠 일을 피할 수 없듯이.

꼰 다리에 얹었던 노트북을 옆으로 밀쳐 놓고 침대를 빠져 나오는데, 순간 어찔하면서 몸이 휘청인다. 난 책상을 향해 좀비처럼 어정버정 꾸물대며 걸어간다.

발신자 정보는 '데스캐스트'. 아무렴.

덜덜 떨리는 손으로 간신히 통화 버튼을 누른다. 입은 열지 않는다. 무슨 말을 할지 모르겠다. 그냥 숨만 쉰다. 내게 남은 숨은 멀쩡한 보통 사람의 하루 평균인 2만8천 번도 안 될 것이다. 그러니 할 수 있는 동안 다 써 버리는 게 낫지 않겠나.

"여보세요, 여긴 데스캐스트입니다. 전 안드레아고요. 티머시 씨 전화 맞나요?"

티머시?

내 이름은 티머시가 아니다.

한시름 놓았다. 티머시라는 사람은 안됐지만. 진심이다.

"전화 잘못 거셨습니다. 제 이름은 마테오예요."

아버지는 이 이름을 내게 물려주었고, 훗날 손주에게도 물려주고 싶어 하신다. 이젠 나도 찬성이다. 살아생전에 내게 아이가 생긴다면 말이지만.

컴퓨터 자판 두드리는 소리가 들리는 게, 안드레아가 자기 담당 명단을 수정하거나 하는 모양이다.

"아이고, 죄송해요. 티머시는 방금 저와 통화를 마치신 분

성함이네요. 소식을 잘 받아들이지 못하셨죠, 가엾게도. 지금 전화 받으시는 분은 마테오 토레즈 씨, 맞죠?"

그렇게, 마지막 희망마저 사라져 버린다.

"마테오, 제발 본인이 맞는다고 해줘요. 제가 오늘 밤에 전화를 꽤 많이 돌려야 되거든요."

지금껏 내가 상상한 알리미―내가 아니라 그들이 정한 공식 명칭이다―는 이렇지 않았다. 동정심이 묻어나는 말투로 나를 달래 줄 줄 알았다. 게다가 내가 아직 어리니까 더더욱 참담하다는 말을 어쩌면 지겹도록 되풀이하지 않을까 생각했다. 솔직히, 알리미가 어느 정도 활달해도 난 괜찮을 것 같았다. 이를테면 적어도 무슨 일이 생길지 미리 알았으니 남은 시간을 최대한 활용해 신나게 즐기라고 얘기해 준다거나. 어차피 나도 집에 틀어박혀 끝내 완성하지도 못할 1,000조각 퍼즐 맞추기를 하거나 실제 사람과의 섹스는 무섭다며 혼자 딸딸이나 칠 생각은 없으니 말이다. 그런데 막상 이 알리미는 내게 시간을 뺏기고 싶어 하지 않는 듯한 인상을 풍긴다. 하기야, 가진 시간이 나와는 달리 너무나도 많으니까.

"그래요, 마테오. 내가 마테오예요."

"마테오, 안타깝게도 당신은 앞으로 24시간 안에 때 이른 죽음을 맞이하게 될 겁니다. 죽음을 미룰 방법은 없습니다만, 살 기회는 있어요."

이어서 알리미는 삶이란 원래 공평하지 않다고 말하고는 오늘 내가 참여할 만한 몇 가지 행사의 목록을 죽 읊는다. 알리미한테 화별 일이 아니지만, 이 여자는 죽음이 임박했다는 소식을 수백 명, 어쩌면 수천 명에게 전하면서 이골이 난 대사 낭독을 지겨워하는 티가 너무 난다. 일말의 동정심도 느껴지지 않는다. 나와 통화하는 동안에도 손톱 끝을 갈거나 혼자서 틱택토 게임을 하고 있겠지.

데커들은 전화를 받은 순간부터 거의 모든 것을 카운트다우너스에 올려 '최후의 날'을 어떻게 보내고 있는지 생중계한다. 카운트다우너스는 말하자면 데커들의 트위터다. 알리미에게 자신이 어떻게 죽는지 물어봤다는 피드가 엄청나게 많지만, 그건 누구도 알 수 없다는 것이 주지의 사실이다. 이 원칙에는 예외가 없어서, 레이놀즈 전 미국 대통령조차 4년 전 지하 벙커에 숨어 죽음을 피해 보려 했으나 결국 자신의 특별 경호원에게 암살당했다. 데스캐스트는 오직 죽는 날짜만 통보할 뿐 정확한 시각이나 자세한 방법은 절대 알려 주지 않는다.

"……지금까지 말씀드린 내용, 전부 이해하셨나요?"

"네에."

"'데스캐스트닷컴'에 접속하셔서 장례식에 관련한 특별 요청 사항과 본인이 원하는 비문을 적어 주세요. 혹시 화장을 원하시는 경우에는……."

지금껏 장례식장에는 딱 한 번 가 봤다. 내가 일곱 살 때 할머니가 돌아가셨는데, 장례식장에서 난 할머니가 잠만 잔다며 마구 성질을 부렸다. 그로부터 5년 후 데스캐스트가 등장하면서 갑자기 모두가 '말짱한' 상태로 자신의 장례식장에 있게 되었다. 죽기 전에 작별 인사를 할 기회가 있다는 건 대단한 일이지만, 그 시간을 충실히 사는 데 쓰는 편이 더 낫지 않을까? 내 장례식에 사람들이 온다는 보장이 있다면 생각이 좀 달라졌을지 모르겠다. 친구라고는 겨우 손에 꼽을 정도라서.

"티머시, 여기 데스캐스트의 모두를 대신해 심심한 애도를 표합니다. 오늘 하루를 충만하게 보내도록 해요, 알았죠?"

"마테오라니까요."

"미안해요, 마테오. 저도 당황스럽네요. 유난히 힘든 날인 데다 이런 전화를 돌리는 일이 스트레스를 주기도 하고, 또⋯⋯."

난 전화를 끊어 버린다. 무례한 짓이란 거 안다. 안다고. 하지만 도저히 들어 줄 수가 없다. 오늘이 스트레스 받는 날이라고? 앞으로 한 시간, 아니 어쩌면 당장 10분 후에 죽을지도 모르는 사람 앞에서? 기침약이 목에 걸릴 수도 있고, 뭐라도 하려고 집을 나섰다가 밖으로 나가기도 전에 계단에서 굴러 목이 꺾여 버릴 수도 있고, 집 안으로 침입한 강도에게 살해당할 수도 있고. 내가 자신 있게 배제할 수 있는 단 한 가지는 늙어 죽을 가능성뿐인데.

무릎이 꺾이며 난 털썩 주저앉는다. 오늘로 모든 게 끝장이다. 어떻게 손쓸 방법이 없다. 죽음을 막을 수 있는 봉을 되찾으러 용이 우글거리는 땅으로 갈 수도 없고, 평범하게 천수를 누리고 싶다는 내 소원을 들어줄 지니를 찾아 양탄자를 타고 날아갈 수도 없다. 내 몸을 극저온 냉동 시켜 줄 미친 과학자를 어쩌면 찾아낼 수도 있겠지만, 그 기상천외한 실험을 당하는 도중에 내가 죽어 버릴 가능성이 다분하다. 누구도 죽음을 피할 수 없고, 난 꼼짝없이 오늘 죽는다.

이미 죽은 이가 누군가를 그리워할 수 있다고 치면 내가 그리워할 사람들 명단은 명단이라 부르기도 뭣할 만큼 짧다. 일단 아빠. 나름대로 최선을 다하셨지. 그리고 제일 친한 친구, 리디아. 복도에서 날 투명인간 취급 하지 않을 뿐 아니라 점심 시간에 내 맞은편에 앉고 지구과학 시간에는 내 짝이 되어 주었으며 자기는 장차 환경 운동가가 되어 지구를 지키고 싶은데 내가 그 지구에서 잘 살기만 해도 보람이 있을 거라고 내게 털어놓은 친구. 이 두 명이 전부다.

내가 그리워하지 '않을' 사람들 명단에 누가 관심이나 있을까마는, 어차피 그런 명단은 존재하지 않는다. 아무도 딱히 내게 잘못하지 않았다. 심지어 사람들이 날 괴롭힐 생각조차 않는 이유도 안다. 뻥 안 치고, 진짜로 안다. 내가 구제 불능의 편집증 환자라서. 같은 반 친구들이 공원에서 롤러스케이트를 타자거나 늦은 밤에 드라이브를 하자며 날 끼워 주려 한 적이 몇 번 있었지만 난 그러다가 어쩌면 죽을 수도 있어서, 아니 아마도 죽을 것만 같아서 번번이 빠지곤 했다. 아무래도 내가 가장 그리워할 것은 멀쩡히 늙어 죽을 기회, 그리고 4년 동안 옆 자리에 앉은 모두와 절친이 될 가능성이 아닐까 싶다. 순전히 너무나 무서워서 밤샘 파티도 한번 해 보지 못했다. 친구들과 밤새도록 엑스박스 인피니티와 보드게임을 즐기며 우정을 쌓지 않았음이 난 못내 아쉬울 것이다.

내가 누구보다도 가장 그리워할 사람은 바로 미래의 마테오, 아마 지금보다 느긋하며 잘 살아 있을 그 친구다. 명확하게 그리기는 어렵지만, 친구들과 대마초를 피운다든지 운전면허증을 딴다든지 자신의 뿌리를 더 잘 알기 위해 푸에르토리코행 비행기에 오른다든지 하는 새로운 일들을 시도해 보는 미래의 마테오를 상상할 수 있다. 어쩌면 누군가와 데이트를 할 수도 있겠고, 어쩌면 그 상대를 좋아할지도 모른다. 아마 친구들을 위해 피아노를 연주해 주고 그들 앞에서 노래도 부르겠지. 그 마테오의 장례식은 틀림없이 붐빌 것이다. 그의 장례를 치르는 데는 꼬박 일주일이 걸릴 것이며, 장례식장엔 마지막으로 그와 포옹할 기회가 없었던 조문객들이 꽉꽉 들어찰 것이다.

미래의 마테오는 그리워할 사람들 명단이 더 길 것이다.

하지만 나는 미래의 마테오로 자라날 수 없다. 누구도 나와 함께 취하지 않을 것이고, 누구도 내 피아노 연주를 감상해 주지 않을 것이며, 누구도 내가 면허증을 따고 나서 운전하는 아빠 차의 조수석에 앉지 않을 것이다. 더 좋은 볼링화나 비디오게임 속 울버린 캐릭터를 놓고 친구들과 아웅다웅할 일도 없다.

방바닥에 벌러덩 드러누우며 이제 내 인생은 그야말로 '죽기 아니면 살기'구나 하고 생각한다. 아니, 그마저도 아니다.

이제 내 인생에 남은 건 죽기뿐이다.

오전 12시 42분

아빠는 스스로에게 화가 나거나 실망할 때마다 뜨거운 물로 샤워를 하면서 열을 식힌다. 혼란스러운 '마테오만의 생각들'이 자꾸 솟아나서 그 생각들을 정리할 '마테오만의 시간'이 아주 많이 필요해졌던 열세 살 무렵부터 나도 아빠를 따라 했다. 지금은 리디아와 아빠 말고도 세상 전부 또는 일부가 나의 죽음을 애석해하길 바라는 게 죄스러워 샤워를 한다. 죽음을 예고받지 않았던 모든 날을 줏대 있게 살지 않았기에, 나는 과거를 몽땅 허비한 데다 미래마저 완전히 빼앗긴다.

아무에게도 말하지 않을 작정이다. 아빠는 예외지만 어차피 의식이 없으니 상관없다. 사람들이 슬프다며 던지는 말들이 과연 진심일지 궁금해하며 마지막 날을 보내기는 싫다. 누구든 생애 마지막 몇 시간을 남의 속내를 짐작하는 데 쓰면 안 되는 법이다.

그러나 난 오늘도 여느 날인 양 나 자신을 속이며 세상으로 나가야 한다. 병원에 있는 아빠를 찾아가 손을 잡아 드려야 한다. 어릴 적 이래 처음이자 마지막……. 하아, 죽기 전에 마지막으로.

난 죽음을 피할 수 없다는 사실에 적응하기도 전에 죽을 것이다.

리디아와 그녀의 한 살배기 딸 페니도 만나야 한다. 페니가 태어났을 때 리디아는 나를 아이의 대부로 지정했다. 1년 조금 더 전에 리디아의 남자친구인 크리스천이 죽었고 이제 만약 리디아가 세상을 떠나면 내가 페니의 보호자가 되어야 하는데 이게 참 엉터리다. 아니, 수입이라곤 한 푼도 없는 열여덟 살짜리가 무슨 수로 아기를 돌본단 말인가? 정답: 돌보지 못한다. 그래도 나이는 먹기 마련이니 언젠가 재정적으로 안정되고 정서적으로 준비가 됐을 때 페니에게 세계를 구한 어머니와 멋있는 아버지 얘기를 들려주고 기꺼이 내 집에 들일 작정이었다. 그러나 이제 페니에게 나는 사진첩 속에 존재하는 사람 이상은 될 수 없다. 그 애는 엄마가 들려주는 옛 친구 얘기에 고개를 끄덕이다가, 안경 쓴 모습이 우스꽝스럽다며 야유하고는, 아무렇지도 않게 다음 페이지로, 자기가 실제로 알고 소중히 여기는 가족들 사진으로 넘어갈 것이다. 그 애에게 난 유령조차 될 수 없다. 하지만 그렇다고 해서 그 애를 한 번 더 간지럽히거나 그 애 얼굴에 묻은 호박과 완두콩을 닦아 주지 말란 법은 없고, 리디아가 잠시 육아에서 벗어나 고졸 검정고시 공부를 하거나 양치질을 하거나 머리를 빗거나 낮잠을 잘 수 있도록 도와주지 말란 법도 없다.

내 친구 리디아와 그녀의 딸을 만난 다음, 어떻게든 그 애들과 이별을 하고 나는 나대로 살아야 할 것이다.

수도꼭지를 잠그자 내 몸에 쏟아지던 물줄기가 멎는다. 오늘은 한 시간씩이나 샤워할 여유가 없다. 세면대에 놓인 안경을 집어 쓴다. 욕조에서 나오다가 바닥의 물기에 발이 쭉 미끄러진다. 뒤로 넘어가는 그 짧은 순간에도, 삶이 주마등처럼 눈앞을 스쳐 간다는 속설이 진짜인지 아닌지 이제 알 수 있겠다고 생각하지만, 이내 수건걸이를 붙잡고서 가까스로 다시 선다. 후, 하, 후, 하, 심호흡을 한다. 이런 식으로 죽는다면 너무나 불행할 것 같아서. 아주 다양한 수준으로 역겨운 인기 웹사이트 '어이없는 죽음' 블로그의 '샤워하다 KO' 피드에 하마터면 내가 추가될 뻔했다.

밖으로 나가, 살아야겠다. 그보다 먼저 이 아파트를 살아서 나가야겠지만.

오전 12시 56분

4F호와 4A호 이웃들에게 그동안 고마웠다고, 오늘이 내 '최후의 날'이라고 몇 자 적어 본다. 아빠가 입원해 계셔서 4F호의 엘리엇 아줌마가 날 챙겨 주었고, 지난주에 내가 아빠의 엠파나다(스페인식 파이—옮긴이)를 만들어 보려다 가스레인지를 고장 내 버린 뒤로는 저녁도 아줌마가 불러다 먹여 주었다. 4A호의 선 아저씨가 토요일에 와서 가스레인지를 고쳐 주기로

했지만 이제는 그럴 필요가 없게 됐다. 아빠가 고치는 방법을 알겠지. 아마 죽어 버린 아들 생각에서 벗어나 따로 몰두할 일거리가 필요하기도 할 테고.

옷장에서 리디아가 내 열여덟 번째 생일선물로 준 파란색과 회색이 섞인 체크무늬 셔츠를 꺼내어 흰색 티셔츠 위에 걸쳐 입는다. 이걸 입고 밖에 나가 본 적은 없다. 이 셔츠를 입고 다니면 오늘 나는 리디아와 함께 다니는 셈이다.

손목시계를 확인해 본다. 아빠가 눈이 침침하다며 불빛이 나오는 디지털시계를 사고선 원래 쓰던 걸 나한테 줬다. 시곗바늘이 오전 1시를 향해 간다. 여느 날이라면 다음 날 학교에서 힘들 것을 알면서도 한창 비디오게임에 빠져 있을 시각이다. 어쨌든 수업이 비는 시간에 곯아떨어지면 되니까. 그런 자유 시간을 당연히 여기지 말았어야 하는데 말이다. 비는 시간 없이 다른 수업을, 이를테면 미술 수업이라도 들었어야 한다. 그림이 목숨을 구해 주지는 않지만. (아니면 목숨을 구하기 위해 뭐라도 했어야 한다. 이러거나 저러거나 뭐가 중요하냐고 말하고 싶지만, 사실 제일 중요하지, 그렇지 않은가?) 어쩌면 밴드부에 들어가는 것도 괜찮지 않았을까. 밴드부에서 피아노를 치다가 노래 실력을 인정받아 코러스가 되고, 그런 다음 멋진 누군가와 듀엣으로 활동하다가 과감히 솔로로 나서는 거다. 젠장, 하다못해 연극을 했어도 나 자신을 깨부수는 역할을 맡아 연기했다면 재미있었을 것 같다. 하지만 천만에, 난 비는 시간을 만들어 모든 가능성을 차단하고 낮잠이나 퍼 자는 쪽을 택했다.

오전 12시 58분이다. 1시가 되면 기필코 이 아파트를 벗어날 것이다. 여긴 내 안식처이자 감옥이었다. 아파트를 샅샅이 헤집는다 해도 끽해야 여기서 저기까지인데, 그 대신 이번만큼은 바깥공기를 마셔야겠다. 가로수가 몇 개인지 세어 보고, 어쩌면 허드슨강 물에 발을 담근 채 좋아하는 노래를 흥얼거릴 수도 있겠고, 요절한 젊은이로서 기억될 수 있게끔 최선을 다해야 한다.

1시다.

다시는 내 방으로 돌아올 수 없다니 믿을 수가 없다.

현관문 자물쇠를 풀고, 손잡이를 돌리고 밀어 문을 연다.

나는 머리를 흔들며 현관문을 도로 쾅 닫는다.

때가 되기도 전에 날 죽일 세상으로 걸어 나가진 않겠다.

루퍼스 에메테리오

오전 1시 5분

전 여자친구의 새 남자친구를 죽도록 패고 있는데 데스캐스트가 전화 받으라고 난리다. 지금도 무릎으로 이 자식 어깨를 땅바닥에 찍어 누른 채 올라탄 자세인데, 이놈 눈두덩에 한 번 더 주먹을 날리지 않는 유일한 이유는 주머니에서 울리는 전화벨 소리, 직접 경험했던 그놈의 '둥-둥-둥' 소리를 효과음으로 쓰는 뉴스나 개똥 같은 쇼를 봤든 좌우지간 누구나 빌어먹게 잘 아는 데스캐스트의 우렁찬 신호음 때문이다. 내 똘마니 타고와 맬컴이 내지르던 환호성도 뚝 멎었다. 녀석들은 죽은 듯이 조용하고, 난 이 퍽 자식의 전화기도 덩달아 울리길 기다려 본다. 헛짓이다. 내 전화기만 울려 댄다. 어쩌면 내 목숨이 날아갈 거란 소식을 전하는 이 전화가 방금 이 자식 목숨을 살렸는지도.

"그거 받아야 돼, 루프."

타고 녀석이다. 녀석은 온라인으로 싸움 구경하는 게 취미

여서 좀 전까지도 펙 자식이 얻어터지는 장면을 동영상으로 찍고 있었는데, 지금은 자기도 전화가 올까 봐 무서운지 제 전화기를 응시하고 있다.

"누가 안 받는대?"

심장이 미친 듯이 빨리, 처음에 펙한테 달려들던 순간보다 더 빨리, 놈을 때려눕히고 뻗게 만들었던 때보다 더 빨리 뛴다. 놈의 왼쪽 눈두덩은 벌써 붓기 시작했고, 오른쪽 눈동자엔 아직도 순전히 공포만 가득하다. 데스캐스트는 3시까지 전화를 돌린다. 펙은 내가 자길 저승길 동무로 삼을지도 모른다고 여기는 것 같다.

나도 잘 모르겠다.

전화벨이 멎는다.

맬컴이 말한다.

"잘못 왔나 봐."

전화벨이 다시 울린다.

맬컴이 입을 닫는다.

어차피 기대하지도 않았다. 통계 같은 건 모르지만 데스캐스트의 젠장맞을 신호음이 뜻하는 건 결코 흔한 소식이 아니다. 그리고 우리 에메테리오 가문은 생존과 관련해서 그다지 운이 좋은 편이 아니다. 하지만 우리의 조물주를 예정보다 일찍 만난다? 우린 당신의 자식인데.

쉴 새 없이 두드려 맞을 때처럼 몸이 덜덜 떨리고 머릿골이

윙윙거린다. 어떻게 죽을지 전혀 모르면서 내가 죽는다는 사실만 알기 때문에. 그런데 내 삶이 눈앞을 스쳐 지나가지는 않는다. 언젠가 진짜 죽음의 문턱에 닿으면 그러리라 상상했던 그런 건 없다.

아래에서 펙이 꿈틀거리다, 내가 주먹을 쳐들자 순간 얼음이 된다.

"저 새끼한테 무기가 있을지도 몰라."

또 맬컴이다. 녀석은 우리 무리에서 덩치를 맡고 있다. 우리 차가 허드슨강으로 튕겨 들어가서 내 누나가 안전띠를 벗을 수 없을 때 근처에 있으면 도움이 될 만한 덩치 말이다.

전화가 오기 전이었다면, 놈이 일터에서 나오자마자 우리가 덮쳤으므로 난 펙한테 무기 따위는 없다는 데 뭐든 걸었을 것이다. 하지만 목숨을 걸 생각은 없다. 이런 식으로는 더더욱. 전화기를 떨어뜨린다. 펙을 툭툭 두드리곤 뒤집어 주머니칼이 있는지 허리춤을 더듬어 본다. 난 일어서고 놈은 그대로 엎어져 있다.

맬컴이 파란색 자동차 밑에서 펙의 배낭을 끌어낸다. 녀석이 배낭을 열어 뒤집자 《블랙 팬서》와 《호크아이》 만화책 몇 권이 투두둑 떨어진다.

"없네."

타고가 이쪽으로 달려온다. 펙 놈의 머리통을 축구공처럼 걷어찰 줄 알았건만 웬걸, 땅바닥에 떨어진 내 전화기를 주워 전화를 받는다.

"누굴 찾는다고요?"

녀석이 되묻는데, 목 경련으로 고개가 옆으로 까딱한다. 긴장할 때 나오는 버릇이다.

"잠깐, 잠깐만요. 제가 아니고요, 바꿔 드릴게요. 잠깐만요."

그러고는 나한테 전화기를 내민다.

"그냥 끊을까?"

모르겠다. 여기 초등학교 주차장에 나한테 피 터지게 얻어맞은 펙이 있는데, 데스캐스트가 실은 내가 복권에 당첨됐다고 전화한 게 아님을 일부러 확인할 필요가 있을까. 타고 녀석한테서 전화기를 홱 낚아챈다. 열이 뻗치고 당황스러워 토할 것 같지만 내 부모님과 누나는 그러지 않았으니 아마 나도 그러지 않겠지.

"이 새끼 잘 봐."

타고와 맬컴은 끄덕인다. 어쩌다 내가 대장이 됐는지 모르겠다. 이 녀석들보다 몇 년이나 늦게 그 위탁가정에 들어간, 따지고 보면 막내인데.

사생활을 보호받겠다는 듯이 녀석들한테서 어느 정도 떨어져 출구 표지판 불빛이 비치지 않는 곳을 찾는다. 한밤중에 손마디에 피를 묻히고 굳이 훤한 불빛 가운데 서서 잡혀갈 필요는 없다.

"네?"

"안녕하세요. 데스캐스트의 빅터입니다. 루퍼스 에미테리오 씨죠?"

빅터라는 작자가 내 성에 난도질을 했지만 구태여 바로잡는 게 무슨 의미가 있겠나 싶다. 에메테리오라는 이름에 민감하게 굴 사람이 나 말고는 여기에 없으니까.

"예, 접니다."

"루퍼스, 안타깝게도 당신은 앞으로 24시간 안에……."

"23시간이겠죠. 1시가 넘었잖아요."

주차된 차들 사이로 왔다 갔다 하면서, 난 그의 말을 끊는다. 24시간 좋아하시네. 다른 데커들은 한 시간 전에 예고를 받았다. 데스캐스트가 한 시간 전에 전화했다면 난 대학 1학년 중퇴자 펙이 일하는 식당 밖에서 기다리지도, 놈을 뒤쫓아 이 주차장까지 오지도 않았을 거다.

"예, 그러네요. 미안합니다."

빅터가 말한다.

애꿎게 화풀이를 하고 싶진 않아서 애써 입을 다문다. 누가 됐건 애초에 이런 일자리에 지원하는 이유를 당최 모르겠지만 어쨌든 이 사람은 자기 일을 하는 것뿐이다.

잠시, 기분이라도 좋게 나한테 미래가 있다고 치자. 언젠가 내가 잠에서 깨어 "업무라곤 12시에서 3시까지 사람들한테 당신 인생은 끝났다고 말하는 것뿐인 일자리를 얻어야겠어"라고 다짐할 날이 올까? 우주가 뒤집힌대도 그럴 일은 없다. 그렇지만 빅터를 비롯해 꽤 많은 사람이 그런 결심을 했다. '소식 전하는 사람이 무슨 죄'라느니 어쩌느니 하는 소리는 듣고 싶지 않다. 더군다나 그 사람이 내 목숨은 오늘 내로 결딴난다는 소식을 전할 때는 더더욱.

"루퍼스, 안타깝게도 당신은 앞으로 23시간 안에 때 이른 죽음을 맞이하게 될 겁니다. 죽음을 미루는 건 불가능하지만, 남은 하루에 대한 선택권이 있기에 이렇게 전화를 드린 겁니다. 우선, 좀 어떠세요? 신호음이 꽤 오래 울렸는데요. 별일은 없으시죠?"

내가 어떤지 알고 싶으시단다. 아무렴, 어련하시겠어. 짐짓 꾸며 낸 목소리가 내 귀엔 다 들린다. 어차피 오늘 새벽 자기가 맡은 다른 데커들 이상으로 나를 신경 쓰지는 않으면서. 아마 통화 내용이 녹음될 테고, 이 인간은 괜히 서두르다가 일자리를 잃는 우를 범하지 않으려는 것이겠지.

"내가 어떤지 나도 모르겠는데요."

백인 꼬마와 흑인 꼬마가 무지개 아래서 손을 맞잡은 그림이 있는 벽에다 냅다 던져 버리고 싶은 충동을 억누르느라 전화기를 으스러뜨릴 듯이 움켜쥔다. 힐끗 뒤돌아보니 펙은 여전히 땅바닥에 얼굴을 댄 채 엎어져 있고 맬컴과 타고는 날 쳐다보고 있다. 놈을 어찌 처리할지 결정하기 전에 달아나지 못하게 잘 감시하는 게 녀석들 신상에도 좋을 게다.

"뭘 선택할 수 있는지나 말해 줘요."

괜찮은 선택권이어야 할 텐데.

빅터는 오늘 일기예보(오전에 비가 내리겠고 오후에도 내가 살아 있다면 마찬가지일 거란다), 구미가 전혀 당기지 않는 특별 행사들(다 싫은데, 개중 비가 오거나 말거나 제일 싫은 건 하이라인 공원에서 열린다는 요가 강좌다), 정식 장례 절차, 오늘 자 암호를 대면 데커 할인을 받을 수 있는 식당들을 읊어 댄다. 내 귀엔 아무것도 들어오지 않는다. 내 남은 '최후의 날'이 어떻게 흘러갈지 너무나 불안할 따름이다.

"어떻게 아는 거예요?"

내가 불쑥 끼어든다. 어쩌면 이 인간이 날 불쌍히 여겨 내가 타고와 맬컴한테 이 엄청난 비밀을 귀띔해 줄 수 있게 될지도 모른다.

"'최후의 날' 말이에요. 어떻게 알아요? 명부가 있어요? 수정 구슬? 미래에서 온 달력?"

데스캐스트가 이 일생일대의 정보를 어떻게 입수하는지에 대해서는 모두가 추측만 할 뿐이다. 방금 내가 읊은 황당무계한 가설들은 전부 타고한테서 들은 것이다. 녀석이 말하길, 데스캐스트에 정보를 주는 심령술사단이 있다거나, 정부가 외계인을 욕조에 묶어 놓고 '최후의 날' 정보를 토해 내라고 강요한다는 그야말로 황당무계한 얘기도 온라인에 떠돈다고 한다. 특히 외계인 가설은 틀려도 아주 단단히 틀렸지만, 지금 내겐 그 점에 대해 왈가왈부할 시간이 없다.

"죄송하지만 저희 알리미들도 그 정보는 알지 못합니다. 저희도 물론 궁금한데요, 저희 업무 수행에 꼭 필요한 정보는 아니라서요."

역시 들으나 마나 한 답변이다. 틀림없이, 알면서도 말하지 못하는 거다. 말하면 잘릴까 봐.

됐다 그래.

"저기요 아저씨, 딱 1분만 사람다워집시다. 아시는지 모르겠는데, 저 열일곱 살이에요. 열여덟 번째 생일이 3주 남았다고요. 그러니 열 받지 않게 생겼어요? 영영 대학도 못 가게 됐는데? 결혼도 못 하고, 애도 못 낳고, 여행도 못 가는데? 근데 아저씨는 아니겠죠. 아저씨는 그 쥐구멍만 한 사무실의 그 코딱지만 한 의자에 앉아서도 그렇게 침착할 수 있어요. 왜냐, 앞으로 몇 십 년은 더 산다는 걸 아니까. 맞죠?"

빅터가 헛기침을 한다.

"내가 사람답게 굴길 바라니, 루퍼스? 직책 따위 버리고 현실적인 조언을 해라? 좋아. 한 시간 전에 난 어떤 여성과 통화를 했어. 고작 네 살인 딸이 오늘 죽으면 자기는 더 이상 엄마가 아닌 삶을 어떻게 사느냐고 울부짖더라고. 딸애의 목숨을 살릴 방법을 알려 달라고 내게 빌었지만 그럴 권한은 아무에게도 없어. 통화를 마치고 나서, 난 경찰을 붙여 달라고 유소년부에 요청해야 했어. 그 어머니의 모성애가 잘못된 방향으로 발현될 수도 있으니까. 믿거나 말거나, 이 일을 하면서 이 정도

일은 가장 역겨운 축에 들지 않는단다. 루퍼스, 네 일은 정말 안타까워, 진심이야. 하지만 네 죽음이 내 탓은 아니잖냐. 게다가 아직 전화 걸 데가 많이 남았거든. 부탁할게, 협조 좀 해 주라."

빌어먹을.

이 작자가 쓸데없이 나한테 딴 사람 얘기를 했음에도, 난 순순히 협조한다. 하지만 결코 학교에 다니지 못할 딸아이를 둔 어머니가 뇌리를 떠나지 않는다. 마지막으로 빅터는 어렸을 적부터 데스캐스트가 등장인물로 나오는 드라마와 영화에서 익히 들어 나도 아주 잘 아는 대사를 읊는다.

"데스캐스트의 모두를 대신해 심심한 애도를 표합니다. 오늘 하루를 충만하게 보내십시오."

누가 먼저 전화를 끊었는지 모르겠지만 아무래도 상관없다. 이미 끝난 일…… 아니, 곧 끝날 일이다. 오늘이 내 '최후의 날', 반박 불가한 '루퍼스의 종말'이다. 그 종말이 어떻게 찾아올지 나는 모른다. 내 부모와 누나처럼 익사하지는 않으면 좋겠다. 나 때문에 더러운 꼴을 당한 사람은 진짜로 펙 한 명뿐이니 총 맞아 죽지는 않으리라 믿고 싶지만, 또 모를 일이다. 오발 사고란 것도 있으니까. 어차피 죽을 건데 어떻게 죽건 죽기 전에 뭘 하건 다 중요치 않지만, 어떻게 죽을지 모르니 너무 무서워 돌아버리겠다. 결국 죽음이란 딱 한 번뿐이라서.

어쩌면 펙이 책임을 져야 할 수도 있겠다.

아까 자리로 빠르게 돌아간다. 펙의 멱살을 잡아 올려서 놈을 벽돌 벽으로 밀어붙인다. 놈의 이마에 난 상처에서 피가 질 나온다. 이런 놈 때문에 내가 회까닥했다니 믿을 수가 없다. 이 자식이 에이미가 날 버린 이유를 줄줄이 읊어 대며 함부로 입을 놀린 탓이다. 그 업보가 내게 되돌아오지 않았다면 내 손이 지금 이놈 목을 조르고 있지도 않을 텐데. 지금 이놈은 나보다 더 겁에 질렀다.

"넌 날 '이긴' 게 아니야, 알아들어? 에이미는 너 때문에 나랑 헤어진 게 아니니까, 그딴 생각은 당장 머릿속에서 지워 버려. 갠 날 사랑했어. 이래저래 사정이 복잡해져서 결국 더는 날 받아들이지 않기로 한 거야."

안다, 멋있다는 거. 맬컴과 타고도 그렇게 생각한다는 거. 난 펙과 맞닿을 듯이 얼굴을 들이밀고 놈의 멀쩡한 눈을 뚫어져라 노려본다.

"평생 다시는 보지 말자."

안다, 알아. 남은 평생이라야 얼마 되지도 않는 거. 하지만 이 얼간이 자식이 무슨 희한한 짓거리를 벌일지 모를 일이다.

"알겠어?"

펙은 끄덕인다.

놈의 목을 움켜쥐었던 손을 풀고 놈의 주머니에서 휴대전화기를 꺼낸다. 벽에 냅다 던지니 액정이 박살 난다. 맬컴이 그걸 쾅쾅 밟아 버린다.

"이제 꺼져."

맬컴이 내 어깨를 잡는다.

"보내지 마. 이 자식, 연줄이 있잖아."

펙은 시내의 창문 높이를 재기라도 하는 것처럼 초조하게 벽을 따라 슬금슬금 움직인다.

난 어깨를 털어 맬컴의 손을 뿌리친다.

"뭐 해, 꺼지라니까."

펙은 냉큼 자리를 뜬다. 우리가 쫓아오는지 확인하려고 뒤를 힐끔거리거나 만화책과 배낭을 챙길 생각도 않고, 비틀비틀 달아난다.

맬컴이 말한다.

"저 자식한테 깡패 친구들이 있다며? 데려오면 어떡해?"

"진짜 깡패도 아니고, 저 자식은 조직에 들어가지도 못했어. 저놈 받아 주는 조직이면 겁낼 것도 없고. 저 쫄보 자식, 친구들은커녕 에이미한테도 말 못 할걸? 우리가 단단히 손봐 놨잖아."

나보다 놈이 먼저 에이미한테 연락하는 건 싫다. 내 사정을 설명해야 하는데, 내가 한 짓을 개가 알게 되면, 글쎄다, 아마 날 보고 싶어 하지 않을 것이다. 오늘이 내 '최후의 날'이건 아니건 간에.

"데스캐스트가 그 자식한테도 전화하진 않을 거 아냐."

타고 녀석, 이번엔 목을 두 번이나 까딱까딱한다.

"애초에 죽일 생각도 없었어."

둘 다 입을 다문다. 녀석들은 내가 놈을 때려눕히는 장면을, 자제력 따위 없다는 듯 마구 패는 모습을 다 봤다.

온몸이 하염없이 떨린다.

의도하지 않았더라도 어쩌면 놈을 죽일 수도 있었다. 정말 놈을 때려죽였다면 내가 제정신으로 살 수 있었을지 어떨지 모르겠다. 아니다, 모르긴 개뿔, 뻔히 알지만 그저 센 척하는 것뿐이다. 사실 세지도 않으면서. 사고를 당하고 우리 가족 중 나 혼자만 살아남은 뒤 지금껏 제정신을 유지하기도 무척 힘들었다. 내 잘못으로 일어난 사고가 아님을 알면서도 말이다. 이런 내가 누군가를 때려 죽음에 이르게 한다면 절대 아무렇지도 않게 살 수 있을 리 없다.

괜히 발을 쿵쿵 구르며 자전거를 내버려 둔 곳으로 간다. 내 자전거 손잡이가 타고의 자전거 바큇살에 끼어 있다. 펙을 뒤쫓다가 여기서 뛰어내려 다짜고짜 놈한테 덤벼들었다. 난 자전거를 세우며 타고와 맬컴에게 이른다.

"나 따라오지 마. 알아들었지?"

"싫어, 같이 가자, 그냥……."

"됐어. 나 지금 시한폭탄이야. 이러다 내가 폭발해 버리면 너희, 터지진 않아도 데이긴 할 거야. 어쩌면 문자 그대로 그렇게 될 거야."

맬컴이 고집을 피운다.

"우릴 떼 놓을 수는 없어. 네가 가면 우리도 가."

타고도 끄덕이는데, 날 따르겠다는 본능을 몸이 거부하는지 고개가 오른쪽으로 까딱 꺾인다. 녀석은 다시, 이번엔 경련 없이 끄덕인다.

"너희 둘은 진짜 그림자지."

맬컴이 묻는다.

"우리가 흑인이라서?"

"항상 날 따라다녀서. 끝까지 의리를 지키니까."

끝까지.

이 단어에 셋 다 입을 다물고 만다. 말없이 각자 자전거에 올라타 페달을 밟는데, 바퀴끼리 서로 부딪치고 난리다. 헬멧을 두고 나온 게 한이 되는 날이다.

타고와 맬컴이 온종일 나랑 붙어 다닐 수는 없다는 거 안다. 하지만 같은 위탁가정 출신의 형제, '플루토' 식구인 우리는 서로에게 등을 돌리지 않는다.

"집에 가자."

그렇게 우리는 주차장을 빠져나간다.

마테오
오전 1시 6분

다시 내 방이다. 다시는 돌아오지 않겠다는 헛소리는 그만하자. 돌아오자마자 기분이 괜찮아진다. 마치 비디오게임에서 최종 보스한테 한창 까이고 있다가 목숨을 하나 더 얻은 것처럼. 죽음에 대해 순진한 건 아니다. 그 일이 닥쳐오리란 걸 안다. 하지만 구태여 서두를 필요는 없잖은가. 나 자신에게 시간을 주고 있을 뿐이다. 난 오로지 더 오래 살고 싶을 뿐이고, 특히 이렇게 야심한 시각에 집 밖으로 걸어 나가 스스로 무덤을 파는 우를 범하지 않을 깜냥은 된다.

학교 가려고 번쩍 깼는데 토요일임을 깨달았을 때 밀려오는 그런 안도감을 느끼며 침대로 뛰어든다. 담요를 어깨에 두르고, 노트북 앞에 풀썩 엎드린다. 안드레아와 내가 통화한 시각이 찍힌 확인증을 첨부한 데스캐스트의 이메일은 무시하고, 전화를 받기 전에 보던 어제 자 카운트다우너스 게시물을 마저 읽는다.

이 데커는 스물두 살, 이름은 키스였다. 그가 올린 게시물들만 봐서는 그가 학교 친구들과 어울리기보다 터보라는 이름의 반려견과 함께 달리는 걸 더 좋아하는 외톨이였다는 사실 외에 그의 삶에 대해 별다른 정보를 얻을 수 없었다. 보나 마나 아버지가 먼저 나서는 사람한테 무조건 터보를 줘 버릴 거라며, 그는 터보를 맡아 줄 새 가정을 찾고 있었다. 아니나 다를까, 터보는 워낙 멋들어진 골든 레트리버라 그야말로 '아무나' 주인이 되겠다고 나설 판이었다. 제길, 개털 알레르기가 심한 나조차 입양하고 싶을 정도다. 그러나 터보를 넘기기 전, 키스는 이 반려견과 함께 평소 즐겨 다니던 산책길을 따라 마지막으로 한 번 더 달리는 중이었고, 그의 피드는 센트럴 파크의 어딘가에서 끊어졌다.

키스가 어떻게 죽었는지 나는 모른다. 터보가 살아남았는지 키스와 같이 죽었는지도 모른다. 키스나 터보에게 어느 쪽이 더 나았을지 모르겠다. 정말 모르겠다. 피드가 멎은 시점인 어제 오후 5시 40분 무렵에 센트럴 파크에서 강도나 살인 사건이 있었는지 찾아볼 수도 있지만, 그냥 모르는 채로 두는 편이 내 정신건강에 이로울 것 같다. 하여, 대신 음악 폴더를 열어 '우주의 소리들'을 재생한다.

2년 전 나사에서 특수 기기를 만들어 다른 행성의 소리를 녹음할 수 있게 되었다고 한다. 안다, 나도 이상하다고 생각했다. 수많은 영화를 통해 우주에는 소리가 존재하지 않는다고 알고 있었다. 그런데 존재한단다. 단, 자기 진동의 형태로. 나 사는 그 소리를 인간의 귀가 들을 수 있게 변환했고, 덕분에 난 우주의 신비를, 온라인 세상의 유행을 따르지 않는 사람이라 면 존재하는 줄도 몰랐을 이 멋진 것을 좁은 방구석에 처박혀 서도 발견할 수 있었다. 어떤 행성은 불길한 소리를 낸다. 외 계 행성, 그러니까 그냥 지구 말고 다른 행성이 아니라 외계인 이 사는 행성이 배경인 공상과학 영화의 특수 음향 같은 소리 다. 해왕성은 급물살 같은 소리를 낸다. 토성은 무시무시하게 울부짖는 소리를 내서 난 딱 한 번 들었다가 식겁하고는 다시 는 듣지 않는다. 천왕성도 비슷한데 여기서는 우주선끼리 레 이저를 쏘는 것처럼 공기를 날카롭게 가르는 새된 바람 소리 가 난다. 어울릴 사람이 있으면 행성들의 소리는 대화를 트는 소재로 안성맞춤이고, 대화 상대가 없으면 잠을 청할 때 백색 소음으로 틀어놓기에 딱 좋다.

내 '최후의 날'에 대한 생각을 떨쳐내 보려 카운트다우너스 의 피드들을 더 읽고, 〈지구〉 음원을 재생한다. 새의 지저귐과 고래의 저음이 연상되는 차분한 소리지만, 뭐라 꼭 집어낼 수 는 없는데 명왕성 소리랑 꽤 비슷한 게 가만 듣고 있자면 살짝 기분이 나빠진다. 조개껍데기에 귀를 대면 들리는 소리와 뱀 의 쉭쉭 소리가 동시에 떠오르기도 하고.

〈해왕성〉 음원으로 넘겨 버린다.

루퍼스

오전 1시 18분

한밤중에 우리는 플루토로 질주해 간다.

'플루토(Pluto)'는 가족이 다 죽었거나 등을 돌렸거나 해서 들어가게 된 위탁가정에 우리가 붙인 이름이다. 플루토, 즉 명왕성은 비록 행성에서 왜소행성으로 강등당했지만, 우리는 절대로 서로를 낮잡아 보지 않는다.

난 가족을 여읜 지 넉 달이 지났지만, 타고와 맬컴은 훨씬 더 오래전부터 같이 살면서 친해졌다. 맬컴의 부모님은 방화에 의한 화재로 돌아가셨는데 방화범은 끝내 붙잡히지 않았다. 일반인은 말할 것도 없고 공공기관조차 마지못해 거둬 줄까 말까였던 열세 살짜리 골칫덩이한테서 부모를 앗아 간 그 방화범이 누군지 몰라도, 맬컴은 그 악마가 지옥 불에 떨어지기를 바라마지 않는다. 타고의 엄마는 녀석이 꼬마였을 때 가출했고, 아빠는 생활비를 감당할 수 없다며 3년 전에 도망쳐 버렸다. 그로부터 한 달 후 타고는 아빠가 자살했다는 사실을 알게 됐는데, 녀석은 눈물 한 방울 흘리지 않았고 아빠가 어디서 어떻게 죽었는지조차 묻지 않았다.

곧 죽는다는 걸 알기 전에도, 난 이 집 플루토가 오랫동안 내 집일 수는 없다는 사실을 알고 있었다. 열여덟 번째 생일이 얼마 남지 않았다. 타고와 맬컴도 마찬가지인데, 둘 다 11월생이다. 나와 타고는 대학 입학을 앞두었고, 맬컴은 우리랑 같이 살면서 앞날을 계획해 보기로 했다. 그런데 다 틀어졌다. 이런 문제들에서 벌써 빠질 생각을 하는 내가 싫다. 하지만 지금 당장 중요한 건 우리가 아직 함께 있다는 사실이다. 내가 이 집에 들어온 첫날부터 쭉 그래 왔듯이 맬컴과 타고가 내 곁에 있다. 가족이 모이는 시간이나 고충 토로의 시간에도, 녀석들은 언제나 내 왼쪽과 오른쪽에 있었다.

원래 계획한 건 아니었는데, 에이미와 처음으로 주말을 함께 보낸 대박 사건 한 달 후에 갔던 성당이 보이기에 그 앞에 자전거를 세운다. 성당 건물은 거대하다. 미백색 벽돌 건물에 밤색 첨탑이 솟아 있다. 스테인드글라스 창을 사진으로 찍고 싶은데, 반사광 때문에 그 색감이 제대로 잡히지 않을 것 같다. 하기야 그건 별문제가 아니다. 인스타그램에 올릴 만한 사진이라면 '달빛' 필터를 먹여 고전적인 분위기를 풍기는 흑백 사진으로 보정하면 되니까. 진짜 문제는, 믿음 없는 내 눈깔로 찍은 교회 사진이 70명의 팔로워에게 남길 최고의 마지막 피드는 아닌 것 같다는 거다. (해시태그는 절대 넣지 않는다.)

"여기는 왜, 루프?"

"이 성당에서 에이미가 나한테 피아노를 쳐 줬어."

에이미는 독실한 가톨릭 신자이지만 한 번도 나한테 믿음을 강요하지 않았다. 그때 우리는 음악 얘기를 하고 있었다. 내가 올리비아 누나가 공부하면서 듣곤 했던 고전음악을 파고드는 중이라고 얘기했더니 에이미는 내게 생음악으로 들려주고 싶다고, 그리고 내게 그걸 연주해 주는 사람이 자기였으면 좋겠다고 했다.

"예고를 받았다고 걔한테 얘기해 줘야 해."

타고의 목이 까딱한다. 녀석, 에이미가 나와 거리를 두고 싶어 했다는 사실을 상기시키고 싶어 목이 근질근질한가 보다. 하지만 '최후의 날' 아닌가. 그런 요청 따위는 창밖으로 내던져도 되는 날.

자전거에서 내려 받침대를 내린다. 가까운 입구 쪽으로 걸어가는데, 문이 열리면서 신부님이 엉엉 우는 여자를 부축해 데리고 나온다. 그녀의 손가락에 끼워진 반지 알들이 마구 맞부딪친다. 우리 엄마가 올리비아 누나한테 열세 번째 생일선물로 공연 표를 사 주려고 전당포에 맡겼던 것과 비슷하게 생긴 게, 아마도 토파즈인 것 같다. 보나 마나 이 여자도 데커다. 아는 사람이 데커이거나. 성당의 야간 업무는 장난이 아니다. 맬컴과 타고는 데스캐스트와 '사탄이 보낸 불경한 환영'을 기피하는 성당 사람들을 툭하면 흉내 내며 조롱하지만, 회개나 세례 같은 의식을 치르기 위해 찾아오는 데커들 때문에 수녀님과 신부님 들은 자정이 지나도록 바쁘게 일해야 한다.

우리 엄마의 믿음대로 신이 정말 존재한다면, 부디 지금 이 순간 그분이 날 굽어봐 주시길.

에이미에게 전화를 건다. 신호음이 여섯 번 울리고 음성녹음 안내로 넘어간다. 다시 한번 전화를 걸어 보지만 좀 전과 똑같다. 또다시 걸었더니 이번엔 신호음 세 번 만에 음성녹음으로 넘어간다. 일부러 받지 않는 거다.

문자메시지를 쓴다.

'데스캐스트 전화를 받았어. 너도 예외란 법은 없어.'

아니다, 이런 메시지를 보내서 막돼먹은 놈이 될 수는 없다.

지우고 다시 쓴다.

'데스캐스트 전화를 받았어. 전화 좀 해 줄래?'

1분도 채 지나지 않아 전화벨이 울린다. 심장 철렁하게 만드는 데스캐스트 신호음이 아니라 일반 신호음이다. 에이미다.

"어."

"진짜야?"

에이미가 묻는다.

진짜가 아니면 양치기 소년 놀이를 한 죄로 얘한테 죽을 거다. 한번은 타고가 관심을 끌려고 이 수법을 썼는데 에이미가 단칼에 잘라 버린 적도 있다.

"어. 우리 좀 만나자."

"너 어디야?"

묻는 목소리가 전혀 날카롭지 않다. 최근 몇 번의 통화와는 달리 자꾸 끊으려 하지도 않는다.

"실은, 네가 데려왔던 성당 앞이야. 맬컴이랑 타고랑 같이 있어."

마음이 되게 평온하다. 온종일 여기서 머무르다 자정을 넘길 수도 있을 것만 같다.

"왜 집에 있지 않고? 월요일 새벽에 셋이 거기서 뭐 해?"

선뜻 대답할 수가 없다. 80년쯤 지나면 답할 수 있으려나. 지금 이 시점에 호기를 부리고 싶지도 않다.

"집에 가는 길이야. 플루토로 와 줄래?"

"뭐? 싫어. 그냥 성당에 있어. 그리로 갈게."

"네 마음을 되돌리기 전에는 죽지 않을 거야, 내 말 믿……."

"네가 무슨 불사신이냐, 이 멍청아!"

에이미가 울고 있다. 겉옷 없이 비를 쫄딱 맞았을 때처럼 목소리가 파르르 떨린다.

"아, 이런……. 미안, 근데 그렇게 큰소리쳤다가 머리 위로 피아노가 떨어진 데커들이 얼마나 많은지 너도 알지?"

"글쎄, 많진 않을걸. 아무렴 피아노에 깔려 죽을 확률이 그렇게 높을까."

"야, 재미없거든? 옷 입고 바로 나갈 테니까 거기서 딱 기다려. 30분 내로 도착할 거야."

얘가 날 용서해 줄 수 있으면 좋겠다. 전부 다, 오늘 일까지 포함해서. 펙보다 먼저 만나서 내 입장을 설명해야지. 분명 펙은 집으로 가 일단 씻고 나서 자기 형 전화기로 에이미한테 연락해 내가 괴물이라고 일러바칠 것이다. 설마 경찰에 신고하진 않겠지. 그러면 난 '최후의 날'을 철창 안에서 보내거나, 어느 경찰서에서 불의의 죽음을 맞이하게 될지도 모른다. 그런 마지막이라니, 상상만으로도 싫다. 그저 에이미를 만나고 싶을 뿐이다. 아까 같은 괴물이 아니라 평소의 친구로서 플루토 식구들과 작별 인사를 나누고 싶을 뿐이다.

"집에서 만나자. 그냥…… 그리로 와 줘. 안녕, 에이미."

싫다는 답이 돌아오기 전에 내가 먼저 끊어 버린다. 자전거로 돌아가 올라탈 때까지 줄기차게 전화벨이 울리지만 난 받지 않는다.

맬컴이 묻는다.

"이제 어떡하려고?"

"플루토로 돌아가자. 내 장례식은 너희가 치러 줘야지."

시계를 확인해 본다. 1시 30분.

나 말고 다른 플루토 친구들은 아직 예고를 받지 않았다. 이 친구들한테 데스캐스트의 예고가 떨어지길 바라지는 않지만, 어쩌면 혼자 죽지 않아도 될지 모른다.

아니, 어쩌면 혼자 죽는 것이 인간의 숙명인지도.

마테오

오전 1시 32분

카운트다우너스를 훑어보다 보니 아주 심각하게 우울해진다. 그렇지만 이 사이트에 가입한 데커들 한 명 한 명이 남들과 나누고 싶어 하는 사연이 있어서 도저히 눈을 뗄 수가 없다. 보라고 기록한 여정은 봐 줘야 하는 법이다. 기록한 사람이 결국 죽는다는 사실을 이미 안다 해도.

난 밖으로 나가지 않는 대신 다른 데커들을 위해 온라인에 머무르면 된다.

이 사이트에는 다섯 개의 항목이 있다. 인기, 신규, 지역, 홍보, 무작위. 평소처럼 '지역'을 먼저 클릭한다. 혹시라도 아는 사람이 있을까⋯⋯. 없다. 그렇군.

오늘을 함께할 동지가 있으면 좋을 것도 같은데.

이번엔 무작위로 데커를 선택한다. 사용자명: Geoff_Nevada88(제프_네바다88). 제프는 12시 4분에 전화를 받았는데 벌써 밖으로 나갔다. 좋아하는 술집으로 가는 중인데, 얼마

전에 가짜 신분증을 잃어버렸다며 스무 살이라서 쫓겨나지 않았으면 좋겠다고 한다(미국에서 합법적으로 음주가 가능한 나이는 만 21세이다—옮긴이). 난 그가 무사통과할 거라 믿으며 그의 피드를 '찜'한다. 이제 그가 업데이트를 할 때마다 알람이 울릴 것이다.

다른 사람을 찍는다. 사용자명: WebMavenMarc(웹메이븐 마크). 마크는 어느 음료 회사의 소셜미디어 매니저였다. 프로필에 회사명이 두 번 언급돼 있는데 지금은 그만둔 것 같다. 그는 늦지 않게 딸과 연락이 닿을지 모르겠다고 한다. 왠지 이 데커가 내 앞에 있는 것 같은 기분이다. 내 앞에서, 내 코앞에다 손가락을 딱딱 튕겨 대는 것만 같다.

아빠를 만나러 가야 한다. 비록 의식이 없는 아빠지만, 내가 죽기 전에 찾아왔다는 걸 알아야 한다.

찜해 놓은 계정에서 알람이 울리지만 무시하고 노트북을 내려놓는다. 그리고 아빠 방으로 간다. 그날 아침 아빠는 침대를 정돈하지 않고 출근했다. 내가 대신 정돈했다. 아빠가 좋아하는 방식 그대로, 노트북을 베개 밑에 쑥 밀어 넣어 두었다. 난 아빠 침대 가장자리에 걸터앉는다. 오른쪽 가장자리다. 왼쪽은 엄마 자리이기 때문이다. 엄마는 늘 왼쪽이었던 것 같은데, 아직도 아빠는 죽은 아내를 일상에서 지우지 않고 뭐든 양쪽으로 나눠서 생활한다. 아무튼 난 앉아서 사진 액자를 집어 든다. 사진에는 내 여섯 번째 생일에 '토이 스토리' 케이크 촛불을 아빠랑 내가 같이 불어 끄는 순간이 담겨 있다. 아니 뭐, 거의 아빠 혼자 끈 셈이다. 사진 속의 난 아빠를 보며 웃고 있다. 아빠는 한껏 신난 내 표정이 좋아서 이 사진을 가까이 둔다고 한다.

좀 이상하지만, 아빠는 내게 리디아 못지않게 좋은 친구다. 이 사실을 입 밖에 내면 틀림없이 놀림감이 될 테지만, 정말로 아빠와 난 늘 사이가 좋았다. 완벽할 순 없어도, 확신하건대 우리 학교든 이 도시든 지구 반대편 어디든지 간에 두 사람 사이에는 크고 작은 갈등이 있기 마련이지만, 가장 가까운 한 쌍들이라면 어떻게든 극복할 방법을 찾아내기 마련이다. 아빠와 내 사이가 틀어져 서로 말도 섞지 않는 상태가 된다는 건 상상도 못 할 일이다. 아버지를 너무나 증오해서 임종도 지키지 않았다거나 본인이 곧 죽어도 관계를 회복할 생각이 없다고 하는 카운트다우너스의 몇몇 데커들과는 다르다. 난 액자에서 사진을 빼내어 접어서 주머니에 넣는다. 접은 자국이 생기겠지만 아마 아빠는 개의치 않을 것이다. 병원으로 가야겠다. 아빠한테 작별 인사를 하고, 나중에 아빠가 깨어나면 바로 볼 수 있게 이 사진을 곁에 놓아 드려야겠다. 혼수상태에서 벗어난 아빠가 그저 평범한 어느 날 아침인 것처럼 신속히 평온해지고, 그런 다음에 누군가에게 내 소식을 듣게 되면 좋겠다.

아빠 방에서 나와 내친김에 당장 병원으로 향할 생각이었는데, 주방 개수대에 쌓인 그릇들이 눈에 딱 걸린다. 설거지를

해 놓아야 아빠가 집에 와도 더러운 접시들이며 내가 마신 핫
초콜릿 찌꺼기가 딱딱하게 말라붙은 컵 따위와 마주치지 않을
텐데.

맹세컨대 외출하지 않을 핑계를 찾은 게 아니다.

결단코 아니다.

루퍼스
오전 1시 41분

우리는 브레이크 한 번 잡지 않고 곡예하듯 거리를 질주하곤 했지만, 오늘은 아니다. 연신 좌우를 살피고, 도로에 차가 한 대도 없어도 빨간불에는 지금처럼 꼭 멈춰 선다. 여기는 데커들을 우대하는 클럽 '클린츠 그레이브야드'가 있는 골목이다. 20대들이 바글바글하고 대기 줄은 그야말로 혼돈 그 자체다. 죽기 전에 마지막으로 미친 듯이 놀고자 하는 데커들과 그 친구들을 상대하는 기도들 봉급이 다 여기서 나오는 게 분명하다.

어떤 남자가 저기 흑갈색 머리의 말도 안 되게 예쁜 여자애한테 후진 작업 멘트("어쩌면 하루 더 살 수도 있을 방법이 있는데. 바로 비타민 '나'를 흡수하는 거지.")를 치며 접근한다. 여자애는 바락바락 악을 쓰고 그 옆의 친구는 핸드백을 휘둘러 남자를 물러서게 한다. 쟤도 참 안됐다. 자신의 임박한 죽음을 애도하는 때조차 시답잖은 놈팡이들의 수작질에서 벗어날 수 없다니.

신호등이 초록불로 바뀌고 우리는 다시 페달을 밟아 몇 분 후 마침내 플루토에 도착한다. 이 낡아빠진 2층집 건물의 앞면은 벽돌이 군데군데 빠졌고 색색의 해독 불가능한 그래피티로 난타당했다. 1층 창문에 창살이 있는데, 우리가 범죄자라거나 그래서가 아니라, 누군가 침입해 이미 충분히 잃은 아이들한테서 더 훔쳐 가는 걸 막기 위해서다. 계단 발치에 자전거를 두고 한달음에 올라가 문을 열고 안으로 들어간다. 체스판 모양의 끈적이는 타일 바닥을 힘들게 발끝으로 걸을 것도 없이 성큼성큼 복도를 따라 거실로 향한다. 섹스, 에이즈 검사, 낙태 및 입양 상담소에 관한 정보와 그러한 성격의 다른 문서들이 붙은 게시판이 있지만, 그럼에도 이곳은 기관이 아닌 가정집 같은 분위기를 풍긴다.

고장 났지만 보기엔 근사한 벽난로도 있다. 벽에는 따스한 주황색 페인트칠이 돼 있어서, 난 이번 여름에 저절로 가을을 맞이할 준비가 되었다. 오크목 탁자는 주중에 저녁 식사를 마치고서 둘러앉아 '인간성을 저버린 카드 게임'과 '금기어 게임'을 즐기는 장소다. TV로는 타고와 함께 리얼리티 쇼인 〈힙스터 하우스〉를 즐겨 본다. 에이미가 힙스터라면 치가 떨린다며 차라리 야한 만화를 보라고 했는데도 난 굴하지 않았다. 소파는 침대보다 더 편해서, 우리끼리 순서를 정해 돌아가며 여기서 낮잠을 자곤 한다.

2층으로 올라간다. 여기에 우리 방이 있다. 워낙 좁아터져서 셋은커녕 혼자 써도 불편할 정도지만 우린 잘 지낸다. 타고가 콩을 먹는 날이면 바깥이 엄청나게 시끄러워도 밤새도록 창문을 열어 놓는다.

마지막으로 들어와 문을 닫으며 타고가 말한다.

"이 말은 해야겠어. 참 멀리도 왔다. 네가 여기 와서 한 일들을 돌이켜 봐."

난 내 침대에 걸터앉아 상체를 벌러덩 젖힌다.

"아직 더 할 수 있는 일이 아주 많은데. 단 하루 동안 평생을 살려니 압박감이 장난 아니네."

사실 꼬박 하루를 다 산다는 보장도 없다. 운이 좋으면 열두 시간이나 살려나.

맬컴이 말한다.

"누가 너더러 암 치료제를 내놓으라거나 판다들을 멸종 위기에서 구해 내라디?"

"야, 데스캐스트는 운도 좋다. 동물이 언제 죽는지는 예측 못 하니까."

타고의 말에 난 쯧 혀를 차며 고개를 젓는다. 형제나 다름없는 친구가 죽어 가는 마당에 판다를 걱정하다니. 하지만 녀석은 꿋꿋하다.

"뭐, 왜, 사실인데! 지구상에 단 한 마리 남은 판다한테 그런 용무로 전화를 했다간 아마 인류를 통틀어 제일 미움 받는 사람이 될걸? 언론이 가만히 있겠어? 셀카 사진도 나돌겠지, 그리고…….”

판다가 아닌 나한테 언론은 쥐뿔도 관심 없을 것이다.

“아, 알았으니까 내 부탁이나 들어줘. 아줌마랑 아저씨 좀 깨워 봐. 내가 나가기 전에 장례식을 치르고 싶어 한다고 말씀 드려 줘.”

프랜시스 아저씨한테서 딱히 나에 대한 애정을 느낀 적은 없지만, 대신 살 집을 얻었으니 그 점에선 내가 다른 이들보다 운이 좋았다고 본다.

맬컴이 방 안에 하나뿐인 옷장 문을 연다.

“나가긴 어딜 나가. 우리가 깨 보자. 넌 예외가 되는 거야! 이 안에 콕 박혀 있어 봐.”

예외고 자시고 그딴 걸 믿으면 안 된다. 난 상체를 일으킨다.

“숨 막혀 죽거나, 옴팡지게 무거운 네 옷 선반에 깔려 죽겠지. 어이 친구들, 시간이 별로 없어.”

좀 떨리지만, 정신을 바짝 차린다. 녀석들 앞에서 겁먹은 티를 낼 순 없다.

타고의 목이 까딱한다.

“혼자서 괜찮겠어?”

질문의 진짜 뜻을 파악하기까지 몇 초가 걸린다.

“내가 날 어떻게 하진 않아.”

난 자살하지 않는다.

녀석들이 나가고 나는 혼자가 된다. 앞으로 결코 빨 일 없을 빨랫감과 굳이 끝낼, 아니 시작할 필요도 없을 여름 학기 과제만 이 방에 나와 함께 남아 있다. 내 침대 한구석에 뭉쳐져 있던 에이미의 담요를 어깨에 두른다. 화려한 학 무늬가 찍힌 이 노란 담요는 에이미의 어머니가 어릴 적 썼던 물건을 에이미도 어릴 적에 물려받은 유물이다. 우리는 에이미가 아직 플루토에서 지낼 때 사귀기 시작했다. 이 담요를 같이 덮고 쉬기도 했고 때로는 거실 바닥에 깔아 놓고 소풍 나간 기분을 내기도 했다. 말도 안 되게 멋진 시간이었지……. 헤어진 뒤에도 갠 담요를 달라고 하지 않았다. 나하고 멀어지고 싶으면서도 그런 식으로 내 주변에 있을 핑계를 남겨둔 게 아닌가 싶다. 그렇다면 아직 내게 기회가 있다는 뜻이겠고.

내가 나고 자란 예전의 내 방과 이 방은 하늘과 땅만큼 다르다. 벽은 초록색이 아닌 베이지색이고, 혼자 쓰는 방이 아니어서 침대도 세 개나 있는데 방 크기는 절반밖에 안 되고, 아령이나 비디오게임 포스터 따위도 없다. 그렇지만 내겐 여기도 엄연히 집이다. 물건보다 사람이 중요함을 난 여기서 배웠다. 맬컴은 그 교훈을 녀석의 집과 부모님과 아끼던 물건들을 몽땅 태워 버린 화염을 소방대원들이 진압하고 나서 깨달았다고 한다.

우린 이 방에 짐을 많이 두지 않는다.

내 침대와 맞닿은 벽엔 압정으로 붙여 놓은 사진이 몇 장 있다. 전부 다 에이미가 내 인스타그램에서 뽑아 인쇄한 것들이다. 생각할 게 있을 때마다 가는 아리엘 공원. 지난여름 난생

처음으로 마라톤을 하고 나서 자전거 손잡이에 툭 걸쳐 놓은, 땀에 전 내 흰색 티셔츠. 이전에 한 번도 들어 본 적 없고 앞으로도 들을 일 없는 노래가 흘러나오던, 크리스토퍼 스트리트에 버려진 전축. 플루토 형제들만의 악수법을 개발하려다 박치기 신호가 서로 맞지 않아 코피가 터져 버린 타고. 가게에서 나올 때까지 짝짝이인 줄 몰랐던, 한 짝은 285밀리이고 나머지 한 짝은 270밀리인 새 운동화. 내 눈이 풀린 게 실은 (아직) 취하지 않았는데 꼭 취한 것처럼 보이지만 에이미한테 드리운 가로등 불빛이 멋져서 마음에 드는 우리 둘의 사진. 일주일 내내 비가 오다 갠 어느 날 공원에서 에이미를 뒤쫓아 달리며 만들어진, 진흙에 찍힌 발자국. 맬컴은 싫어했지만 내가 그냥 찍어버린, 나란히 앉은 두 사람의 그림자. 그러고도 두 녀석에게 남기고 가야 할 사진들이 수두룩하다.

남기고 간다, 라…….

정말이지 가기 싫다.

마테오

오전 1시 52분

나갈 준비가 거의 다 됐다.

설거지를 마쳤고, 소파 밑에서 먼지와 사탕 포장지들을 쓸어 냈고, 거실 바닥을 걸레질했고, 치약 찌끼가 말라붙은 욕실 세면대를 박박 닦았으며, 심지어 내 방 침대 정돈까지 마쳤다. 이제 다시 노트북을 연다. 내가 처리해야 할 더 큰 문제가 남아 있다. 여덟 단어를 넘지 않게 비문 작성하기. 내 인생을 어떻게 단 여덟 단어 이내로 압축한담?

살던 데서 (즉 자기 방에서) 죽다.

삶 자체가 낭비였다.

꼬맹이들보다 더 쫄보였던 인간.

더 진지해져야 한다. 나를 포함해 모두가 나한테서 더 나은 걸 원한다. 그 기대를 저버리면 안 된다. 오늘은 그 기대에 부응할 수 있는 마지막 날이다.

여기 누운 마테오 토레즈,
모두를 위해 살다 잠들다.

'제출'을 클릭한다.

이제 되돌릴 수 없다. 그래, 편집할 수는 있지만, 난 세상에
대고 '모두를 위해 산다'고 약속했고 약속이란 지키라고 있는
것이다.

아직 이른 새벽인 걸 알지만 데커로서 시간이 덧없이 흐르
고 있어 가슴이 답답하다. 도저히 이건, 밖으로 나가는 건 혼자
서 못 하겠다. 그렇다고 리디아를 내 '최후의 날'에 끌어들이진
않을 거다. 만약 나가면, 아니 꼭 나가서 리디아와 페니를 만날
거지만, 리디아한테 털어놓진 않을 생각이다. 죽기도 전에 고
인 취급을 받거나 그 애한테 슬픔을 안기긴 싫다. 살아 있는 동
안 사정을 설명하는 엽서를 보내 놓으면 되지 않나 싶다.

내게 필요한 건 친구를 겸할 수 있는 지도자 또는 지도자 역
할을 해 줄 수 있는 친구다. 바로 그런 존재를 제공한다는 인기
앱 광고가 카운트다우너스에 종종 뜬다.

'라스트 프렌드(Last Friend)'는 데커의 마지막 몇 시간을 동
행하고 싶은 사람들과 외톨이 데커들을 위한 앱이다. 아무 조
건 없이 데커와 하룻밤을 보내고 싶은 사람들을 대상으로 운
영하는 앱 '네크로(Necro)'와 헷갈리면 안 된다. 난 늘 네크로
가 못마땅했는데, 그 이유가 섹스란 게 날 불안하게 만들기 때

문만은 아니다. 하여간 다르다. 라스트 프렌드는 사람들이 죽기 전에 스스로 가치 있고 사랑받는 존재임을 느낄 수 있게 해주는 앱이다. 사용료도 없다. 반면 네크로는 하루에 7.99달러를 내야 하는데, 사람의 가치가 고작 8달러라니 너무하다는 생각을 떨칠 수가 없다.

아무튼, 새로운 만남이 다 그러하듯 라스트 프렌드 앱을 통한 만남도 말하자면 '복불복'이다. 전에 내가 카운트다우너스에서 팔로우했던 어느 데커는 라스트 프렌드 앱을 통해 누군가를 만났다는 피드를 끝으로 업데이트를 하지 않아서 채팅방에 있던 사람들이 아무래도 그녀가 죽은 것 같다고 얘기하던 참이었다. 사실 그 시점까지도 그녀는 멀쩡히 살아 있었다. 그녀가 마지막 날을 알차게 보내고 정말 죽은 뒤에야 그녀의 '마지막 친구'가 간단한 추도문을 올렸는데, 그 추도문은 그녀 자신이 살아생전에 올린 그 어떤 사진이나 글보다 그녀에 대해 더 많은 것을 알려주었다. 그러나 라스트 프렌드의 모든 만남이 그렇게 아름답지만은 않다. 몇 달 전 어느 데커는 악명 높은 연쇄 살인범과 '마지막 친구'가 되어 버렸고, 그와 관련된 피드는 차마 읽기 힘들 정도로 비극적이었다. 이 데커의 사연은 내가 이 세상을 좀처럼 믿지 못하는 여러 가지 이유 중 하나가 되었다.

'마지막 친구'를 만나면 도움이 될 것 같기는 하다. 하지만 외톨이로 죽는 것과 나한테 아무 의미가 없을 뿐 아니라 나를 아끼지도 않는 사람 곁에서 죽는 것 중 어느 쪽이 더 슬픈지 모르겠다.

덧없이 시간만 간다.

해 봐야겠다. 나 이전의 수십만 데커들이 과감히 찾아낸 것을 나도 찾아야겠다. 온라인으로 은행 계좌를 확인해 보니 내 대학 자금 잔여분이 자동으로 입금돼 있다. 그래 봤자 2천 달러지만 하루를 보내기엔 충분하고도 넘친다. 시내의 '세계여행 체험장'에 가서 다양한 나라와 도시의 문화와 환경을 체험해 볼 수도 있겠다.

휴대전화기에 라스트 프렌드 앱을 내려받는다. 내려받기 속도가 어찌나 빠른지, 마치 이 앱에 지능이 있어서 자기의 존재 이유가 사용자의 시간이 다해 가기 때문임을 아는 것 같다. 앱을 여니 파란 바탕에 회색 시계가 있고 두 사람의 실루엣이 서로에게 다가가 하이파이브를 하는 영상이 나온다. 화면 한 가운데서 '라스트 프렌드'라는 글자가 점점 커지다가 메뉴 바가 나타나 아래로 펼쳐진다.

□ 오늘 죽음
□ 오늘 죽지 않음

'오늘 죽음'을 클릭하자 알림창이 뜬다.

당신을 잃게 되어 너무나 슬픕니다. 당신이 사랑하는 사람들과 결코 당신을 만날 수 없을 사람들의 한없는 슬픔에도 공감합니다. 당신에게 남은 몇 시간을 함께 보낼 만큼 소중한 새 친구를 만나시길 바랍니다. 최상의 결과를 위해 프로필을 작성해 주십시오.

심심한 조의를 표하며,
라스트 프렌드 임직원 일동

빈 프로필 창이 뜨고, 난 채워 넣는다.

이름: 마테오 토레즈

나이: 18세

성별: 남

키: 178cm

몸무게: 74kg

출신지: 푸에르토리코

성 정체성: 〈생략〉

직업: 〈생략〉

관심사: 음악, 산책

좋아하는 영화 / TV 프로그램 / 책: 개브리엘 리즈의 〈회색늑대들〉/ 〈플래드 이즈 더 뉴 블랙〉/ 〈스콜피어스 호손〉 시리즈

자기소개: 외동아들이고 태어나서부터 줄곧 아빠랑 둘이서 살았습니

다. 아빠는 2주 전에 의식불명이 됐는데 내가 죽고 나서 깨어나실 것 같습니다. 아빠가 자랑스러워하는 아들이 되고 싶고, 여기서 나가고 싶습니다. 계속 은둔형 겁쟁이로 남아서는 여러분과 함께하는 바깥세상 경험을 끝내 할 수 없겠지요. 어쩌면 여러분 중 몇 명을 좀 더 일찍 만날 수도 있었을 텐데요.

버킷리스트: 병원에 가서 아빠와 작별 인사를 하고 싶어요. 그다음엔 제일 친한 친구와 마지막 인사를 해야 하는데, 내가 죽는다는 얘기는 하지 않고 싶어요. 그런 다음엔, 모르겠네요. 사람들한테 도움이 될 일을 하면서 다른 마테오를 발견하고 싶긴 해요.

최후의 숙제: 해 보자, 할 거다.

'제출'을 클릭했더니 사진 올리는 페이지가 나온다. 휴대전화에 저장된 사진들을 훑어보니 페니 사진과 내가 리디아한테 권한 노래의 캡처본이 수두룩하다. 아빠랑 같이 거실에 있는 내 사진도 몇 장 보인다. 고등학교 2학년 앨범 사진도 있는데, 완전 별로다. 6월에 〈마리오 카트〉 대회에 참가하면서 받은 루이지 모자를 쓰고 찍은 셀카가 눈에 띈다. 웹사이트에 올릴 내 사진을 대회 주최 측에 보내야 했지만, 루이지 모자를 쓴 헐렁이가 정확히 나인 것 같지는 않아 아예 제출하지 않았다.

하지만 지금 보니 그때 내가 왜 그랬나 싶다. 이거야말로 내가 항상 되고 싶었던 모습 아닌가. 느긋하고 유쾌하며 천하태평인 모습. 이 사진을 보고 내 성격과 어울리지 않는다고 생각하는 사람은 아무도 없을 것이다. 여기서 날 아는 사람은 없고, 내가 채워 놓은 프로필 내용만 보고 다들 내가 딱 그런 사람이리라 예상할 테니 말이다.

　사진을 올리자 마지막 알림창이 뜬다.

　안녕, 마테오.

루퍼스

오전 1시 59분

위탁부모가 아래층에서 기다리고 있다. 소식을 듣자마자 뛰어 올라오려 했지만 내게 아직 시간이 필요한 걸 아는 맬컴이 경호원 역할을 해 주었다. 난 옷을 갈아입는다. 운동용 쫄바지에 내 똘똘이가 스파이더맨처럼 도드라져 보이지 않게 파란색 농구 반바지를 덧입고, 아끼는 회색 플리스 스웨터를 걸친다. 정식 자전거 복장이다. 내 '최후의 날'에 이 도시를 돌아다니기에 자전거 말고 다른 수단은 떠올릴 수 없으니까. 안전이 최우선이므로 헬멧도 챙긴다. 마지막으로 방을 한번 휘 둘러본다. 울음이 터지거나 감정이 북받치거나 하지는 않는다. 정말로, 그냥 무덤덤하다. 형제들과 캐치볼을 했던 추억을 되새기는 순간에조차. 불을 켠 채로 두고 방에서 나와 문도 닫지 않는다. 그래야 나중에 맬컴과 타고가 이상한 기분을 느끼지 않고 다시 들어갈 것 같다.

맬컴이 내게 미소를 살짝 지어 보인다. 아무렇지 않은 척하려는 녀석의 노력이 무색하게도 내 눈엔 녀석이, 아니 녀석을 포함한 모두가 쩔쩔매는 것이 훤히 보인다. 입장이 뒤바뀌었다면 나도 마찬가지일 것이다.

난 묻는다.

"정말 아저씨를 깨웠어?"

"어."

내 양아버지 손에 죽을 가능성도 없지 않다. 알람시계가 아니라면 그 어떤 존재도 그의 단잠을 깨워서는 안 된다.

맬컴을 따라 아래층으로 내려간다. 타고, 젠 로리 아줌마, 프랜시스 아저씨까지 다 있지만 거실엔 침묵만 흐른다. 사실 내가 제일 처음 묻고 싶은 건 에이미 소식이다. 걔 이모가 붙잡아서 아예 나오지 못한 게 아닌가 싶지만, 누가 걔한테서 연락 받지 않았느냐고 지금 묻는 건 역시 옳지 않다.

날 보러 오겠다는 그 애의 마음이 변하지 않았기를 정말 간절히 바랄 뿐이다.

괜찮을 거다. 난 여기 있는 모두에게 집중해야 한다.

프랜시스 아저씨는 말짱히 깨어 있고, 어차피 한 벌뿐이지만 그래도 좋아하는 목욕 가운을 걸친 모습이다. 모르는 사람이 지금 그를 보면 얼마 안 되는 수입을 우리한테 쓰는 기술자가 아니라 돈더미를 쌓아 올리는 사업가인 줄 알겠다. 착한 사람이지만, 돈 몇 푼 아낀답시고 스스로 머리칼을 깎아서는 쥐가 파먹은 듯한 모양새가 되어 그냥 미친놈처럼 보인다. 그런데 그게 진짜 바보 같은 짓인 게, 타고가 다름 아닌 이발사란 말이다. 농담이 아니라, 타고 녀석의 페이드 컷 솜씨는 이 도시에서 단연 최고다. 녀석, 영화 시나리오 작가의 꿈일랑 집어치우고 언젠가 이발소를 차려야 하는데. 프랜시스 아저씨는 페이드 컷을 하기엔 너무 하얗긴 하지만.

젠 로리 아줌마가 오래된 대학 티셔츠 목 부분을 늘려 눈물을 쓱 닦고는 안경을 도로 쓴다. 아줌마는 타고가 좋아하는 공포 영화를 다 같이 봤던 때처럼 소파 끄트머리에 걸터앉아 있다가 또 딱 그때처럼 벌떡 일어난다. 다만 이번엔 역겨운 인체 발화 장면 때문이 아니다. 아줌마가 나를 와락 껴안고 내 어깨에 눈물을 쏟아 낸다. 예고를 받고 나서 처음으로 누군가에게 안긴 터라 이대로 계속 있고 싶지만 그럴 수는 없다. 젠 아줌마는 포옹을 풀고도 그대로 내 곁을 떠나지 않는다. 난 물끄러미 바닥을 응시한다.

"입 하나 덜겠네요, 그렇죠?"

아무도 웃지 않는다. 난 어깨를 으쓱한다. 방법을 모르겠다. 한 사람의 죽음, 특히 신체 건강한 열일곱 살 청소년의 죽음에 주변 사람들을 대비시키는 방법 같은 건 어디서도 가르치지 않는다. 다들 심각한 상황은 겪을 만큼 겪었으니, 이 사람들을 웃게 하고 싶다.

"가위바위보 할 사람?"

주먹을 다른 쪽 손바닥에 탁탁 부딪치고서 가위를 낸다. 나 혼자. 다시, 이번엔 바위를 낸다. 역시 나 혼자.

"아이, 왜들 이러시나."

또 한 번, 난 가위를 내고 드디어 맬컴이 보를 낸다. 1분 동안 몇 차례 승부가 난다. 프랜시스 아저씨랑 젠 아줌마는 이기기 쉽다. 난 타고와 붙고 바위가 가위를 이긴다.

맬컴이 말한다.

"다시 해. 타고가 보에서 바위로 바꿨어."

"야, 설마 오늘 내가? 루프한테 속임수 쓸 하고많은 날 중에 하필 오늘?"

타고는 고개를 흔든다.

난 친근한 장난말을 던진다.

"그야 네가 사기꾼이니까."

초인종이 울린다.

난 곧바로 튀어 간다. 심장이 터질 것 같다. 현관문을 열자 에이미가 보인다. 얼굴이 얼마나 새빨간지, 볼에 있는 커다란 모반이 거의 보이지 않을 지경이다.

"너, 지금 장난해?"

에이미의 말에 난 고개를 젓는다.

"내 전화기에 찍힌 통화 시각 보여 줄까?"

"그거 말고. 이거"라면서 에이미는 한 걸음 옆으로 비키고 계단 아래를 가리킨다. 거기에 엉망진창인 얼굴이 있다. 펙. 내가 '평생' 다시는 보지 말자고 했던 바로 그 자식.

마테오
오전 2시 2분

사용자가 실제로 접속하는 라스트 프렌드 계정이 몇 개인지 몰라도 주소지가 뉴욕시인 계정만 현재 마흔두 개다. 그 목록을 훑어보다 보니 마치 고등학교 입학식 날 대강당에 있는 것 같은 기분이 든다. 그만큼 압박감이 대단한 데다 어디서부터 시작해야 할지도 모르겠는데…… 때마침 메시지가 날아든다.

　메시지함에 하늘색 봉투 하나가, 클릭해 달라고 깜빡인다. 제목은 없고 간단한 정보만 뜬다. '웬디 메이 그린. 19세. 여성. 뉴욕 맨해튼(거리-1.6킬로미터).' 프로필을 클릭해 본다. 데커는 아니고, 늦은 밤까지 깨어 위로할 사람을 찾고 있는 일반인이다. 소개란에 〈스콜피어스 호손〉이라면 사족을 못 쓰는 책벌레'라고 적힌 걸 보니 아마 이 공통점 때문에 나한테 쪽지를 보냈나 보다. 게다가 걷는 것도 좋아한단다. '특히 날씨가 청명한 5월 말에.' 그런데 5월 말에 난 없답니다, 웬디 메이 누님. 언제 이 프로필을 작성한 걸까. 이런 식으로 미래를 언급하면 데커들 기분을 상하게 할 수 있다고, 자기는 앞으로 살 날이 많이 남았다고 자랑하는 거나 다름없는 실수라고 귀띔해 준 사람도 없었나? 아무튼 그냥 넘기고, 프로필 사진을 클릭한다. 체구는 마른 편, 눈동자는 갈색, 머리칼도 갈색, 코에 피어싱을 했고, 활짝 웃는 모습. 괜찮아 보인다. 난 메시지를 연다.

웬디 메이 G. (2:02 a.m.): 안녕, 마테오. 독서 취향이 고급지다, 너. 죽음을 피하는 주문을 알고 싶겠네, 맞지??

물론 나쁜 뜻은 없겠지만, 프로필에 이어 이 메시지에서도 이 여자는 내 가슴에 못을 박는다. 난 상대가 등을 토닥여 주길 바랐는데. 그래도 예의는 지켜야겠지.

마테오 T. (2:03 a.m.): 안녕, 웬디 메이. 고마워, 님도 독서 취향이 훌륭하네.

웬디 메이 G. (2:03 a.m.): 〈스콜피어스 호손〉 '빠'지…… . 기분이 어때?

마테오 T. (2:03 a.m.): 별로야. 내 방에서 나가야 하는데, 나가기 싫어.

웬디 메이 G. (2:03 a.m.): 예고 전화는 어땠어? 무서웠어?

마테오 T. (2:04 a.m.): 당황하긴 했지, 좀…… 아니, 많이.

웬디 메이 G. (2:04 a.m.): 하하. 너 재밌다. 진짜 귀여워. 너희 엄빠도 지금 정신이 없으시겠다, 그치?

마테오 T. (2:05 a.m.): 미안하지만 난 이만. 좋은 밤 보내, 웬디 메이.

웬디 메이 G. (2:05 a.m.): 내가 뭐 말실수라도 했니? 곧 죽을 인간들이 왜 하나같이 나랑 대화하다 말고 도망가지?

마테오 T. (2:05 a.m.): 뭐, 별거 아냐. 엄마는 없고 아빠는 혼수상태라 엄마 아빠가 정신이 없기도 어려울 뿐.

웬디 메이 G. (2:05 a.m.): 난 몰랐잖아.

마테오 T. (2:05 a.m.): 프로필에 적어 놨는데.

웬디 메이 G. (2:05 a.m.): 그래, 뭐. 그럼 집 구경 좀 시켜 줄래? 실은 남친이랑 첫 경험을 할 참인데 미리 연습을 해 보고 싶어서. 네가 도와줄 수 있을 것 같은데.

웬디 메이가 뭔가를 더 적는 중이지만 난 창을 닫고 이 여자의 계정을 영구 차단해 버린다. 불안정한 여자인 것 같다. 이런 식으로 바람을 피운다니 여자도 여자의 남자친구도 안됐다는 생각이 들지만 난 기적을 행하는 사람이 아니다. 메시지가 몇 개 더 온다. 제목이 있는 메시지들이다.

제목: 420(대마초를 뜻하는 은어—옮긴이)?
케빈과 켈리. 21세. 남성.
뉴욕 브롱크스(거리 - 6.4킬로미터).
데커? 아님.

제목: 내 애도를 받아줘, 마테오(이름 멋지다!)

필리 뷔제. 24세. 남성.

뉴욕 맨해튼(거리 - 4.8킬로미터).

데커? 아님.

제목: 소파 팔아요? 상태 괜찮은가요?

제이 마크. 26세. 남성.

뉴욕 맨해튼(거리 - 1.6킬로미터).

데커? 아님.

제목: 죽는 건 좆같아, 그치?

엘르 R. 20세. 여성.

뉴욕 맨해튼(거리 - 6.4킬로미터).

데커? 맞음.

마약에는 관심 없으므로 케빈과 켈리의 메시지는 무시한
다. 아빠의 주말 낮잠용으로 다시 필요하게 될 소파를 팔 이유
가 없으므로 제이 마크의 메시지도 삭제한다. 난 먼저 온 필리
뷔제의 메시지에 답하기로 한다.

필리 B. (2:06 a.m.): 안녕, 마테오. 좀 어때?

마테오 T. (2:08 a.m.): 안녕하세요. 그냥 버티는 중이라고 하면 제가 너
무 구려 보이나요?

필리 B. (2:08 a.m.): 구리긴, 힘든 게 당연하지. 나도 데스캐스트한테서 전화를 받는 날 같은 건 전혀 기다려지지 않는걸. 몸이 많이 안 좋거나 그런 거야? 죽기엔 너무 어린데.

마테오 T. (2:09 a.m.): 몸은 건강해요. 그 일이 어떻게 닥쳐올지 몰라 너무 무섭지만, 그렇다고 밖으로 나가지 않으면 왠지 나 자신한테 실망할 것 같아 초조해요. 여기서 죽어 버리면 온 건물에 악취나 풀풀 풍기게 될 텐데, 그건 정말 싫어요.

필리 B. (2:09 a.m.): 내가 도와줄 수 있어, 마테오.

마테오 T. (2:09 a.m.): 어떻게요?

필리 B. (2:09 a.m.): 죽지 않게 해 줄게.

마테오 T. (2:09 a.m.): 그건 아무도 할 수 없는 일인데요.

필리 B. (2:09 a.m.): 난 할 수 있어. 넌 괜찮은 놈인 것 같아. 죽기엔 아깝다고. 우리 집으로 와. 단, 아무한테도 발설해선 안 돼. 나한테 죽음 치료제가 있어. 내 아랫도리에.

곧바로 필리를 차단해 버리고 엘르의 메시지를 연다. 세 번째엔 행운이 따를지도 모른다.

루퍼스

오전 2시 21분

에이미가 위협적인 표정으로 얼굴을 들이밀며 나를 냉장고 쪽으로 몰아세운다. 폭력에 관해서는 절대 장난을 치지 않는 애다. 부모님이 어느 편의점에 쳐들어가 강도 행각을 벌이며 주인과 열두 살 아들을 폭행한 까닭에 징역살이가 훨씬 더 길어졌기 때문이다. 날 몰아세운 쇠로 그녀가 부모처럼 갇히진 않겠지만.

"저 꼴 좀 봐, 루퍼스. 대체 무슨 생각이었어?"

펙은 주방 개수대에 기대서 있다. 난 굳이 놈을 쳐다보지 않는다. 놈이 집 안으로 걸어 들어올 때 이미 다 봤다. 한쪽 눈두덩이 부어 눈을 덮었고, 입술에 찢긴 상처도 있고, 부어오른 이마엔 피딱지가 말라붙어 있다. 젠 로리 아줌마가 바로 옆에서 놈의 이마에 얼음을 대 주고 있다. 아줌마를 쳐다보기도 민망하다. '최후의 날'이고 자시고 간에 나한테 무척 실망했겠지. 타고와 맬컴이 내 옆에 있지만, 잠잘 시각을 훨씬 넘긴 때에 펙을 두들겨 패겠답시고 나와 함께 길거리로 나간 일로 이미 아줌마와 아저씨한테 호되게 꾸중을 들은 터라 둘 다 꿀 먹은 벙어리다.

펙이 깐족댄다.

"이제 그렇게 호기를 부리진 못하겠지?"

"시끄러워."

에이미가 홱 돌아서며 휴대전화기로 개수대를 쾅 내려치는 바람에 모두가 화들짝 놀란다.

"우리 따라오지 마세요."

에이미가 주방 문을 열어도 프랜시스 아저씨는 어정쩡하게 계단 옆에 머무른다. 상황을 알면서도 데커를 비난하거나 벌할 필요 없게 한 발짝 물러서 있으려는 것이다.

에이미는 내 허리춤을 붙잡고 거실로 끌고 간다.

"그러니까 뭐야? 데스캐스트 전화를 받았으니까 아무나 꼴리는 대로 때려 눕혀도 된다는 거야?"

펙 자식, 내가 전화를 받기 전에 자길 두들겨 팼다는 건 말하지 않았군.

"아니 난……."

"뭐?"

"둘러댈 이유가 없지. 그래, 저 자식 노리고 간 거 맞아."

에이미가 한 걸음 물러선다. 내가 무슨 괴물이어서 이번엔 자기가 얻어맞을 수도 있다는 듯한 그 태도가 내 심장을 도려

낸다.

"저기 에이미, 내가 정신이 나갔었어. 데스캐스트가 내 무릎에 시한폭탄을 던져 놓기 전에도 난 이미 미래가 없다고 느꼈단 말이야. 학교 성적은 늘 형편없고, 좀 있으면 열여덟 살이 되는데, 너까지 잃었잖아. 앞으로 뭘 어째야 할지 몰라서 환장하겠더라고. 그야말로 세상에 있으나 마나 한 놈이 된 기분이었어. 그런데 펙이 하필 그 부분을 후벼 파면서 자꾸 까불잖아."

"있으나 마나 한 놈이라니."

에이미는 고개를 살짝 저으며 내 쪽으로 다가온다. 날 두려워하는 기색은 사라졌다. 내 손을 잡아 소파로 이끈다. 그 소파에서 에이미는 곧 플루토를 떠나 이모에게로 간다고 처음으로 내게 털어놓았었다. 그러고는 잠시 후 내게 이별을 고했다. 깨끗하게 새 출발을 하고 싶다나 뭐라나. 그걸 조언이랍시고 얍삽하게 에이미를 꼬드긴 초등학교 동창 놈이 바로 펙이다.

"더 이상 우린 안 돼. 네 말마따나 둘러댈 이유가 없지, 아무리 오늘이 네 마지막 날이라 해도."

에이미는 내 손을 붙잡은 채 흐느낀다. 워낙 화가 난 상태로 왔기에 과연 눈물 한 방울 흘리기는 하려나 싶었는데.

"우리의 미래를 잘못 점치긴 했지만, 그렇다고 내가 널 사랑하지 않은 건 아니야. 내가 반항하고 화낼 수밖에 없을 때 네가 곁에 있어 줬고, 내가 온 세상을 미워하는 데 지쳤을 때엔 네가 날 행복하게 해 줬어. 누군가에게 그 모든 감정을 느끼게 해 줄 수 있는 사람은 없어."

에이미는 내 허리를 감싸 안고 내 어깨에 뺨을 기댄다. 예전에도 딱 그렇게 내 품에 안긴 자세로 자기가 좋아하는 역사 다큐멘터리를 보곤 했었다.

더 할 말이 없어서 나도 에이미를 안는다. 키스를 하고 싶지만 얘가 거짓으로 응하는 건 싫다. 환장하게 가깝긴 한데. 난 상체를 약간 젖혀 에이미의 표정을 살핀다. 단 한 번의 마지막 키스일 테니 어쩌면 얘도 진심일 수 있지 않을까. 에이미도 나를 바라보고 있다. 그래서 난 얼굴을 가까이⋯⋯.

타고가 거실로 들어오다 제 눈을 가린다.

"아이고! 미안!"

난 다시 고개를 젖힌다.

"아냐, 괜찮아."

"장례식 때문에. 근데 천천히 해. 오늘은 너의 날이니까. 앗! 미안, 너의 날은 아니지, 생일도 아닌데 뭐, 오히려 정반대지."

녀석은 목을 까딱하더니 사람들을 불러오겠다며 도로 나간다.

"널 독차지할 생각은 없어."

말은 그렇게 해도 에이미는 포옹을 풀지 않는다. 모두가 들어오고 나서야 내게서 떨어진다.

내겐 바로 그 포옹이 필요했다. 장례식을 마친 뒤 플루토 식구들 모두와 나눌 최후의 단체 포옹이 기다려진다.

나는 소파 한가운데 앉은 채 기다린다. 숨 한 번 쉬는 데도 폐와 혈투를 벌이는 기분이다. 맬컴은 내 왼쪽, 에이미는 오른쪽, 타고는 내 발치에 앉는다. 펙은 멀찌감치 떨어져서 에이미의 휴대전화만 만지작거린다. 놈이 에이미의 전화기를 건드리는 것조차 짜증나지만, 놈의 것은 내가 부숴 버렸으니 그냥 잠자코 있는 편이 낫겠다.

데커의 장례식은 처음이다. 우리 가족은 장례식에 관심이 없었다. 우리에겐 서로가 있었고 우리 외에 다른 사람은 직장 동료건 옛 친구건 다 필요하지 않았으니까. 내게 경험이 있었다면 젠 로리 아줌마가 다른 참석자들이 아닌 내 면전에 대고 얘기하는 게 이토록 당황스럽진 않았을 텐데. 기분이 이상하다. 마음은 약해지고, 다들 나만 쳐다보는 것 같고, 그리고 눈물이 난다. 꼭 누가 내게 생일 축하 노래를 불러 주는 것처럼……. 뻥 아니고, 진짜 매년, 틀림없이 눈물이 난다.

났었다.

"……당연히 울어야 할 상황에서도 넌 절대 울지 않았어. 마치 뭔가 증명하려는 것처럼. 다른 애들은……."

젠 로리 아줌마의 시선은 꿈쩍도 하지 않는다. 나랑 눈싸움이라도 하듯 흔들림 없이 내 눈만 들여다본다. 대단하다.

"다들 울었지만, 네 눈빛은 너무나 애처로웠단다, 루퍼스.

한 이틀 동안은 누굴 쳐다보지도 않았잖니. 딴 사람이 나인 척 했어도 넌 몰라봤을 거야. 그렇게 텅 빈 껍데기 같기만 하던 너에게 친구들이, 또 그 이상의 존재들이 생겼지."

고개를 돌려 바라보니 에이미의 시선도 내게 박혀 있다. 내게 헤어지자고 했을 때와 똑같이 슬픈 눈빛이다.

이어서 프랜시스 아저씨가 말한다.

"너희가 다 같이 있는 모습은 항상 보기 좋았다."

물론 오늘 새벽의 모습은 예외겠지. 죽는 건 분명 억울하기 짝이 없는 일이지만, 감옥에 갇혀 너희들 없이 목숨을 이어 가는 게 더 나쁠 거야.

아저씨는 나를 응시할 뿐 말을 더 잇지는 않는다. 그러다 맬컴에게 손짓한다.

"하루도 채 남지 않았잖냐. 네 차례다."

맬컴은 거실 한가운데로 가서 구부정한 등을 주방 쪽으로 하고 선다. 그러고선 목청을 가다듬는데, 목구멍에 뭔가 걸린 듯 침이 입 밖으로 튀어 날아갈 정도로 심하게 컥컥댄다. 하여간 지저분한 녀석이다. 식사 예절도 모르고 속생각을 거를 줄도 모르기 때문에 본의 아니게 주변 사람을 당황하게 만드는 그런 부류. 그렇지만 한편 대수학 과외 선생이 돼 줄 수도 있고, 입도 무겁다. 만약 내가 녀석에 대한 추도 연설을 한다면 바로 이런 장점을 얘기할 거다.

녀석은 고개를 푹 숙이고 왼쪽 손톱 거스러미를 긁적인다.

"넌…… 넌 우리 형제야, 루프. 이건 말도 안 돼. 완전 시발 좆같다고. 차라리 날 데려가야지."

"그런 말 하지 마. 진짜야, 그만해."

"나도 진짜야. 영원히 사는 사람은 없다는 거 알지만, 그래도 넌 남들보다 오래 살아야 해. 넌 딴 사람들보다 더 중요하니까. 네 목숨이 목숨이지. 난 슈퍼마켓 봉지에 물건 담아 주는 일도 제대로 못해서 잘리는 세상 쓸모없는 인간인데, 넌……."

"오늘 죽지!"

난 녀석의 말을 자르며 벌떡 일어선다. 열이 받아서 녀석의 팔을 아주 세게 친다. 미안하다고도 하지 않는다.

"난 오늘 죽고 목숨은 바꿀 수 없어. 넌 세상 쓸모없는 인간이 아니지만, 어쨌든 빌어먹을 네 게임 캐릭터는 키울 수 있잖아."

타고가 경련을 잠재우려 목덜미를 주무르며 일어난다.

"루프, 이런 식으로 네가 우릴 입 다물게 하는 게 그리울 거야. 맬컴이 우리 몫의 먹을 것을 뺏어 먹고 변기 물을 두 번씩 내리지 않아서 암살하려는 나를 매번 네가 말렸지. 난 늙을 때까지 네 상판대기를 볼 각오가 돼 있었어."

녀석은 안경을 벗고 손등으로 눈물을 훔치더니 그대로 주먹을 꽉 쥐고는 고개를 처든다. 천장에 매달린 피냐타(중남미 문화권 축제나 파티 때 아이들이 눈을 가리고 장난감이나 단 것이 들어 있는 통을 막대기로 때려 깨뜨리는 놀이 또는 그 통을 일컫는다―옮긴이)가

깨져 죽음이 떨어지길 기다리기라도 하는 듯이.

"넌 더 오래 살아야 한다고."

아무도 입을 열지 않고, 흐느끼는 소리만 높아진다. 내가 죽기도 전에 모두가 애도하는 소리를 들으니 환장하게 오싹하다. 이 사람들을 위로하고 싶은데 나부터 멍해서 정신을 못 차리겠다. 가족을 전부 잃고 나만 살아남은 죄책감에 아주 오래 시달렸건만, 이제 이 사람들을 남겨두고 나만 죽으려니 데커로서도 또 희한한 죄책감을 떨칠 수가 없다.

에이미가 일어나 가운데로 나온다. 모두 알고 있다. 이제부터 분위기가 환장하게 진지해질 참이다. 인정사정없이.

"지금 내가 악몽을 꾸는 것 같다고 하면 너무 진부한가? 개나 소나 다 '이건 악몽 같아'라고 하는 게 내가 보기엔 다들 너무 호들갑을 떠는 것 같았거든. 아니 그렇잖아, 비극을 겪을 때 느끼는 감정이 마치 그게 전부인 양. 그러니까 어떤 감정을 느끼라는 거였는지는 나도 모르겠는데, 이제 보니 개나 소나 하는 말이 그야말로 정답이네. 아무튼, 진부한 표현은 또 있지. 이만 잠에서 깨어나고 싶다. 깰 수 없다면 차라리 영원히 잠들고 싶어. 너에 대한 아름다운 기억을 모조리 꿈꿀 수 있게. 이를테면 날 보던 네 눈빛. 내 얼굴의 이 빌어먹을 것을 쳐다보고 싶어서가 아니라 나 자체를 바라봐 주던 네 눈빛."

감정이 북받치는지 에이미는 가슴에 손을 얹고 잠시 쉬었다 말을 잇는다.

"네가 없을 거라 생각하니 마음이 너무 아파, 루퍼스. 이제 넌 내게 전화를 걸거나 날 안아 주지도 못하겠지……."

에이미는 내가 아닌 내 뒤의 어딘가로 시선을 던지며 눈을 가늘게 뜨더니 가슴에 얹었던 손을 내린다.

"누가 경찰에 신고했어?"

자리를 박차고 일어나니 건물 앞에서 번쩍거리는 빨갛고 파란 불빛이 보인다. 극도의 공황에 빠진 내게 이 순간은 말도 안 되게 짧은 동시에 마치 영겁을 여덟 번쯤 거친 듯 미치도록 길게 느껴진다. 지금 놀라거나 겁먹지 않은 인간은 딱 한 명뿐이다. 난 에이미를 돌아보고, 에이미의 시선은 내 시선을 따라 펙에게로 향한다.

"설마."

에이미는 단숨에 달려들어 놈의 손에서 전화기를 낚아챈다.

놈이 소리친다.

"저 자식은 폭행범이야! 저게 갈 때가 됐건 말건 나랑 무슨 상관인데?"

"얘가 무슨 유통기한 지난 고기인 줄 알아? 얘도 사람이라고!"

에이미도 고함으로 맞받는다.

이런 젠장. 어떻게 신고했지? 여기서 통화하는 건 보지 못했는데. 어떻게 내 장례식에 경찰을 불러들인 거야? 저 새끼야말로 몇 분 안에 데스캐스트 전화나 받았으면 좋겠다.

타고가 미친 듯이 고개를 까딱거리며 다급히 말한다.

"뒷문으로 나가."

"너희도 같이 가. 현장에 너희도 있었잖아."

맬컴이 말한다.

"우리가 시간을 좀 벌어볼게. 설득하면 될지도 몰라."

똑똑, 경찰이 현관문을 두드린다.

젠 로리 아줌마가 주방 쪽을 가리킨다.

"어서 가."

난 헬멧을 챙겨 주방 쪽으로 뒷걸음질하며 플루토 식구들을 눈에 담는다. 언젠가 아빠가 작별 인사란 '가장 싫지만 좋은 일'이랬다. 왜냐면 절대 입에 담고 싶지 않지만, 그렇다고 기회가 있을 때조차 하지 않는 것 또한 멍청한 짓이기 때문이다. 난 내 기회를 빼앗겼다. 엉뚱한 인간이 내 장례식에 나타났기 때문에.

머리를 흔들고는 뒷문으로 빠져나와 숨을 고른다. 모기며 초파리 떼가 극성이라 다들 싫어했던 뒤뜰을 가로질러 울타리를 풀쩍 뛰어넘는다. 몰래 집 앞으로 돌아가, 들키지 않고 자전거를 빼돌릴 수 있을지 살핀다. 경찰차는 밖에 주차돼 있지만 경찰은 둘 다 집 안에 있는 것 같다. 지금쯤이면 펙 놈이 일러바쳐서 뒤뜰로 나왔을 수도 있겠다. 난 내 자전거 손잡이를 와락 움켜잡고서 인도로 내달리다 속도가 붙자마자 안장에 휙 올라탄다.

어디로 가는지 모르지만, 무작정 달린다.

장례식은 죽지 않고 넘겼다. 그러나 차라리 이미 죽었으면 싶다.

마테오

오전 2시 52분

세 번째에도 행운은 따르지 않았다. 엘르가 실제로 데커인지 조차 모르겠지만, '잘못 전송된 흥미진진한 스너프(실제 살인, 강간, 폭력 등을 다룬 불법 촬영물—옮긴이) 영상'이라는 링크를 스팸으로 보냈으므로 구태여 알아볼 것도 없이 차단했다. 그런 다음엔 앱을 닫아 버렸다. 인정할 수밖에 없다. 내가 살아온 방식이 조금은 정당화되는 느낌인 게, 이렇게 사람들이 최악일 수 있으니까. '마지막 친구'를 사귀기는커녕 예의 바른 대화조차 나누기 어렵다.

새 메시지가 도착했다며 알림창이 자꾸 뜨지만 난 모두 무시한다. 엑스박스 인피니티로 즐기는 잔인한 게임 〈다크 배니싱(A Dark Vanishing)〉의 10레벨 구역에 있기 때문이다. 정말이지, 자꾸만 치트 코드를 찾아보고 싶게 만드는 게임이다. 내 캐릭터는 17레벨의 마법사 '코브'로, 머리카락이 불꽃이며 공주에게 공물을 바쳐야만 이 가난에 찌든 왕국을 통과할 수 있다. 그래서 난 (아니 코브는) 청동 핀과 녹슨 자물쇠를 파는 행상인들을 지나쳐 곧장 해적단을 찾아 나선다. 항구로 가는 길에 내 뇌가 길을 잃었는지 코브는 그만 지뢰를 밟는다. 폭발과 함께 코브의 팔이 오두막 창문을 뚫어 버리고 머리는 하늘로 날아가고 다리는 완전히 터져 버린다. 육신이 이렇게 흩어져 버리면 유령 단계에서 부활하기까지 시간이 오래 걸릴 텐데, 내겐 그럴 시간이 없다.

로딩 화면이 나오는 내내 심장이 두방망이질 친다. 그러다 어느 순간 갑자기 코브가 되살아난다. 아주 말짱한 모습으로. 코브는 제 육신을 제대로 되찾았다.

그렇지만 나는 부활하지 못할 거다.

여기 이렇게 처박혀서 시간만 버리다가 그냥…….

내 방에는 책장이 두 개 있다. 아래쪽 파란색 책장엔 같은 동네에 있는 청소년 보건진료소에 매달 책을 기증하는데도 여태 처분하지 못했을 만큼 내가 좋아하는 책들이 꽂혀 있다. 위쪽 하얀 책장엔 읽겠다고 늘 계획만 한 책들이 쌓여 있고.

전부 다 읽을 시간이 있기라도 한 것처럼 책들을 집어 든다. 어떤 의식에 의해 부활한 한 소년이 이미 자신을 잊은 세상에서의 삶을 어떻게 이어 가는지 궁금하다. 혹은 자기가 피아노 꿈을 꾸고 있을 때 부모님이 데스캐스트의 연락을 받았기에 학교 장기자랑에서 피아노 연주를 할 수 없었던 어느 소녀의 심정이 어땠을지 궁금하다. 아니면 '만민의 희망'이라 불리는 영웅이 데스캐스트 비슷한 예언자로부터 통보받은 사망일이 '만악의 왕'에 맞서는 마지막 전투를 엿새 앞둔 날인데 그가 있어야만 승리가 가능한 상황에서 이야기가 과연 어떻게 전개될지 알고 싶다. 난 책들을 방 저편으로 던져 버리고 파란색 선반의 책 몇 권은 발로 차서 떨어뜨리기까지 한다. 좋아하는 책과 좋아할 리 없는 책을 구분해 놓는 게 이제 무슨 소용이겠는가.

스피커로 달려들어 벽으로 냅다 집어 던지려다가, 마지막 순간에 멈춘다. 책은 그렇지 않지만 스피커는 전기를 쓰니까 자칫 여기서 모든 게 끝나 버릴 수도 있다. 스피커와 피아노가 날 조롱한다. 아빠가 매니저로 일하는 공예품점에서 퇴근해 돌아오시기 전에 음악과 나만의 시간을 최대한 오래 갖고자 매일 학교에서 집으로 서둘러 달려왔다. 주로 노래를 불렀는데, 이웃 사람들이 듣지 못하게 나지막이 부르곤 했다.

벽에 붙여 둔 지도를 죽 찢는다. 지금까지 뉴욕을 벗어나 본적이 없는데, 앞으로도 비행기를 타고 이집트로 날아가 사원과 피라미드를 구경하거나 푸에르토리코의 아빠 고향 땅을 찾아가 아빠가 어렸을 적에 자주 갔다던 열대 우림에 들어가 볼 일은 결코 없을 것이다. 난 지도를 잘게 찢어 버린다. 세계의 모든 나라와 도시와 마을 들이 내 발치로 우수수 떨어진다.

방 안이 난장판이다. 판타지 블록버스터 영화의 주인공 영웅이 폐허가 된 마을의 잔해 속에 쓸쓸하게 서 있는 장면과 상당히 흡사하다. 주인공 영웅의 소재를 파악하지 못한 악당이 그가 살던 마을을 아예 통째로 날려 버린 것이다. 난 무너진 건물과 산산조각 난 벽돌 더미가 아니라 책등이 위로 향하게 펼쳐진 채 바닥에 널브러지거나 마구잡이로 포개진 책 더미 가운데에 서 있지만. 모든 걸 원래 상태로 되돌려 놓을 순 없다. 책을 철자 순으로 정리하고 지도를 다시 맞춰서 테이프로 붙여 놓아야 직성이 풀릴 것이다. (맹세코 이걸 핑계로 방을 치우지 않는 게 아니다.)

몇 분 전의 폭발은 아예 없었던 일인 듯 머리와 팔다리까지 멀쩡히 붙은 모습으로 부활한 코브는 시작 지점에 서서 한가롭게 마법 지팡이를 흔들고 있다. 난 엑스박스 인피니티를 꺼 버린다.

움직여야 한다. 다시 전화기를 들고, 라스트 프렌드 앱을 연다. 지뢰처럼 위험한 사람들이 걸리면 좋겠다.

루퍼스

오전 2시 59분

어째서 데스캐스트는 내가 내 인생을 망치기 전에 전화하지 않았을까.

어제 새벽에 전화를 받았다면, 자전거 마라톤 경주에서 세발자전거를 모는 꼬맹이들한테 밀리는 꿈에서 깼을 텐데. 일주일 전에 전화를 받았다면, 에이미가 아직 나랑 사귈 때 써 준 쪽지들을 밤늦도록 읽지도 않았을 텐데. 2주 전이었다면, 마블 영웅들이 낫다는 나와 DC 영웅들 편에 선 맬컴, 타고의 논쟁은 중단되었을 텐데(아마 난 알리미한테 어느 쪽 손을 들겠느냐고 물어봤겠지). 한 달 전에 데스캐스트의 전화를 받았다면, 에이미가 떠나고 나서 내가 누구와도 대화하길 거부한 탓에 나를 따라다니던 죽음 같은 정적도 금세 사라졌을 텐데. 하지만 천만에, 데스캐스트는 오늘 새벽 내가 펙을 흠씬 두들겨 패고 있을 때 전화를 해서는 에이미가 그 자식을 플루토로 데려와 나와 대면하게 했고, 그 자식이 경찰에 신고해 내 장례식을 중단하게 했으며, 그래서 내가 지금 이 시점에 백 퍼센트 혼자일 수밖에 없게 만들었다.

전부 다 데스캐스트가 딱 하루만 일찍 전화했어도 일어나지 않았을 일들이다.

경찰차 사이렌을 귓등으로 들으며 부지런히 페달을 밟는다. 제발 다른 사건이 벌어졌으면 좋겠다.

몇 분 더 힘껏 달리다 맥도날드와 주유소 사이에 자전거를 세우고 한숨 돌린다. 여긴 환장하게 밝다. 이런 데서 얼쩡거리는 게 어쩌면 멍청한 일일지도 모르지만, 빤한 풍경이 오히려 숨기 좋은 장소일 수도 있다. 모르겠다, 내가 제임스 본드도 아니고, 나쁜 놈들한테서 몸을 숨기는 방법에 관한 안내서가 있는 것도 아니니까.

이런 제길, '내가' 나쁜 놈이잖아.

아무튼 계속 달릴 수는 없다. 심장이 튀어나올 기세로 뛰고, 두 다리는 타는 듯이 아프고, 숨도 너무 차다.

주유소 바깥쪽 인도 가장자리에 걸터앉는다. 오줌과 싸구려 맥주 냄새가 난다. 자전거 타이어 공기 주입기가 달린 벽에 두 사람의 형체가 그래피티로 그려져 있다. 둘 다 남자 화장실 표지판 그림같이 생겼다. 그리고 주황색 스프레이 페인트로 이렇게 적혀 있다. '더 라스트 프렌드 앱.'

제대로 작별 인사 할 기회를 자꾸만 빼앗기게 된다. 진짜 가족과 마지막으로 포옹할 기회가 없었는데, 플루토 식구들과도 마지막 포옹을 하지 못했다. 아니, 작별 인사도 아니고 모두가 내게 해 준 일들에 대한 감사 인사도 아니다. 맬컴이 내게 몇 번이고 보여 준 의리. 타고가 쓴 저질 영화 극본이 주었던 재미. 비록 〈대리 의사〉는 저질 영화치고도 너무나 저질이었지만 이를테면 〈카나리아 광대와 파멸의 축제〉나 〈스네이크 택시〉 같은 극본은 나쁘지 않았다. 프랜시스 아저씨의 성대모사는 또 어찌나 웃긴지, 내가 웃다가 갈비뼈가 다 아파서 아저씨한테 제발 그만 좀 하라고 애원할 정도였다. 어느 날 오후 젠로리 아줌마가 혼자 하는 카드 게임을 가르쳐 주신 덕에 난 돌아다니면서도 혼자만의 시간을 가질 수 있었다. 모두가 잠들고 프랜시스 아저씨랑 나 둘만 깨 있을 때 나눴던 대화는 정말이지 너무너무 좋았다. 아저씨는 마음에 드는 사람한테 호감을 얻으려면 외모보다 그 사람 자체를 칭찬해야 한다고 조언하면서, 왜냐면 "눈이 예쁜 사람을 찾기는 쉽지만, 상대방이 알파벳만 읊어도 내 쪽에선 자꾸 듣고 싶은 음악으로 들릴 만큼 서로 잘 맞는 사람은 흔치 않으니까"라고 했다. 에이미가 내겐 늘 그런 사람이었다. 나를 사랑하지 않는다는 말로 나를 놓아버린 지금까지도.

플루토 식구들과의 마지막 단체 포옹을 제대로 하지 못한 게 못내 아쉽다. 이제는 돌아갈 수도 없는데. 애초에 달아나지 말 걸 그랬다. 도주한 죄로 벌금 액수가 높아지겠지만 어쨌든 그때는 생각할 시간도 없었다.

어떻게든 만회해야 한다. 추도 연설로 나온 얘기들은 모두 진실이다. 최근에 좀 엉망이었지만 난 괜찮은 놈이란 말이다. 그렇지 않으면 맬컴과 타고가 내 똘마니 노릇을 자청했을 리 없고, 내가 인간쓰레기라면 에이미가 잠시라도 내 여자친구였을 리 없다.

그들은 나와 함께 갈 수 없지만, 그렇다고 내가 지금 혼자여야 한다는 뜻은 아니잖은가.

혼자인 건 정말 싫다.

엉덩이를 털며 일어나 '메이크어모멘트(Make-A-Moment)'라는 무언가를 홍보하는 기름 얼룩 묻은 포스터와 아까 말한 그래피티가 그려진 벽 쪽으로 걸어간다. '라스트 프렌드' 그래피티를 응시한다. 가족을 잃은 뒤로 나는 홀로 죽을 거라고 매우 확신했다. 역시 홀로 죽겠지만, 나만 여태 살아남았다고 해서 '마지막 친구' 한 명도 사귀면 안 된다는 뜻은 아니지 않은가. 난 안다. 내 안에 착한 루퍼스, 예전의 루퍼스가 있다는 걸. 어쩌면 '마지막 친구'가 내 안의 그 녀석을 밖으로 끌어내 줄 수 있지 않을까.

앱은 정말 내 취향에 맞지 않지만, 사람 얼굴을 쥐어패는 것 또한 나다운 짓은 아니니, 오늘 나는 이미 본래의 나를 벗어난 상태인 셈이다. 앱 스토어로 들어가 라스트 프렌드를 내려받는다. 속도가 미친 듯이 빠르다. 데이터를 엄청 잡아먹나 본데, 하기야 무슨 상관이랴.

데커로 가입하고, 프로필을 작성하고, 인스타그램에서 예전 사진을 한 장 골라 여기다 올린다. 자, 한번 가 볼까.

효과 만점이다. 5분 만에 메시지를 일곱 개나 받으니 외로운 기분이 조금 가시는 것 같다. 어떤 놈이 자기 바지 속에 죽음 치료제가 있다는 헛소리를 날려 대지만, 이봐 아저씨, 난 차라리 죽음을 택하겠어.

마테오

오전 3시 14분

열여섯 살에서 열여덟 살 사이의 회원들만 내 프로필을 볼 수 있게, 더는 나이 많은 사람들이 나한테 추근대지 못하게 프로필 설정을 바꾼다. 한발 더 나아가 그중에서도 데커 회원들만 나한테 메시지를 보낼 수 있게, 그래서 내가 소파나 마약을 사겠다는 사람을 상대할 필요 없게 설정한다. 그랬더니 접속자 수가 확 줄어든다. 오늘 예고를 받은 10대는 수백, 어쩌면 수천 명일 게 분명하지만, 열여섯에서 열여덟 살 사이인 데커는 여든아홉 명뿐이다. 열여덟 살의 조라는 여자한테서 메시지가 날아오지만, '루퍼스'라는 열일곱 살짜리의 프로필이 눈에 띄어서 조의 메시지는 무시한다. 루퍼스, 난 그 이름이 참 좋더라. 루퍼스의 프로필을 클릭한다.

이름: 루퍼스 에메테리오

나이: 17세

성별: 남

키: 178cm

몸무게: 77kg

출신지: 쿠바계 미국인

성정체성: 양성

직업: 시간 낭비 전문가

관심사: 자전거, 사진

좋아하는 영화 / TV 프로그램 / 책: 〈생략〉

자기소개: 그러지 말았어야 하는데 살아남았다.

버킷리스트: 다 채웠다.

최후의 숙제: 시간이 문제. 실수했지만 바로잡을 테다.

나는 시간을, 삶을 원하는데 이 루퍼스 에메테리오라는 친구는 벌써 자신의 운명을 받아들였다. 어쩌면 자살을 하고 싶어 하는지도. 자살을 예측할 수는 없지만 죽음 자체는 예측 가능한 세상이니까. 이 친구가 자기 파괴적인 성향을 지녔다면 나로선 피하는 게 상책이다. 내 인생 종 치는 데 얘가 실질적인 이유가 될지도 모른다. 그러나 프로필 사진을 보니 또 헷갈린다. 미소 짓는 얼굴에 눈빛도 다정하다. 대화를 해 봐야겠다. 느낌이 괜찮으면, 이 친구의 진솔함 덕에 내가 나 자신과 대면할 수 있게 되지 않을까.

내가 먼저 손을 뻗어야겠다. 메시지를 보내는 정도로 위험해지진 않을 테니.

마테오 T(3:17 a.m.): 삼가 조의를 표합니다, 루퍼스.

이런 식으로 낯선 사람에게 먼저 다가가는 게 영 어색하다. 프로필을 올려놓고 데커들을 친구로 사귀어 볼까 생각한 적은 몇 번 있었지만, 그들에게 내가 해 줄 수 있는 게 별로 없을 것 같았다. 나 자신이 데커가 된 지금, 인간관계를 간절히 바라는 마음을 더더욱 잘 알겠다.

루퍼스 E(3:19 a.m.): 안녕, 마테오. 모자 멋있네.

응답을 한 것도 모자라, 내 프로필 사진의 루이지 모자가 마음에 든단다. 이 친구는 내가 되고픈 사람과 벌써 잘 통하는 모양새다.

마테오 T(3:19 a.m.): 고마워. 모자는 여기 집에다 두려고. 주목받기는 싫거든.

루퍼스 E(3:19 a.m.): 잘 생각했어. 루이지 모자를 야구 모자처럼 쓰긴 좀 그렇잖아?

마테오 T(3:19 a.m.): 내 말이.

루퍼스 E(3:20 a.m.): 잠깐. 아직도 집이야?

마테오 T(3:20 a.m.): 어.

루퍼스 E(3:20 a.m.): 예고 받은 지 몇 분밖에 안 된 거야?

마테오 T(3:20 a.m.): 자정 좀 지나서 전화 받았어.

루퍼스 E(3:20 a.m.): 그럼 여태 뭐 했어?

마테오 T(3:20 a.m.): 청소하고 게임했어.

루퍼스 E(3:20 a.m.): 무슨 게임?

루퍼스 E(3:21 a.m.): 아니다, 게임이 뭔 상관. 하고 싶은 일이 있다며? 왜 하지 않아?

마테오 T(3:21 a.m.): '마지막 친구' 후보들하고 대화했는데 하나같이…… 별로였어. 최대한 점잖게 표현한 거야.

루퍼스 E(3:21 a.m.): 마지막 날을 시작하기 전에 마지막 친구는 왜 필요한데?

마테오 T(3:22 a.m.): 그러는 댁은 원래 친구들이 있다며 마지막 친구가 왜 필요한데?

루퍼스 E(3:22 a.m.): 내가 먼저 물었잖아.

마테오 T(3:22 a.m.): 좋아. 난 '누가' 또는 뭔가가 날 죽일 걸 알면서 밖으로 나가는 건 미친 짓이라고 생각해. 게다가 자기 아랫도리에 죽음 치료제가 있다고 큰소리치면서 내 마지막 친구가 되겠다고 다가오는 놈들이 있으니까.

루퍼스 E(3:23 a.m.): 나도 그 아랫도리 만났는데! 아, 그 새끼 아랫도리를 만났다는 게 아니고. 아무튼 그 새끼 신고하고 차단했어. 내가 그놈보다 낫다는 건 보장한다. 하긴, 글만 보곤 모르겠지. 화상 채팅 할래?

초대할게.

전화기에 대고 말하는 실루엣 아이콘이 반짝거린다. 너무 갑작스러운 제안에 얼떨떨해서 우물쭈물하다 하마터면 통화 거절이 될 뻔했는데 다행히 전화가 끊기기 전에, 루퍼스가 사라지기 전에 내가 받는다. 화면이 잠시 깜깜해졌다가 루퍼스의 프로필 사진 속 얼굴과 똑같은데 처음 보는 사람이 나타난다. 얼굴이 땀범벅이고 시선은 아래를 향했지만 금세 나를 발견한다. 왠지 뭔가 들킨 기분이다. 약간 두려운 것 같기도. 어릴 적에 들었던 무서운 전설처럼 이 인간이 화면을 뚫고 나와 나를 어두운 지하세계로 끌고 들어가기라도 할 것처럼. 내 지나친 상상력을 변호하자면, 루퍼스는 나를 나만의 세계에서 끌어내어 그 너머의 세계로 끌어들임으로써 이미 날 괴롭히려고 한 셈이다, 그러니⋯⋯.

루퍼스가 말을 건다.

"요, 나 보여?"

"어, 안녕. 내가 마테오야."

"안녕, 마테오. 갑자기 화상 채팅 하자고 해서 미안. 얼굴도 보여 주지 않는 사람을 믿기는 어려워서 말이야. 이해하지?"

"괜찮아."

어디 있는지 몰라도 약간 눈이 부실 정도로 화면 속 배경이 너무 환한데, 그래도 루퍼스의 연갈색 얼굴은 알아볼 만하다.

그런데 왜 이렇게 땀을 흘리지?

루퍼스가 말한다.

"내가 현실의 친구들을 두고 앱에서 '마지막 친구'를 찾는 이유를 알고 싶다고?"

"응. 너무 개인적인 얘기면 하지 않아도 되고."

"아냐, 그런 거 신경 쓰지 마. '마지막 친구' 사이에 '너무 개인적인 얘기'란 건 없어도 된다고 봐. 아무튼 짧게 얘기할게. 가족이 다 같이 타고 가던 차가 허드슨강으로 추락해서 엄마, 아빠, 누나가 죽는 걸 내 눈으로 봐야 했어. 내 친구들까지 그런 죄책감을 갖고 살게 하고 싶진 않아. 내 일은 친구들 없는 데서 해결해야겠고, 그래도 넌 괜찮은지 확인해야겠어."

"네가 친구들을 남기고 떠나는데 나더러 괜찮으냐고?"

"아니. 어쩌면 내가 죽는 걸 볼 수도 있는데 괜찮겠냐고."

오늘 나는 가장 중대한 가능성에 직면했다. 루퍼스가 죽는 걸 볼지도 모르고, 아니면 그 반대가 될 수도 있다. 어느 쪽이든 생각만 해도 토할 것 같다. 얘랑 벌써 많이 친해진 느낌이라거나 그래서가 아니라, 누구든 죽는 순간을 보게 된다고 생각하니 속이 울렁거리고 서글프고 화도 난다. 그래서 얘도 확인해야겠다고 한 것이겠지. 그렇지만 아무것도 하지 않는다고 해서 딱히 마음이 편해지지도 않는다.

"그래, 뭐. 가능할 듯."

"정말? 넌 집에서 나오지도 않잖아. 마지막 친구건 아니건 간에 난 남은 시간을 남의 집 안에서만 보내진 않을 거거든. 너도 그러지 않았으면 좋겠고. 그러니까 중간에서 만나자, 마테오."

변태 필리가 내 이름을 부르면 징그럽고 소름 끼칠 것 같았는데 루퍼스가 발음하는 내 이름은 그나마 듣기 편하다. 관객석이 꽉 찬 공연에 앞서 지휘자가 가볍게 덕담을 해 주는 것 같다.

"장담하는데, 집 밖으로 나오면 못 볼 꼴 많이 보게 될 거야. 나도 굳이 나올 가치가 있나 싶었던 때가 있었어."

"음, 왜 생각이 바뀌었지? 네가 가족을 잃었고, 그러고 나서 뭐가 달라졌는데?"

시비를 걸려던 건 아니었는데 좀 그렇게 들렸을 것 같다. 안전한 집을 그리 쉽게 포기할 순 없지 않은가.

루퍼스는 시선을 돌린다.

"난 딱히 살고 싶지 않았어. 이미 끝장을 봐 버린 게임이나 다름없는 삶이었지. 하지만 부모님도 누나도 내가 그렇게 살기를 바라진 않았어. 환장하게 꼬였지만, 살아남은 덕에 알게 됐어. 죽기를 바라면서 살아 있는 게 영원히 살길 바라면서 죽어 가는 것보다 낫다는 걸. 내가 모든 걸 잃고서 삶의 태도를 바꿨다면, 너도 너무 늦기 전에 그래야 해. 해 봐야 한다고."

'해 보자.' 내가 프로필에 내 손으로 적어 넣은 문구다. 다른 사람들보다 더 세심히 봤고, 친구처럼 내 걱정을 해 줬다는 뜻이다.

난 말한다.

"좋아. 어떻게 하면 되지? 악수라든가 뭐 그런 거?"

지금까지 그랬듯이 이번에도 내 신뢰가 배신당하지 않기를 정말 간절히 바라는 중이다.

"만나면 악수를 하든지. 하지만 그때까지는 내가 네 루이지의 마리오가 돼 줄게. 단, 내가 주인공은 아니야. 그럼 우리 어디서 만날까? 여긴 상점 앞인데 위치가……."

"한 가지 조건이 있어."

내 말에 루퍼스의 눈이 가늘어진다. 내가 던진 변화구에 순간 긴장한 모양이다.

"넌 중간에서 만나자고 했지만, 네가 우리 집으로 데리러 와 줘. 이거 함정 아니야, 맹세코."

"함정 같은데. 다른 친구를 찾아보는 게 낫겠어."

이런, 망했다. 다급해진 나머지 하마터면 손에서 전화기를 놓칠 뻔한다.

"진짜 아니야! 맹세한다니까. 진짜로 난……."

"어이, 장난이야. 내 전화번호 보낼 테니까 문자로 집 주소 찍어 줘. 만나서 계획을 짜 보자고."

데스캐스트의 안드레아가 나더러 티머시가 맞느냐고 물어서 '아, 살았다' 싶었을 때처럼 안도감이 밀려온다. 심지어 지금은 그때와 달리 마음껏 안심해도 된다. 되는 것 같다.

"응, 그러자고."

루퍼스는 아무 말 없이 나를 들여다본다. 나를 재 보는 것 같다. 혹은 함정이 아니라는 내 말을 과연 믿어도 되는지 미심쩍은 것일 수도.

"이따 보자, 마테오. 내가 도착하기 전에 죽지 않도록 애써 봐."

"넌 오다가 죽지 않게 애써 봐. 조심해서 와, 루퍼스."

루퍼스가 끄덕이고 화상 채팅창도 닫힌다. 이내 루퍼스로부터 전화번호가 적힌 메시지가 날아온다. 이 번호로 전화를 걸어 봐야 하는 게 아닌가 싶다. 이게 진짜 루퍼스의 번호인지, 아니면 애한테 돈을 주고 유약한 소년들의 주소를 모아 달라고 한 어느 변태의 번호인지 누가 알겠는가. 하지만 이렇게 계속 루퍼스를 의심하다간 내 '마지막 친구' 찾기는 낭패로 끝나버릴 것이다.

이미 죽음을 받아들인 사람, 뭔가 실수를 했다는 사람과 내 '최후의 날'을 함께 보내려니 조금 걱정스럽기는 하다. 나로선 생판 모르는 사람이다. 알고 보면 정신 나간 파괴주의자일 수도 있다. 죽기로 예정된 날 꼭두새벽부터 길거리에 나와 있지 않은가. 그러나 어떤 선택을 하건, 즉 혼자 가건 함께 가건 어쨌거나 결승선은 그 자리에 그대로 있다. 좌우를 아무리 많이 살핀들 무슨 소용이랴. 내가 좋아하는 슈퍼히어로들처럼 멋지게 하늘을 날 수 있을 리 없으니 기어이 안전을 기한답시고 스카이다이빙을 피한들 무슨 소용이랴. 험악한 동네에서 깡패

옆을 지나갈 때 고개를 푹 숙인들 무슨 소용이냐, 이 말이다.

어떻게 살기로 선택하건 상관없이, 결국 우린 둘 다 죽는다.

2

라스트 프렌드

항구에 정박한 배는 안전하나,
그것은 배의 존재 이유가 아니다.

— 존 A. 셰드

안드레아 도나휴
오전 3시 30분

안드레아 도나휴는 오늘 죽지 않으므로 데스캐스트에서 전화가 오지 않았다. 안드레아는 데스캐스트가 설립되었던 7년 전부터 최고 실적을 유지해 온 대변인으로, 언제나 '최후의 날' 알림 통화에 성실히 임해 왔다. 오늘은 자정부터 3시까지 예순일곱 명의 데커들에게 죽음을 예고했다. 자신의 최고 기록에는 미치지 못하지만, '1교대에 92건'이라는 기록을 갈아 치우기란 누가 봐도 어려운 일이다. 특히 신속성을 빌미로 통화를 대충 끝내 버리는지 감시당하는 상황에서는 더더욱.

감시한다는 건 그저 소문이지만.

안드레아는 지팡이를 짚고서 절뚝거리며 건물을 빠져나온다. 이 바닥에서 희망이란 위험한 것임을 알면서도, 안드레아는 오늘 통화 기록을 인사부가 검토하지 않기를 희망하고 있다. 다음 데커로 얼른 넘어가고 싶은 마음에 그만 몇 명의 이름을 잘못 불렀던 것이다. 지금은 절대 직장을 잃을 수 없다. 딸

아이가 암벽 등반 강습 중에 꼭대기에서 추락하는 사고를 겪은 탓에 물리치료비가 만만치 않게 든다. 게다가 지금껏 해온 일들 중 이만큼 적성에 맞는 일도 없었다. 다른 사람들은 스트레스를 이기지 못하고 퇴사하기 일쑤였지만 안드레아는 달랐다. 이게 다 삶의 요령을 터득한 덕이다.

제일 중 제일가는 법칙: 데커는 더 이상 사람이 아니다.

바로 이거다. 이 단 하나의 법칙만 준수하면 사내 심리상담으로 시간을 허비할 일이 없다. 안드레아는 데커들에게 해 줄 수 있는 일이 전혀 없음을 안다. 베개를 부풀려 줄 수도, 마지막 식사를 차려 줄 수도, 계속 살게 할 수도 없다. 그들을 위해 기도하는 데 아까운 숨을 낭비할 생각도 없다. 그들의 인생 역정을 들어 주고 눈물 흘려 줄 마음도 없다. 당신은 오늘 죽는다고 담백하게 전하고 다음 사람으로 넘어가면 그만이다. 이번 통화를 빨리 끊을수록 다음 전화를 빨리 걸 수 있다.

안드레아는 자신의 전화를 받는 데커들이야말로 행운아라고 매일 밤 스스로 되새긴다. 단지 오늘 죽는다는 소식을 전하는 게 아니라, 진정으로 알차게 살 기회를 주는 것이니까.

그렇지만 그녀가 그들을 위해 살 수는 없다. 그들의 삶은 그들이 감당해야 한다.

그녀는 이미 자신의 삶을 감당해 왔다. 그것도 아주 잘.

루퍼스
오전 3시 31분

자전거를 몰고 마테오라는 사람의 집으로 향한다. 이 인간이 연쇄 살인범 같은 건 아니어야 할 텐데, 제발……. 에이, 그럴 리가. 마테오는 너무 오래 혼자 생각에 빠져 있고, 짐작건대 빌어먹을 자기 안위를 생각하느라 사람들을 너무 멀리하는 것 같다. 그러니까 내 말은, 생각해 보라. 그는 마치 높은 탑에 갇힌 채 구출되길 기다리는 왕자 같다. 다시 말해 난 그를 그의 집에서 멋지게 구출해 내는 것이다. 처음의 어색함이 사라지고 나면 그는 믿음직한 공범자 부류일 것 같다. 그렇지 않다 해도, 언제든 헤어지면 그만이다. 얼마 있지도 않은데 낭비한 시간이 아까워 돌아버릴 지경이겠지만 뭐, 어쩔 수 없지. 다른 건 몰라도, 나한테 '마지막 친구'가 있어서 같이 시내를 미친 듯이 돌아다니면 내 친구들도 마음이 한결 나을 거다. 적어도 내 마음은 한결 나아질 거다.

맬컴 앤서니
오전 3시 34분

맬컴 앤서니는 오늘 죽지 않으므로 데스캐스트에서 전화가 오지 않았지만, 그의 미래는 위기에 처했다. 맬컴과 그의 절친 타고는 루퍼스의 소재에 관해서 경찰에 입도 뻥긋하지 않았다. 맬컴은 데커인 루퍼스를 구태여 추적해서 무엇 하겠느냐고 반문했지만 경찰은 가중처벌 대상인 폭행범을 추적도 하지 않고 그냥 보낼 수는 없다고 했다. 하여 맬컴은 인생 조지는 기발한 아이디어를 떠올렸다. 즉, 자기가 체포되기로 마음먹은 것이다.

맬컴은 일부러 경찰과 다투고 체포에 저항했는데, 그의 계획에는 커다란 구멍이 있었으니, 다름 아닌 타고와 미리 짜지 못했다는 점이었다. 도중에 녀석이 끼어들어 맬컴보다도 더 흥분해서는 경찰에 대드는 게 아닌가.

결국 맬컴과 타고 모두 현행범으로 체포되고 말았다.

경찰이 수갑을 채우는 동안 타고는 무고한 사람을 잡아간다며 난동을 부렸다. 맬컴과 에이미가 아무리 말려도 아랑곳하지 않고 이를 갈고 고래고래 악을 써 댔다. 경찰차 뒷좌석에 던져지고 나서야 얌전해지더니 이제 혼자 중얼거린다.

"이게 다 무슨 소용이야. 어차피 루퍼스는 잡히지 않아. 걔는 경찰차 따위……."

"조용히 해."

이번에는 타고에게 부과될 벌금이 늘어날까 봐 걱정하는 게 아니다. 루퍼스가 자전거를 끌고 무사히 달아났다는 걸 알았으니 됐다. 집 밖으로 끌려 나올 때 보니 녀석의 자전거가 없었다. 물론 녀석이라면 경찰차 따위야 자전거로 얼마든지 따돌릴 수 있다. 하지만 맬컴은 경찰의 감시망이 자전거 탄 소년들을 주목해 녀석을 찾아낼까 봐 걱정이다. 녀석을 잡고 싶다면 뺑뺑이를 돌게 만들어야 한다.

친구에게 하루를 더 줄 수는 없지만, 제대로 살 시간을 조금 벌어 줄 수는 있다.

루퍼스가 아직 살아 있다는 전제하의 이야기지만.

맬컴은 루퍼스 대신 기꺼이 표적이 되었다. 상식적으로 맬컴 자신이 무고하지는 않다는 것도 안다. 실제 폭력을 행사한 건 루퍼스뿐이었지만 플루토 형제 셋이서 지난밤 팩한테 본때를 보여 줄 계획으로 집을 나온 건 사실이니까. 키 183센티에 몸무게도 90킬로그램에 육박하는 흑인이라서 많은 이들이 맬컴을 폭력배쯤으로 짐작하지만, 사실 그가 싸움에 가담한 것조차 이번이 태어나 처음이다. 레슬링 선수처럼 다부진 체구를 가졌다고 해서 무조건 범죄자인 건 아니다. 이제 맬컴과 타고는 비행 청소년 딱지를 붙이게 생겼지만.

그래도 목숨을 잃지는 않는다.

맬컴은 모퉁이를 돌아가는 순간의 루퍼스라도 볼 수 있기를 바라며 차창 밖을 부지런히 살피다 그만 소리 내어 훌쩍이기 시작한다. 자신의 신상에 전과 기록이 남을 것 같아서가 아니라, 경찰서에 가는 게 무서워서가 아니라, 하다못해 루퍼스가 곧 죽기 때문도 아니라, 오늘 새벽에 일어난 가장 큰 범죄는 가장 소중한 친구와 작별의 포옹조차 나눌 수 없었던 것이기 때문이다.

마테오

오전 3시 42분

현관문 두드리는 소리에, 서성이던 내 발걸음도 멎는다.

동시에 또 다른 종류의 긴장감이 몰려온다. 이 새벽에 우리 집 문을 두드릴 사람이 달리 없긴 하지만, 만에 하나 루퍼스가 아니면 어쩌나? 루퍼스는 맞는데 그가 강도 일당을 데려왔거나 하면? 혹시 아빠는 아닐까? 진즉 깨어났는데 날 놀라게 하려고 일부러 연락 없이 온 거면? 이른바 '인생 영화'로 꼽히는 그런 영화들의 소재로 알맞은 '마지막 날의 기적'이 일어난 거면?

살금살금 현관문으로 다가가 문구멍 덮개를 젖히고 구멍으로 밖을 살핀다. 밖에서는 안을 들여다볼 수 없다는 걸 아는데도, 루퍼스가 나를 똑바로 쳐다보는 것만 같다.

밖에 선 그가 말한다.

"루퍼스야."

보이는 대로 루퍼스 혼자이길 바라며 안전 고리의 사슬을

푼다. 문을 밀어 열자, 화상 채팅창이나 문구멍을 통해 보는 형상이 아닌 3차원의 루퍼스가 눈앞에 나타난다. 상의는 암회색 플리스 점퍼, 하의는 아디다스 쫄쫄이에 파란색 농구 바지를 덧입었다. 그가 날 보고 고개를 끄덕한다. 얼굴에 미소도 뭣도 없지만 표정은 상냥하다. 빠르게 뛰는 심장을 안은 채 문틈으로 상체만 내밀고 복도 쪽을 힐끗거린다. 루퍼스의 친구들이 몇 개 되지도 않는 내 물건을 노리고 몰래 벽에 붙어 있을지도 모르니까. 하지만 복도는 텅 비었고 이제 루퍼스의 얼굴에 미소가 번진다.

"아이고, 여긴 네 구역이잖아. 여기서 의심을 품을 사람은 바로 나라고. 너야말로 여기서 은둔형 외톨이를 연기하는 게 아니어야 할 거야."

"연기 아니야. 미안, 내가 좀…… 예민해."

그가 피장파장이라며 손을 내밀고 우린 악수한다. 그의 손바닥이 축축하다.

"뛰쳐나갈 준비 됐어? 이거 대답 잘해야 할 거야."

루퍼스는 오늘을 나와 함께 보내려고, 목숨이 붙어 있는 한 제대로 살 수 있게 날 은신처 밖으로 이끌어 주려고 우리 집 문 앞까지 곧장 달려왔다.

"준비됐어…… 거의. 물건 몇 개만 챙길게."

나는 그에게 들어오라 청하지 않고, 그도 알아서 들어오지 않는다. 내가 이웃들에게 쓴 쪽지와 열쇠를 챙기는 동안 그는 열린 현관문을 밖에서 잡고서 기다린다. 내가 불을 끄고 나와서자 루퍼스가 현관문을 닫는다. 난 문을 잠근다. 루퍼스는 승강기로 향하지만 난 반대쪽으로 간다.

"어디 가?"

"이웃들을 놀라게 하거나 걱정을 끼치기는 싫어서."

난 4F호 문 앞에 쪽지를 내려놓는다.

"내가 와플만 먹어서 엘리엇 아줌마가 내 것은 따로 만들어주셨어."

루퍼스 쪽으로 돌아가다가 4A호 문 앞에 두 번째 쪽지를 내려놓는다.

"션 아저씨가 우리 집 가스레인지를 좀 봐주시기로 했는데, 이제 그건 신경 쓰지 않으셔도 되겠네."

"마테오, 너 되게 세심하다. 난 그럴 생각도 못 했는데."

난 승강기 앞으로 가서는 어깨 너머로 루퍼스를, 날 뒤따라오는 이 낯선 녀석을 곁눈질해 본다. 불편한 건 아니고 신중해야 할 것 같아서다. 이 녀석은 우리가 오래전부터 친구였던 것처럼 굴지만 난 아직 경계를 풀 수 없다. 그도 그럴 것이, 내가 애에 대해 아는 거라곤 이름이 루퍼스라는 것, 자전거를 타고, 비극적인 사고에서 살아남았으며, 내 루이지의 마리오가 되고자 한다는 것이 전부 아닌가. 아, 오늘 죽는다는 것까지.

루퍼스가 말한다.

"워어, 승강기 타지 말자. 데커 두 명이 마지막 날에 승강기

를 탄다는 건 일른 죽여 달라고 비는 꼴 아니면 불운의 시작이
라고."

그렇다, 승강기는 위험하다. 최상의 경우? 우리가 갇히겠
지. 최악의 경우? 말해 무엇 하리. 다행히도 그런 계산까지 미
리 할 줄 아는 루퍼스가 나와 함께 있다. '마지막 친구'는 이렇
게 삶의 조언자 역할도 겸하는 모양이다.

"맞는 말이네. 계단으로 가자."

내가 한 말이지만 한심하다. 마치 계단 말고 다른 방법도 있
다는 듯이. 왜, 복도 창문 바깥으로 밧줄을 늘어뜨린 다음 그걸
잡고 내려갈까? 아님, 항공기 비상 슬라이드라도 타고 내려가
게? 난 부모와 몇 발짝 떨어져 난생처음 혼자서 계단을 내려가
는 아이처럼, 그러나 여기선 내가 넘어지거나 루퍼스가 삐끗
해서 넘어지며 나를 덮쳐도 붙잡아 줄 사람이 없기에 매우 조
심스럽게 발걸음을 옮긴다.

우린 무사히 1층 로비에 닿는다. 내 손이 문손잡이 근처를
맴돈다. 못 하겠다. 다시 올라가려고 몸을 돌리려는데, 루퍼스
가 나를 앞질러 가서 문을 벌컥 연다. 습한 늦여름 공기를 마
시니 왠지 마음이 놓인다. 심지어 나는, 오직 나만은—루퍼스,
미안—죽음도 이겨 낼 수 있을 것 같은 희망마저 솟구친다. 현
실에서 멀어진 멋진 순간이다.

"먼저 나가."

루퍼스가 나를 압박한다. 하기야 우리 만남의 취지가 바로

이런 것이지. 우리 둘한테, 특히 나 자신한테 실망하고 싶지 않다.

로비를 빠져나오지만 뒤에서 문이 닫히자 발이 굳는다. 이전에 마지막으로 바깥공기를 마신 건 어제 오후, 별일 없는 근로자의 날(미국과 캐나다의 근로자의 날은 9월 첫째 월요일이다—옮긴이)에 아빠를 보고 돌아오던 때였다. 그러나 지금의 외출은 어제와 다르다. 어릴 적부터 쭉 살았으면서 한 번도 특별히 관심을 가져 본 적 없는 건물을 이제야 찬찬히 뜯어본다. 이웃집들 창문으로 불빛이 새어 나온다. 어느 집 부부가 투덜대는 소리가 들린다. 코미디 특집 방송에서 방청객들이 와자하게 웃는 소리도. 다른 집 창문에서도 누군가 낄낄거리는 소리가 난다. 아주 시끄러운 코미디 쇼에서 나오는 소리일 수도 있고, 연인이 간지럽혀서 그런 것일 수도 있고, 또는 너무나 웃겨서 이토록 야심한 시각에라도 문자로 보내 온 농담을 보고 낄낄거리는 것일 수도 있다.

루퍼스가 손뼉을 짝 쳐서 멍한 나를 깨운다.

"잘했어요. 10점 만점 드릴게요."

그는 난간에 매어 둔 회색 자전거의 잠금장치를 푼다.

난 건물 출입문에서 차츰차츰 멀어지며 묻는다.

"우리 어디 가? 전투 계획은 있어야지."

"전투 계획엔 보통 총알이랑 폭탄이 필요해. 게임 계획으로 하자고. 버킷리스트는 있으나 마나야. 어차피 다 채울 수 없거든. 그냥 물 흐르는 대로 흘리가야지."

"꼭 죽는 데 도가 튼 사람처럼 말한다?"

멍청한 발언이었다. 아니나 다를까, 루퍼스가 머쓱한 얼굴로 끄덕인다.

"그래, 뭐."

"미안해. 난 그냥……."

공황 발작이 일어날 기세다. 가슴이 답답하고, 얼굴은 화끈하고, 살갗이며 머리 가죽이 간질간질하다.

"버킷리스트가 필요할 수도 있는 하루를 살고 있다는 사실이 머리로 받아들여지지 않아."

머리를 긁적이며 심호흡을 한다.

"이거 안 되겠다. 오히려 역효과만 날 거야. 우리 둘이 같이 있다간 죽을 기회만 두 배로 늘리는 꼴일걸? 말하자면 데커 신호 증폭 구역이 되는 거지. 이러면 어떡해? 같이 걸어가다가 내가 발을 헛디뎌서 소화전에 머리를 박고……."

난 돌연 입을 다문다. 뾰족뾰족한 울타리 쪽으로 얼굴부터 엎어지는 순간이나 뭔가에 얻어맞아 이가 나가는 순간을 떠올릴 때의 환상통에 움찔하고 만 것이다.

루퍼스는 나를 설득하려 한다.

"각자 일이야 각자 해도 되지만, 같이 있거나 말거나 어차피 우린 끝장났어. 겁내 봤자 무슨 의미가 있겠어?"

"말은 쉽지. 우린 자연사하는 게 아니잖아. 길을 건너다가 트럭에 치일 수도 있다는 걸 알면서 애써 살아 보자고? 어떻게?"

"좌우를 잘 살펴야지. 어릴 적부터 배운 대로."

"누가 총을 뽑아 들면?"

"험악한 동네는 피하자고."

"열차에 치이면?"

"'최후의 날'에 군이 철로에 서 있겠다? 열차에 치이고 싶어서 환장한 게 아니고서야."

"그럼 만약······."

"그만 좀 해!"

루퍼스는 눈을 질끈 감고 주먹으로 눈두덩을 비빈다. 나 때문에 짜증이 난 게다.

"온종일 이런 대화만 되풀이할 수도 있고, 아니면 이렇게 밖에서 어쩌면, 뭐, 살 수도 있겠고. 마지막 하루를 헛되게 쓰지 마, 마테오."

맞는 말이다. 맞는 말인 거 안다. 말씨름은 여기까지.

"내가 너만큼이라도 이 상황을 받아들이려면 시간이 좀 필요해. 뭔가 하고 죽든지 아무것도 하지 않고 죽든지 어차피 둘 중 하나라고 해서 두려움이 사라지지는 않아."

필요한 만큼 시간이 남아돌진 않는다고 생각하겠지만, 루퍼스는 아무 말도 하지 않는다.

"일단 아빠랑 절친한테 작별 인사를 해야겠어."

난 110번 스트리트 지하철역을 향해 발을 뗀다.

루퍼스가 따라오며 말한다.

"같이 가자. 난 급하게 꼭 해야 할 일은 없거든. 어쨌든 장례식도 치렀고. 계획대로 잘되진 않았지만 그렇다고 다시 할 수는 없을 것 같으니까."

생애 마지막 날에 대담하게 본인의 장례식을 치렀다는 소리에도 난 놀라지 않는다. 루퍼스 같은 녀석이라면 작별 인사를 해야 할 사람이 분명 두 명 이상은 될 거다.

"무슨 일이 있었는데?"

내가 묻지만 녀석은 자세히 말해 주지 않는다.

"별거 아냐."

난 길 양쪽을 잘 살핀다. 그리고 길을 건너려는 순간, 도로한복판에 죽은 새가, 술집 차양의 조명 빛을 받아 한층 도드라지는 조그만 그림자가 눈에 띈다. 새는 납작하다. 잘려 나간 머리는 몸뚱이에서 5센티미터쯤 떨어진 지점에 있다. 자동차 바퀴에 깔린 뒤 자전거 바퀴에 잘린 것 같다. 그 자전거가 아무쪼록 루퍼스의 것은 아니었길. 저 새가 죽은 게 오늘 밤이었는지 어제였는지 혹은 그제였는지 모르지만, 죽음을 미리 통보받지 않았을 것은 확실하다. 비록 내 상상이지만, 그래도 저 새를 죽인 운전자가 사고 직전에 새를 보고 경적을 울리지 않았을까. 그런 경고야 하나 마나였을 테지만.

루퍼스도 새를 봤나 보다.

"처참하네."

"우리가 도로에서 치워 줘야 해."

난 사체를 떠서 올릴 만한 도구를 찾아 두리번거린다. 맨손으로 만지면 당연히 안 되니까.

"우리가, 뭐?"

"이왕 죽었으니 그냥 내버려 두고 가는 건 내 양심이 허락지 않아."

"이왕 죽었으니 그냥 내버려 두고 가자고 누가 그래?"

루퍼스의 목소리에 날이 서 있다.

이놈의 입이 계속 방정이다. 난 두리번거리길 멈춘다.

"또 미안. 이번엔 사연이 있어. 초등학교 3학년 때, 비 오는 날 밖에서 놀다가 아기 새가 둥지에서 떨어지는 걸 고스란히 봤거든. 아기 새가 둥지 가장자리를 폴짝 넘더니 날개를 펼치고 그대로 추락하는 거야. 그 와중에도 도움을 구하듯 주변을 휙휙 돌아보더라고. 땅에 부딪히면서 다리가 부러져 어디 안전한 데로 갈 수도 없고, 그냥 빗방울에 두드려 맞는 수밖에."

"그 새도 참, 육감이 꽝이네. 그렇게 무턱대고 나무에서 뛰어내리다니."

하지만 적어도 그 새는 용감히 집을 떠났지.

"아기 새가 얼어 죽거나 웅덩이에 익사할까 봐, 냅다 달려가서 새 위로 웅크리고 앉았어. 내 다리로 막아 주려고. 일종의 요새처럼 말이야."

그때 찬바람을 오래 맞은 탓에 난 그다음 주 월요일과 화요일에 학교에도 가지 못할 만큼 된통 앓았다.

"그래서 어떻게 됐는데?"

"몰라. 감기에 걸려서 학교를 빼먹은 건 기억나는데 새가 어떻게 됐는지는 전혀 기억나지 않아. 이따금 생각이 나는 게, 내가 사다리를 찾아서 고 녀석을 둥지에 도로 넣어 주지 않은 건 확실하거든? 그 작은 애를 빗속에서 죽게 내버려 뒀다고 생각하면 진짜 기분이 더러워."

종종 생각하는데, 그때 아기 새를 도왔던 것이 내 생애 최초의 선행이었다. 아빠나 선생님의 기대에 부응하기 위해서가 아니라 나 스스로 원해서 실천한 선행.

"그래도 이 새는 좀 더 제대로 도와줄 수 있어."

루퍼스는 날 빤히 쳐다보다가 한숨을 푹 쉬더니, 내게서 등을 돌리고 자전거 페달을 밟아 멀어진다. 다시 가슴이 답답하게 조여 온다. 아무래도 그간 몰랐던 심장병을 오늘 발견하고 그대로 죽을 모양이다. 하지만 이내 또 긴장이 탁 풀린다. 루퍼스가 도로변에 자전거를 세우고 받침대를 발로 툭 차서 괸 다음 크게 말한다.

"내가 저거 처리할 도구든 뭐든 좀 찾아볼게. 만지지 마."

나는 어디에서도 다가오는 차가 없음을 단단히 확인한다.

루퍼스는 버려진 신문지를 주워 와서는 내게 내민다.

"이게 제일 나아 보였어."

"고마워."

난 신문지를 삽처럼 이용해 새의 사체와 머리를 담아 올린다. 그리고 지하철역 맞은편, 농구대가 있는 공터와 놀이터 사이에 조성된 텃밭 공원으로 향한다.

루퍼스가 자전거를 타고 내 옆으로 와서는 나와 속도를 맞춘다.

"어떻게 하려고?"

"묻어 줄 거야."

텃밭 공원으로 들어가, 텃밭 주인들이 과실수며 꽃 따위를 심어 세상을 좀 더 윤택하게 만드는 구역에서 멀찍이 떨어진 어느 나무 뒤쪽 구석진 자리를 찾아낸다. 무릎을 꿇고, 새 머리가 굴러떨어지지 않게 조심하며 신문지를 내려놓는다. 루퍼스는 이렇다 저렇다 말이 없지만 내가 괜히 찔려 덧붙인다.

"쓰레기통에 던져지거나 자동차 바퀴에 깔리고 깔리고 또 깔릴 게 빤한데 그냥 그렇게 둘 순 없잖아."

그토록 비극적인 죽음을 맞이한 새가 텃밭의 생명력에 에워싸인 채 영원한 안식을 취한다고 생각하니 마음에 든다. 심지어 나는 이 나무가 한때는 사람이었다는 상상에 빠진다. 어느 데커가 자신의 시신을 화장하고 그 재를 생분해성 유골함에 나무 씨앗과 함께 넣어서 묻어 달라고 했던 게 아닐까. 그래서 이렇게 새 생명을 얻었고.

루퍼스가 이른다.

"새벽 4시가 넘었어."

"후딱 할게."

그래, 알았다. 루퍼스는 죽은 새를 묻어 주는 그런 부류가 아니다. 이런 정서를 인정하거나 이해하지 못할 사람이 많은 것도 안다. 결국 인간에 비하면 새는 아무것도 아니라는 게 보편적인 시각이다. 왜냐, 인간은 넥타이를 매고 일터로 향하니까. 사랑을 하고 결혼을 하며 아이를 낳고 기르니까. 그렇지만 실은 새도 다 한다. 새도 일한다. 그래, 그래, 물론 넥타이는 매지 않는다. 그리고 새도 짝짓기를 하고 새끼가 날 수 있을 때까지 보살핀다. 개중 일부는 애완조가 되어 인간 아이들에게 즐거움을 안겨 주고, 그 아이들은 동물을 사랑하고 다정하게 대하는 법을 배우게 된다. 나머지 새들은 수명이 다할 때까지 산다.

하지만 이게 '마테오의 정서'다. 항상 남들이 날 이상한 애로 여겼던 이유. 이런 생각들을 나눌 사람이 없다. 심지어 아빠나 리디아한테도 거의 털어놓지 않는다.

주먹 두 개가 알맞게 들어갈 만한 구덩이를 판다. 신문지를 잘 움직여 새의 몸뚱이와 머리를 구덩이 안으로 넣는데, 등 뒤에서 번쩍 섬광이 터진다. 한순간 '안 돼, 외계인이 날 납치하려고 전사들을 내려보냈어!'란 생각이 떠오르진 않았……. 그래 뭐, 그 생각을 한 게 맞다. 휙 돌아보니 루퍼스의 휴대전화 카메라가 내 쪽을 찍고 있다.

"미안. 새를 묻는 장면은 흔히 보는 게 아니라서."

나는 새 위로 흙을 덮고 판판하게 다진 다음 일어선다.

"나중에 누군가가 우리한테도 이런 친절을 베풀어 주면 좋겠다."

루퍼스
오전 4시 9분

와, 마테오는 '너무' 착하다. 이 친구를 향한 의심은 확실히 접었다. 이런 인간이 날 해코지할 리 없다. 하지만 환장하게 충격받긴 했다. 내가 이런 인간을 만나다니. 그러니까 너무나…… 순수한 사람? 지금껏 내 주변에 닳아빠진 놈들만 있었다는 게 아니라, 진짜 시발 까놓고 말하자면 맬컴이나 타고가 살아생전에 새를 묻어 줄 일은 결단코 없지 않겠는가. 간밤에 펙 새끼를 조져 놓은 것만 해도 우리가 무고하지 않다는 증거다. 뭐든 걸고 장담하는데, 마테오는 제대로 주먹을 쥘 줄도 모를뿐더러 폭력을 쓴다는 건 상상도 못 할 거다. 등신 같은 짓을 저질러도 너그럽게 용서받을 수 있었던 어린 시절에도 그랬겠지.

펙 얘기는 절대로 하지 말아야겠다. 오늘 무덤으로 가져갈 테다.

"먼저 누구한테 갈 거야?"

"아빠. 저기서 지하철을 타면 돼."

마테오가 지하철역을 가리킨다.

"하행선 다음다음 역이야. 가깝지만, 걷는 것보단 지하철이 안전하지."

두 정거장이면 자전거로 5분 거리여서 그냥 거기서 만나자고 하고 싶지만, 왠지 이 어수룩한 마테오 님께서 뭔가 잘못해 날 지하철역 밖에 세워 놓을 것 같은 예감이 든다. 난 자전거 손잡이와 안장을 받쳐 들고서 계단을 내려간다. 자전거를 굴려 모퉁이를 도는데 마테오는 조심스레 약간 뒤처져서 따라온다. 가만 보니 날 따라오기 전에 자꾸만 두리번거리는 게, 꼭 오래전 올리비아 누나랑 브루클린에 있는 유령의 집에 놀러 갔던 때의 내 모습과 비슷하다. 하지만 그때 난 진짜 꼬맹이였는데. 뭐가 나올까 봐 이러는지 모르겠지만 굳이 캐묻지 않으련다.

"안심해. 아무것도 없으니까."

마테오는 그래도 의심을 거두지 못하고 회전식 개표구로 이어지는 빈 통로를 매우 꾸물대며 따라온다.

"처음 보는 사람이랑 같이 있는 데커들이 지금 이 순간 몇 명이나 되는지 궁금하다. 지금쯤이면 벌써 죽은 사람도 꽤 되겠지. 자동차 사고, 화재, 아니면 총에 맞았거나, 맨홀에 빠졌거나……."

혼자서 중얼거리더니 말끝을 흐린다. 하여간 이 인간, 비극적인 상황을 묘사하는 데는 가히 선수급이다.

"가까운 사람한테 작별 인사를 하러 가던 길에 그만⋯⋯."

마테오는 손뼉을 짝 친다.

"죽어 버렸으면? 그러면 어쩌지? 너무 안됐잖아⋯⋯. 아아, 그때 다들 혼자가 아니었길."

우린 지하철 카드 자판기 앞에 도착한다.

"그렇지. 안됐지. 근데 죽을 때 누구랑 같이 있는지가 중요한 것 같진 않아. 일단 데스캐스트의 전화를 받았다면 누구랑 같이 있건 살아남긴 틀렸다는 뜻이니까."

'마지막 친구'라면 절대 하면 안 될 말이겠지만, 틀린 말은 아니다. 이런 내 말에 마테오가 입을 다물어 버리니 기분이 찜찜하긴 하지만.

데커들에겐 특혜가 주어진다. 그중 하나가 지하철 무제한 통행권인데, 매표원을 번거롭게 하면서 뭔 양식을 채워야 얻을 수 있다. 게다가 '무제한'이라는 말도 헛소리인 게, '최후의 날'이 끝나면 어차피 더 쓰고 싶어도 쓸 수가 없지 않은가. 몇 주 전, 플루토 녀석들이 코니아일랜드로 놀러 갈 공짜 표를 얻으려고 데커인 척한 적이 있다. 오늘 죽는다고 하면 역무원이 덮어놓고 통과시켜 주는 줄 알았다. 하지만 웬걸, 우리더러 기다리라 하고는 데스캐스트 서버로부터 확인을 받겠다는 게 아닌가. 그걸 기다리다간 급행열차를 놓치게 생겨서, 우린 그냥 튀었다. 난 '내겐 아직 내일이 있어요'판 일반인용 무제한 통행권을 끊고, 마테오도 똑같은 걸 끊는다.

인식기에 카드를 대고 개표구를 통과해 승강장으로 향한다. 어쩌면 이것이 우리가 마지막으로 타는 지하철일지도 모른다.

마테오가 뒤쪽 매표소를 가리킨다.

"몇 년 후면 역무원이 아예 없어질 수도 있대. 기계가, 어쩌면 로봇이 사람을 대체할 수 있으니까. 진짜 미친 것 같지 않냐? 하기야, 따지고 보면 이미 뭐……."

다가오는 열차의 굉음이 마테오의 말꼬리를 잡아먹는다. 괜찮다, 듣지 않아도 무슨 얘긴지 알 만하다. 여기서 진정한 승자는 냉큼 열차에 올라타는 사람이다. 노출된 선로 위로 굴러떨어져, 쥐들이 지척을 지나치는데도 꼼짝 못 하고 갇히는 바람에, 결국 열차에 치여 몸이 썰리고 납작해지는 상황만큼은 이제 안심하고 배제할 수 있다. 젠장, 마테오의 암울한 상상력이 벌써 나한테 옮았나 보다.

문이 열리기도 전에, 마테오와 내가 받은 예고를 받지 않은 대학생들이 열차 한 칸을 점령하고 축하 파티를 즐기는 광경이 눈에 들어온다. 기숙사 파티는 구식이어서 지하철로 장소를 옮겨 광란의 파티를 열기로 한 모양이다. 우린 거기에 낄 수밖에 없게 됐고. 이런 우라질!

문이 열리고, 난 마테오를 재촉한다.

"가자. 얼른."

자전거를 들이밀고 좀 비켜 달라고 청하면서 간신히 열차에 들어와서는, 자전거 뒷바퀴에 막혀 마테오가 들어오지 못하는 건 아닌지 뒤를 살피는데, 없다.

이 인간이 열차 밖에서 고개를 절레절레 흔들며 서 있다가, 문이 막 닫히려 하는 순간에 돌연 옆으로 뛰어 거의 빈 앞 칸에 탄다. 거기엔 몇 안 되는 승객들이 앉아서 졸고 있고, 아주 조용하다. 내가 탄 칸은 리믹스 버전 〈축하합니다〉 노래가 귀청을 찢을 듯이 울려 대는데 말이다.(파티 음악의 고전이지만, 제발 은퇴 좀 하지.)

저기, 마테오가 왜 그랬는지 몰라도, 그것 때문에 기분을 잡치고 싶진 않다. 고작 파티장을 겸한 열차일 뿐이다. 번지점프나 스카이다이빙을 하라는 것도 아니었다. 무모한 짓거리와는 멀어도 한참 멀단 말이다.

음악이 〈우리가 이 도시를 지었어(We Built This City)〉로 바뀌자, 양손에 휴대용 스테레오를 쥔 여자가 좌석 위로 폴짝 올라서서는 춤을 추기 시작한다. 어떤 남자가 추근대지만 그녀는 눈을 감고서 그저 제 춤사위에 흠뻑 취해 있다. 저쪽 구석에는 후드가 얼굴까지 덮인 채로 뻗어 버린 남자도 있다. 저 남자한테 파티가 기절하게 흥겨웠거나, 아니면 이 열차에 죽은 데커가 있는 거겠지.

재미없군.

빈 좌석에 자전거를 기댄다. 그렇다, 난 자전거로 사람들 진로를 방해하는 비양심적인 놈이다. 하지만 오늘 내로 죽을 거니까 좀 봐주라. 아무튼 자전거를 기대어 놓고, 뻗은 남자의 발을 넘어 다음 칸을 건너다본다. 마테오가 자기 방에 갇혀 창문으로 친구들이 노는 모습을 억지로 봐야만 하는 벌을 받은 꼬마처럼 이쪽 칸을 노려보고 있다. 내가 이리 오라고 손짓하지만, 이 인간은 고개를 젓고 눈을 내리깔더니 다시 고개 들 생각을 않는다.

누군가 내 어깨를 톡톡 친다. 휙 돌아보니, 근사한 다갈색 눈동자의 흑인 여자가 내게 맥주 캔을 내민다.

"한잔할래?"

난 취하면 안 된다.

"아니, 됐어."

"그럼 내가 한 잔 더 하지 뭐. 난 칼리야."

마지막 부분이 잘 들리지 않았다.

"켈리?"

그러자 그녀는 상체를 숙여 자기 가슴을 내 가슴에 대고 입술은 내 귓가로 다가와 속삭인다.

"칼리!"

마침 내 입술의 위치도 그녀의 귓가여서 나 역시 속삭인다.

"안녕, 칼리. 난 루퍼스야. 여기서 뭐…….."

칼리가 내 말을 자른다.

"나, 다음 역에서 내려. 같이 내릴래? 네가 마음에 들거든.

괜찮은 남자 같아."

확실히 내가 좋아하는 부류의 여자이긴 하다. 다시 말해 타고가 좋아하는 부류이기도 하고. (맬컴은 자길 좋아해 주는 여자라면 다 좋아한다.) 그렇지만 내가 해 줄 수 있는 게 지금 얘가 노골적으로 제안하는 것 말고는 별로 없으니 거절하는 게 도리다. 여대생과의 섹스라니, 미친 작자들의 버킷리스트에 단골로 들어가는 항목이겠지. 물론 젊은이, 기혼자, 미성년자…… 뭐, 댁들도 알아들었을 거라 본다.

"안 돼."

결국 거절한다. 난 마테오 곁에 있어 줘야 하고, 그리고 머릿속에 박혀 있는 에이미를 무시할 수 없다. 이런 식의 가짜 관계로 내 진심을 속이지는 않을 거다.

"안 되는 게 어디 있어!"

"정말 안 돼. 나도 섭섭하다고. 친구가 아빠 병문안 가는 거 같이 가 줘야 해서."

"됐어, 그럼."

칼리는 미련 없이 내게서 등을 돌리더니 1분도 지나지 않아 다른 남자와 시시덕거린다. 잘됐다. 그 남자는 다음 역에서 그녀를 따라 내린다. 칼리랑 그 남자는 함께 늙어 갈지도 모른다. 두 사람이 지하철 파티에서 만난 사연을 자식들에게 들려줄 수도 있겠고. 하지만 내가 뭐든 걸고 장담하는데, 저 둘은 오늘 하룻밤을 보내고 끝날 사이로 아침이 되면 그 남자는 여자를 '켈리'라고 부를 거다.

나는 열차 안의 활기를 사진에 담는다. 예쁜 아가씨의 관심을 얻는 데 성공한 남자. 함께 춤추는 쌍둥이. 찌그러진 맥주캔과 생수병. 그리고 그 모든 것의 빌어먹을 생기. 이만 휴대전화를 주머니에 넣고 자전거를 챙겨 연결문을 통과한다. 지하철 연결문마다 바로 위에 비상시에만 사용하라는 안내문이 붙어 있는데, '최후의 날'이건 아니건 그 안내문은 꺼지라고 하고 싶다. 터널의 공기는 차고, 열차 바퀴가 선로를 긁으며 내는 비명 같은 굉음은 죽어도 다시 듣고 싶지 않다. 내가 다음 칸으로 들어가는데 마테오는 여태 바닥만 내려다보고 있다.

마테오 옆에 앉는다. 버럭 화를 낼 셈이다. 내 인생 마지막 날에 무려 여대생이 날 꼬시는데도 난 훌륭한 '마지막 친구'이므로 거절해야 했다며 생색을 내고 싶지만, 굳이 내가 일깨우지 않아도 이 녀석은 이미 미안해하는 기운을 온몸으로 뿜어내고 있다.

"요, 아까 그 로봇 얘기 좀 더 해봐. 사람들 직업을 다 뺏을 거라며."

마테오는 잠시 눈을 들어 흘깃 내 눈치를 살핀다. 내가 자길 갖고 노는지 확인하려나 본데, 분명히 아니다. 난 이 모든 것에 되게 진지하다. 녀석은 빙긋 웃고는 어마어마한 장광설을 늘어놓는다.

"진화라는 게 절대 빨리 일어나는 게 아니라서 그것까지는 시간이 좀 걸리겠지만, 로봇은 이미 존재해. 그건 알잖아, 그치? 로봇이 요리할 줄도 알고 식기세척기에서 그릇을 꺼내기도 해. 로봇한테 비밀 악수를 가르칠 수도 있어. 이거 진짜 엄청나지 않냐? 그리고 루빅큐브도 맞춘다? 심지어 두어 달 전에는 브레이크댄스를 추는 로봇 동영상도 봤어. 근데 이런 로봇들은 그냥 관심 끌기용이고 다른 로봇들은 사실 지하의 로봇 본부에서 직업 훈련을 받고 있다는 생각 안 드냐? 그러니까 내 말은, 길 찾기 같은 건 요새 전화기가 공짜로 다 해 주는데, 하물며 로봇이 대신 할 수도 있다면 누가 한 시간에 20달러씩 내고 사람을 쓰겠냐고. 인간은 망했어."

말을 끝맺은 마테오의 얼굴엔 더 이상 웃음기가 없다.

"진짜 깬다, 그치?"

"어."

"적어도 넌 로봇 때문에 잘릴 걱정은 덜었네."

"것 참 불행 중 다행이라 해야 하나."

"어이, 오늘이야말로 불행 중 다행 그 자체야. 왜 파티 칸에 타지 않았어?"

"저 칸에 무슨 볼일이 있다고. 축하할 일이 뭐 있어? 오늘 죽는 거? 아예 도착조차 못 할 수도 있다는 걸 너무 잘 알면서 아빠랑 절친한테 작별 인사 하러 가는 길에 모르는 사람들하고 신나게 춤추고 놀 생각은 전혀 없어. 한마디로 저쪽은 내가 낄 데가 아니고, 저들은 나랑 인연이 없는 사람들이야."

"그냥 파티잖아."

열차가 멎는다. 마테오는 대꾸가 없다. 무모함과는 담을 쌓은 마테오 덕에 우리가 조금 더 오래 살지언정, 기억에 남을 '최후의 날'을 보내기는 다 틀린 게 아닌가 싶다.

에이미 뒤부아

오전 4시 17분

에이미 뒤부아는 오늘 죽지 않으므로 데스캐스트로부터 전화가 오지 않았다. 그러나 그녀는 곧 루퍼스를 잃는다. 아니, 이미 잃었다. 남자친구 때문에.

에이미가 잰걸음으로 집에 돌아가는데 펙이 뒤따라온다.

"넌 괴물이야. 어떻게 사람이 그래? 어떻게 걔를 본인 장례식 도중에 체포되게 만드냐고!"

"난 세 명한테 기습당했어!"

"맬컴이랑 타고는 널 건드리지도 않았잖아! 게다가 이제는 걔네도 철창신세야."

펙은 이를 갈며 내뱉는다.

"자기들이 입을 막 놀려서 그런 거지, 내 탓 아니다."

"나 혼자 있게 좀 가. 네가 루퍼스를 좋아한 적 없고 좋아할 이유도 없는 거 아는데, 그래도 걘 나한테 정말 중요한 사람이야. 항상 걔가 내 눈길 닿는 범위 안에 있길 바랐는데 이젠 그럴 수 없게 됐어. 심지어 걔랑 함께할 수 있는 얼마 남지 않은 시간마저 너 때문에 뺏겼잖아. 걜 볼 수 없다면 너도 보기 싫어."

"지금 나랑 끝내겠다는 거야?"

에이미는 멈춰 선다. 펙 쪽으로 돌아설 마음이 들지 않는다. 아직 이 질문에 대한 결론을 내리지 못했기 때문이다. 누구나 실수를 한다. 루퍼스는 펙을 폭행하는 실수를 저질렀다. 펙은 친구들을 시켜 경찰이 루퍼스를 쫓게 하지 말았어야 하지만, 그렇게 한 게 법적으로 잘못은 아니다. 하지만 도덕적으로는, 그래, 단단히 잘못한 거다.

펙이 다시 말한다.

"넌 자꾸 나보다 걔를 우선시하는데, 네가 곤란할 때마다 찾았던 사람은 나야. 까딱하면 날 죽일 뻔했던 그 새끼가 아니라. 그걸 잘 생각해 봐."

에이미는 펙을 가만히 응시한다. 그는 백인 청년이다. 엉덩이에 걸친 청바지, 헐렁한 스웨터, 멋을 내서 짧게 깎은 머리 모양, 그녀와 사귀기 때문에 생긴 얼굴의 피딱지.

펙은 뒤돌아 멀어지고 에이미는 붙잡지 않는다.

이 암울한 세상에서 펙과 함께 있을 곳을 그녀는 찾을 수 없다.

그녀 자신이 있을 곳이 어디인지도 확신할 수 없다.

마테오

오전 4시 26분

탈출이 실패로 돌아갈 것 같다.

낯선 사람들이 너무 많아 그 틈으로 들어갈 수 없었다. 물론 들어가서 해로울 일은 거의 없었으나, 적신호가 딱 하나, 술을 퍼마시다 뻗어 버리고 결국엔 운 좋게 살아남은 밤의 기억이 싹둑 잘려 나갈 지경에 이르는 사람들 근처에 있고 싶지 않았다. 하지만 루퍼스한테 솔직하진 못했다. 실은, 마음속 깊숙한 곳에서는, 지하철 파티에 나도 끼고 싶다. 다만 남들을 실망시키거나 나 스스로 놀림거리가 될까 봐 두려운 마음이 항상 앞설 뿐이다.

정말 놀랍게도 루퍼스는 병원 건물 밖에 자전거를 묶어 두고 나를 따라 안까지 들어온다. 접수처로 가자 눈이 벌건 직원이 나를 보고는 아무 말 없이 미소만 짓는다.

"안녕하세요. 아버지를 뵈러 왔어요. 중환자실의 마테오 토레즈요."

난 신분증을 꺼내 유리 칸막이에 뚫린 구멍으로 밀어 넣는다. 칸막이 너머의 직원이 입은 하늘색 병원 유니폼에 '제러드'라 적힌 명찰이 달려 있다.

"미안하지만 면회 시간은 아홉 시까지였는데."

"오래 있지 않을게요. 맹세해요."

작별 인사도 없이 떠날 수는 없다.

제러드의 미소가 조금 흔들린다.

"지금은 안 된다, 얘야. 오전 아홉 시부터 가능해. 아홉 시부터 아홉 시까지. 머리에 쏙 박히지, 응?"

"네에."

"오늘 죽어요."

불쑥 루퍼스가 끼어든다.

"아버지가?"

제러드가 날 보며 묻는다. 새벽 4시 근무조의 야릇한 미소는 마침내 사라졌다.

루퍼스가 내 어깨를 붙잡고 지그시 힘을 준다.

"아뇨. '얘'가 죽는다고요. 그러니까 얘 부탁 좀 들어줘요. 올라가서 아버지한테 작별 인사를 할 수 있게 해 달라고요."

제러드는 어린놈이 자기한테 명령을 내리는 듯한 이 상황이 달갑지 않은 눈치였고 나 또한 루퍼스의 말투가 마음에 들지 않았지만, 날 위해 나서 주는 이 친구가 없었다면 지금쯤 내가 어디에서 헤매고 있을지 모를 일이다. 아니다, 나는 안다. 틀림없이 이 병원 밖에 있을 거고, 십중팔구 질질 짜면서 어딘가에 몸을 숨긴 채 부디 아홉 시까지 죽지 않고 버틸 수 있길 빌고 있을 거다. 헐, 그보다는 아마 여태껏 집에서 비디오게임을 하거나 이놈의 아파트에서 탈출해야 한다고 혼자 중얼대고 있을 가능성이 더 크다.

"네 아버지는 혼수상태이신데."

제러드가 컴퓨터 화면에서 고개를 들고서 말한다.

루퍼스는 짐짓 처음 듣는 얘기라는 듯 눈을 휘둥그레 뜨고서 날 쳐다본다.

"워워. 너도 알고 있었어?"

농담 아니고, 이 병원에 취업한 첫 주가 아니라면 제러드는 현재 40시간을 내리 근무 중인 게 분명하다.

"어, 알아. 그래도 작별 인사는 하고 싶어."

이제야 제러드도 마음을 정했는지 더는 묻지 않는다. 처음에 응해 주지 않은 건 이해한다. 규칙은 규칙이니까. 그래도 더 캐묻고 따지며 시간을 끌지 않고 이쯤에서 허락해 주어 다행이다. 그가 우리 사진을 찍고 방문자 출입증을 뽑아서 내게 건넨다.

"기다리게 해서 미안하다. 그리고, 알겠지만……."

그의 조의가, 말로 들은 건 없다시피 해도, 그래도 데스캐스트의 안드레아한테서 받은 것보다 훨씬 더 고맙다.

승강기로 향하는 길에 루퍼스가 넌지시 묻는다.

"너도 그 실실 쪼개는 아재 얼굴에 주먹 한 방 먹이고 싶었지?"

"전혀."

지하철에서 내린 후 둘이 처음으로 나누는 대화다. 나는 방문자 출입증을 셔츠에다 꾹 누르고서 잘 붙게끔 두어 번 두드린다.

"그나저나 고마워. 덕분에 들어왔어. 나 혼자였다면 데커 찬스를 써먹을 생각은 절대 못 했을 거야."

"고맙긴 뭐. '이랬다면, 저랬다면, 그랬다면' 할 시간이 어디 있냐, 우리한테."

난 승강기 버튼을 누른다.

"파티 칸에 타지 않아서 미안."

"사과하지 마. 네가 네 결정에 만족하면 그걸로 된 거야. 그런데 난 승강기 타는 거 좀 그렇다. 저리로 가자."

루퍼스는 승강기 앞을 벗어나 계단으로 향한다.

아, 맞다. 깜빡했네. 더구나 이런 새벽 시간대에는 간호사, 의사, 환자를 위해 승강기를 비워 두는 게 맞겠지.

루퍼스를 따라 계단을 오른다. 이제 겨우 2층인데도 벌써 숨이 가쁘다. 정말이지, 내 몸 어딘가에 문제가 있어서 아빠나 리디아나 미래의 마테오를 만나기도 전에 여기 이 계단에서 죽을지도 모른다는 생각이 강하게 든다. 반면 성격 급한 루퍼스는 경중경중 뛰다시피, 간혹 한 번에 두 계단씩도 올라간다.

먼저 5층에 이른 루퍼스가 나를 내려다보며 말한다.

"그래도 네가 새로운 경험에 진지하게 마음을 열었으면 좋겠어. 꼭 지하철 파티 같은 게 아니더라도."

"작별 인사를 제대로 하고 나면 배짱이 좀 생길 것 같아."

"오케이, 접수."

그만 발을 헛디뎌 6층 계단참 바닥에 엎어진다. 루퍼스가 나를 일으켜 세우러 도로 내려오는 사이 나는 한숨을 내쉰다.

"진짜 애처럼 엎어졌네."

루퍼스는 어깨를 으쓱한다.

"뒤로 넘어지는 것보단 앞으로 엎어지는 게 낫지."

계속해서 8층까지 올라간다. 바로 앞이 대기실이다. 자판기가 몇 대 있고, 접이식 의자들 사이에 복숭아색 소파도 놓여 있다.

"여기서 기다려 줄래? 아빠랑 단둘이 만나고 싶어."

"오케이, 접수."

루퍼스는 아까와 똑같이 대답한다.

난 파란 문을 밀어 열고 걸어 들어간다. 가벼운 잡담 소리와 삑삑대는 기계 신호음 말고는 조용하다. 몇 년 전에 넷플릭스로 본, 데스캐스트가 등장한 이래 병원의 풍경이 얼마나 많이 바뀌었는지를 다룬 30분짜리 다큐멘터리가 생각난다. 의료계와 데스캐스트는 긴밀한 관계일 수밖에 없다. 즉 의사들은 사전에 동의한 말기 환자의 운명에 대한 최신 정보를 실시간으로 받는다. 예고가 들어오면 간호사들은 마지막 식사, 가족들에게 연락하기, 장례 준비, 유언 확인, 기도와 고해성사를 맡아 줄 신부님 모시기 등 병원이 제공해야 마땅한 각종 서비스를 이행하는 대신 해당 환자의 생명 유지 장치의 수치를 낮춰 '안락사'를 준비한다.

아빠가 여기 중환자실에 들어온 지도 어언 2주가 다 되어 간다. 일터에서 색전성 뇌졸중으로 쓰러져 곧장 이리로 실려왔다. 그때 난 그야말로 혼이 나가서는, 병원 데이터베이스에 입력될 아빠의 연락처 정보에 보호자 동의 서명을 하기도 전, 아빠가 입원한 그날 밤 내내 아빠 휴대전화의 벨이 울리지 않기를 빌고 또 빌었다. 이제야 비로소, 아빠 담당의인 킨타나 선생님으로부터 아빠가 곧 돌아가실 거라는 연락이 올까 봐 마음 졸이지 않아도 되고, 아빠가 최소한 하루는 더 살아 계시리란 걸 알아서 좋다. 부디 하루가 아니라 훨씬 더 오래 살아 계시길 바란다.

간호사에게 통행증을 보여 주고 총알같이 아빠 병실로 달려간다. 호흡도 기계가 대신 해 주고 있어서 아빠의 몸은 조금도 움직이지 않는다. 아빠가 나 없는 세상에 깨어나도 내가 곁에서 위로해 줄 수 없다는 생각에 억장이 무너진다. 그렇지만 솟구치는 눈물을 꾹 참는다. 아빠 곁에 앉아서 아빠 손 아래로 내 손을 밀어 넣고 그 위로 머리를 기댄다. 내가 마지막으로 울었던 건 병원에 온 첫날 밤, 자정이 가깝도록 이 상황이 너무도 암울하게만 느껴졌던 그때였다. 정말로 몇 분 뒤면 꼼짝없이 아빠를 잃는 줄 알았다.

인정하긴 싫지만, 이 순간 당장 깨어나지 않는 아빠가 조금 야속하다. 어머니가 내게 삶을 가져다주고 우리를 떠나 버렸을 때 아빠가 거기에 있었듯이 지금은 날 위해 여기에 있어 줘야 하는 건데. 내가 없으면 아빠의 세상은 전부 다 변할 것이다. 아빠는 나와 함께 저녁을 먹으며 당신의 하루가 어땠는지 얘기하는 대신 예전에 어머니가 낸 시험을 통과해서 기어이 결혼 승낙을 받아 냈으며 과연 그럴 만한 가치가 있었다고 느낄 만큼 부부로 사는 동안에도 대단히 사랑했다는 얘기를 늘어놓곤 했는데, 앞으로는 그럴 수 없다. 내가 상상한 내 미래에 자식들은 없었지만 어쨌든 내가 미래의 자식들 앞에서 고개를 들 수 없을 만큼 멍청한 말을 할 때마다 아빠가 경고 카드를 휙 꺼내 드는 시늉을 했는데, 이제 그 보이지 않는 카드도 치워 버려야 할 것이다. 아빠는 더 이상 아빠일 수 없다. 어쨌든 키울 자식은 없으리라.

아빠 손 밑에 있던 내 손을 살며시 빼서 침상 옆 서랍장 위에 있던 펜을 잡는다. 우리 사진을 꺼내어 떨리는 손으로 뒷면에 몇 자 적는다.

모든 게 다 고마워, 아빠.
용감해질게. 난 괜찮을 거야.

여기서 그랬듯 저기서도 사랑해요.

마테오가.

서랍장 위에 사진을 둔다.

누군가 문을 두드린다. 루퍼스인 줄 알고 뒤돌아보는데, 아니다, 아빠 담당 간호사 엘리자베스 누나다. 야간 근무조인 엘리자베스는 내가 병원에 전화해 아빠 소식을 물을 때마다 늘 참을성 있게 대답해 줬다.

"마테오?"

나를 보는 그녀의 눈빛에 슬픔이 서려 있다. 이미 아나 보다.

"안녕하세요."

"방해해서 미안. 기분은 어떠니? 구내식당에 젤리가 나왔는지 물어봐 줄까?"

그래, 확실히 아는 거다.

"아뇨, 괜찮아요. 아빠는 좀 어떠세요?"

난 다시 아빠를 바라본다. 더없이 약해 보이고, 역시 미동조차 없다.

"안정적이셔. 넌 걱정할 것 없어, 마테오. 우리가 잘 돌봐 드리고 있단다."

"알아요."

난 아빠의 집 열쇠, 지갑, 옷가지가 들어 있는 서랍장 상판을 손끝으로 톡톡 두드린다. 작별 인사를 해야 한다. 루퍼스가 밖에서 기다리고 있기 때문이 아니다. 아빠는 내가 '최후의 날'을 이 병실에서 보내는 걸 원치 않을 것이다. 설령 지금 당장 의식이 돌아온다고 해도.

"제 얘기 들으셨나 봐요, 그쵸?"

"응."

엘리자베스는 아빠의 앙상한 몸에 새 이불을 덮어 준다.

"너무해요. 아빠 목소리도 듣지 못하고 가긴 싫은데."

아빠가 누운 침상을 가운데 둔 채 엘리자베스는 창문을, 나는 문을 등진 위치에 있다.

"아빠 얘기 조금만 들려줄래? 2주나 보살펴 드렸는데 몸 상태 외에 내가 아는 정보라곤 양말을 짝짝이로 신으시고 아주 훌륭한 아드님을 두셨다는 것뿐이거든."

나한테 묻는 이유가 의식을 되찾은 아빠한테서 직접 들을 수는 없으리라 생각하기 때문은 아니었으면 좋겠다. 아빠가 금방 날 뒤따라오는 건 싫다. 언젠가 아빠가 말하길, 기꺼이 들어 줄 누군가가 있는 한 사람은 이야기로써 영원한 생명을 얻을 수 있다고 했다. 난 아빠가 내 어머니를 지금껏 살게 했듯이 나한테도 그렇게 해 주길 바란다.

"아빠는 목록 만들기를 좋아하세요. 나더러 블로그를 만들어서 아빠 목록을 올리라고 할 정도였죠. 그러면 우리는 유명해지고 떼돈을 벌 거랬어요. 사람들이 댓글로 목록 만들기 서비스를 요청할 거라면서요. 심지어 목록 전문가로 TV에 출연할 거라 굳게 믿기까지 했다니까요. 아빠는 TV에 나오는 게 어릴 적부터 꿈이었대요. 아빠 목록이 그렇게까지 재미있지는 않다는 말은 차마 할 수 없었지만, 아빠 머릿속이 어떻게 돌아가는지 엿보는 게 좋아서 아빠가 새로 만든 목록을 보여 줄 때마다 기뻤어요. 아빠는 정말 대단한 이야기꾼이었어요. 때로는 그게 채찍질처럼 느껴지기도 해요. 한번은 아빠랑 같이 코니아일랜드의 해변을 산책했는데요, 참, 거긴 아빠가 어머니한테 첫 번째 청혼을 한 장소였……."

"뭐, 첫 번째 청혼?"

루퍼스다. 고개를 돌리니 역시나 그가 문간에 서 있다.

"엿들어서 미안. 그냥 네가 어쩌고 있는지 확인차 와 봤어."

"괜찮아. 들어와. 엘리자베스 누나, 쟤는 루퍼스라고, 내…… 내 '마지막 친구'예요."

루퍼스가 자기 말대로 그저 내가 어떤지 확인차 와 본 것이길, 실은 이만 헤어져 각자의 길을 가자고 말하러 온 게 아니길 바랄 뿐이다.

루퍼스는 팔짱을 끼고 벽에 기대선다.

"그래서, 첫 번째 청혼이라니?"

"내 어머니가 아빠 청혼을 두 번이나 거절하셨대. 어렵게 승낙하는 것처럼 굴고 싶어 하셨다나 봐. 그러던 어느 날 날 임신한 걸 알게 되신 거지. 그 즉시 아빠는 욕실에서 한쪽 무릎을 꿇고 청혼했고 비로소 어머니는 미소 지으며 승낙하셨대."

난 이 대목이 정말 마음에 든다.

물론 난 거기에 없었지만, 오랜 세월 상상으로 그리고 다듬어 온 그 추억은 내게 더없이 선명하다. 두 분이 처음 함께 살았던 쥐구멍만 한 아파트의 그 욕실도 정확히 어떻게 생겼는지는 모르지만, 아빠는 욕실 벽이 은은한 금색이었다는 얘길 빼먹지 않고 했는데 내 생각엔 오래돼 때가 탄 누런색이었던 것 같고, 또 아빠가 말하길 바닥 타일은 체커판 모양이었다고 한다. 그리고 거기엔 내 어머니가, 아빠의 이야기 속에서 생생히 살아 있다. 특히 이 이야기에서 어머니는 가족의 전통 때문에 나를 사생아로 만들지 않겠다고 다짐하며 울다가 웃다가 한다. 어쨌거나 난 개의치 않는다. 사생아니 뭐니 하는 거, 다 쓸데없다.

"지금 내가 네 아버지를 깨어나게 할 수 있으면 얼마나 좋을까. 정말 그러면 너무 좋을 텐데."

삶은 정말 못됐다. 우리에게 시간이 더 필요할 때 시곗바늘처럼 되돌릴 수 있게 해 주면 오죽 좋으련만.

난 두 사람에게 말한다.

"10분만 아빠랑 단둘이 있어도 될까요? 작별 인사를 어떻게 할지 이제 알 것 같아요."

"천천히 해."

루퍼스의 너그러운 배려가 놀랍고 또 고맙다.

"아냐, 10분이면 돼. 10분 있다가 다시 와."

루퍼스는 끄덕인다.

"알았어."

엘리자베스가 내 어깨에 손을 얹는다.

"난 안내 데스크 쪽에 있을게. 필요하면 언제든 불러."

엘리자베스와 루퍼스가 나간다. 그들 등 뒤로 문이 닫힌다.

난 아빠의 손을 잡는다.

"이번만은 내가 아빠한테 이야기를 들려줄게. 요즘 내 삶이 라든가 오늘 하루가 어땠는지 좀 더 얘기해 달라고 항상, 때로 는 빌다시피 졸랐잖아. 난 매번 입을 꾹 다물었고. 하지만 지 금은 내가 얘기하는 수밖에 없고, 제발 아빠가 내 얘길 들을 수 있기를 손과 발과 차마 입에 올릴 수 없는 무엇까지 동원해서 간절히 빌고 있어."

아빠를 잡은 손에 지그시 힘을 줘 본다. 아빠도 내 손을 꽉 쥐어 주면 좋을 텐데.

"아빠, 나……."

정직한 사람이 되라고 배우며 자라 왔지만, 진실을 말하는 게 항상 간단한 건 아니다. 진실로 인해 상황이 엉망이 되느냐 아니냐가 중요한 게 아니라, 주변에 아무도 없을 때까지 차마 입이 떨어지지 않을 때가 있다. 심지어 주변에 누가 있건 없건 상관없이 말이 나오지 않는 경우도 있다. 거짓을 안은 채로 살 기가 더 쉽기 때문에, 간혹 진실은 자기 자신에게조차 감추는 비밀이 되곤 한다.

나는 레너드 코헨의 〈이렇게 왈츠를 춰요(Take This Waltz)〉를 나직이 부른다. 전혀 공감되지 않지만, 어쨌든 멍해지는 데는 도움이 되는 노래들 중 하나다. 가사는 기억나는 대로 흥얼거리는데, 몇몇 단어는 대충 뭉개고 또 어떤 부분은 엉뚱한 부분에 붙여 부른다. 그렇지만 아빠가 무척 좋아하던 노래다. 내가 이 노래를 부르는 걸 아빠가 들었으면 좋겠다. 듣지 못하니까.

루퍼스
오전 4시 46분

난 마테오의 아버지가 계신 병실 밖 바닥에 앉아 있다. 마테오에게 이만 갈 시간이라고 말해야 한다. 집에서 끌어내는 것도 보통 일이 아니었지만, 병원에서 끌어내려면 아예 이 인간을 기절시켜야 할지도 모르겠다. 누군가 나를 아빠한테서 떨어뜨려 놓으려 한대도 마찬가지로 그래야 할 테니까. 아빠가 혼수상태건 아니건 간에 말이다.

엘리자베스라는 간호사 누나가 시계와 나를 차례로 쳐다보고는 뭔가 쿰쿰한 냄새를 풍기는 음식 쟁반을 들고 다른 병실로 들어간다.

마테오를 끌고 나올 때가 됐다.

주섬주섬 일어나 문을 살짝 열어 본다. 마테오는 아버지의 손을 잡은 채 나로선 처음 들어보는 노래를 흥얼거리고 있다. 내가 문을 똑똑 두드리자 녀석이 소스라치게 놀랐는지 거의 펄쩍 뛰다시피 움찔한다.

"아이고, 미안. 괜찮아?"

일어서는 마테오의 얼굴이 마치 나랑 뺨 때리기 싸움에 휘말려서는 정신 나간 인간들 앞에서 대차게 얻어맞은 것처럼 벌겋다.

"어. 괜찮아."

거짓말이다.

"정돈을 좀 해야겠어."

마치 아버지가 손을 맞잡아 주기라도 한다는 듯 마테오는 좀처럼 아버지 손을 놓지 못하다가, 약 1분이 흐른 뒤에야 비로소 놓아 드린다. 그러고는 클립보드를 집어서 침상 위의 선반에 얹어 둔다.

"퇴근하고 집에 왔는데 또 할 일이 있는 게 싫으시대. 보통 청소며 설거지는 토요일에 몰아서 하는 편이야. 주말마다 둘이서 청소를 싹 해 놓은 다음에 주말 끝날 때까지 쭉 TV를 보지."

마테오가 병실을 둘러보는데, 정말이지 더럽게 깔끔하다. 하기야 누가 바닥에 퍼질러 앉아서 뭘 먹거나 하진 않을 테니까, 병원이 깔끔한 거야 당연하지 않은가.

"작별 인사는 잘했어?"

"그럭저럭. 저기도 깨끗한지 확인 좀 할게."

마테오는 병실에 딸린 화장실로 향한다.

"깨끗할 거야."

148

"아빠가 깨어나면 곧바로 깨끗한 컵을 쓸 수 있는지도 확인해야 해."

"병원에서 잘 돌봐 드릴 거야."

"좀 더 따뜻한 이불을 덮어 드려야 하는 거 아닌가. 추운데 말을 못 하는 걸 수도 있잖아."

난 마테오에게 다가가 마구 떨리는 그의 어깨를 굳게 붙잡아 준다.

"네가 여기 있는 건 바라지 않으셔, 알지?"

마테오의 눈썹이 가운데로 몰리면서 눈시울이 붉어진다. 분노해서가 아니라 슬퍼서 그런 거다.

"아 참, 그러라고 한 말 아니야. 내가 괜한 말을 했네. 아버지는 네가 여기서 시간을 낭비하는 걸 원하지 않으신다는 얘기였어. 야, 그래도 넌 작별 인사라도 할 수 있었잖아. 난 그럴 기회도 없이 가족들을 먼저 보냈어. 기회가 있었다면 무슨 말을 했을지 생각하느라 얼마나 많은 시간을 보냈는지 알아? 너한텐 기회가 있어서 진심으로 기쁜데, 한편으론 환장하게 부럽기도 하다고. 그래도 너랑 같이 나가기에 역부족일까 봐 하는 얘긴데, 나, 네가 필요해. 곁에 있어 줄 친구가 필요하다고."

마테오는 또다시 병실 안을 휘휘 둘러본다. 지금 당장 변기를 솔로 박박 문질러야만 한다거나, 아버지가 운 나쁘게도 덜 깨끗한 컵을 쓸 일이 없도록 병원에 있는 컵이란 컵은 모조리 티끌 한 점 없이 닦아야만 한다고 자신을 설득하려는 게 분명하다. 그러나 내가 어깨를 더 꽉 붙들어 정신없이 핑곗거리를 찾는 마테오에게 현실을 일깨워준다. 마테오는 허리를 굽혀 아버지의 이마에 입맞춤한다.

"안녕, 아빠."

주춤주춤 뒷걸음질하며, 마테오는 깊이 잠든 아버지에게 손을 흔들어 인사한다. 내 심장이 요동친다. 난 이 순간의 유일한 목격자다. 마테오가 금방이라도 울음을 터뜨릴 것만 같다. 가만히 그의 어깨에 손을 얹었더니 움찔한다. 문가에 이르자 그가 말한다.

"미안해. 있지, 정말로 아빠가 오늘 깨어나셨으면 좋겠어. 늦지 않게 딱 맞춰서."

그럴 가능성은 희박해 보이지만, 그래도 난 끄덕여 준다.

둘이 함께 병실을 나선다. 문을 닫기 전, 마테오는 마지막으로 한 번 더 안을 슬쩍 들여다본다.

마테오

오전 4시 58분

병원 모퉁이에서 멈춰 선다.

아직 늦지 않았다. 아빠 병실로 뛰어 들어가 죽을 때까지 거기서 살면 어떨까. 하지만 안 될 말이다. 나라는 시한폭탄이 근처에 있으면 병원에 있는 다른 사람들까지 위험해질 수 있다. 나처럼 명 짧은 '마지막 친구'와 함께이긴 해도, 죽기 딱 좋은 바깥세상에 내가 다시 나와 있다니 도무지 믿기지가 않는다.

이런 용기가 오래갈 리 없다.

루퍼스가 묻는다.

"괜찮아?"

난 끄덕인다. 음악이라도 좀 들으면 좋겠는데. 아빠 병실에서 노래를 부르고 나온 뒤라 그런지 유난히 음악 생각이 난다. 노래 부르는 장면을 루퍼스한테 들켜서 민망하지만, 뭐, 괜찮다, 괜찮다. 별말 없는 걸 보니 아마 거의 듣지 못했나 보다. 어색한 분위기 때문에라도 더더욱 음악을 듣고 싶다. 내 귀엔 언제나 매우 쓸쓸하게 들렸던 음악과 함께 숨어 버리고 싶은 마음이 간절하다. 영화 〈물랑 루즈〉의 삽입곡인 〈어떤 일이 닥쳐와도(Come What May)〉도 아빠가 좋아하는 노래다. 만삭의 어머니가 아빠와 함께 샤워를 하면서 아빠와 배 속의 나에게 이 노래를 들려줬는데, 샤워를 마치고 나서 바로 양수가 터졌다고 한다. 시간이 끝날 때까지 당신을 사랑한다는 가사는 한 번 떠오르면 계속 머릿속에 맴돈다. 내가 좋아하는 다른 곡, 뮤지컬 〈렌트〉의 〈노래 한 곡(One Song)〉도 그렇다. 날아간 기회, 공허한 삶, 시간 낭비에 대한 이 노래를, 더구나 데커가 된 마당에 듣고 싶다니 난 내가 생각해도 정말 괴짜다. 특히 좋아하는 구절은 '나의 노래 한 곡 쓰고 싶어, 세상 떠나가기 전에……'다.

루퍼스가 덧붙인다.

"억지로 끌고 나온 셈이면 미안해. 네가 데리고 나와 달라고 부탁하긴 했지만, 진심이었는지 잘 모르겠어."

"데리고 나와 줘서 고마워."

다행이라고 생각한다. 아빠도 원하는 일이었을 거다.

길을 건너기 전에 양쪽을 잘 살핀다. 도로에 차는 없지만 저 앞 건물 모퉁이에서 한 남자가 쓰레기차한테 다 뺏길세라 맹렬히 쓰레기통을 뒤지고 있다. 어쩌다 그리로 떨어진 자기 물건을 찾는 것일 수도 있지만, 엉망으로 찢어진 청바지와 꼬질꼬질한 적갈색 조끼로 미루어 노숙자로 짐작하는 편이 안전하겠다. 남자는 누군가 반쯤 먹다 버린 오렌지를 꺼내어 겨드랑이에 끼우고는 다시 쓰레기통을 뒤지기 시작한다. 우리가 다가가자 그가 돌아본다.

"어이, 1달러 있어? 잔돈이라도?"

나도 루퍼스도 고개를 푹 숙이고서 빠르게 남자를 지나쳐 간다. 남자는 우릴 부르지도, 뭐라 하지도 않는다.

"몇 푼 드리고 싶어. 혹시 너도 현금 좀 있어?"

혼자서는 불안해서 절대 못 할 일이다. 온 주머니를 뒤지니 18달러가 나온다.

"야박하게 굴려는 건 아니지만, 대체 왜?"

"돈이 필요한 사람이니까. 먹을 것을 구하려고 쓰레기통을 뒤지잖아."

"어쩌면 노숙자가 아닐 수도 있어. 나, 전에 사기당한 적 있거든."

난 멈칫한다.

"나도 속은 적 있어."

또한 진짜 도움이 필요한 사람들을 모른 체하는 실수도 저질러 봤다. 다 사기꾼 취급하면 안 되는 거다. 그래서 덧붙인다.

"평생 모아 놓은 돈도 아니고 그저 몇 푼인데 뭐."

"넌 언제 사기당했는데?"

"5학년 때, 학교 가다가. 어떤 아저씨가 1달러만 달라고 해서 점심값 5달러를 꺼냈는데 그 아저씨가 내 얼굴을 때리고 다

가져갔어."

부끄럽지만 그때 난 너무나 상심한 나머지 학교에서 대성통
곡을 하다가 양호실로 보내진 것도 모자라 아빠가 일하다 말
고 내 상태를 보러 왔을 정도였다. 심지어 그 후로 2주 동안이
나 아빠가 학교까지 날 데려다 줬고, 낯선 사람은 무조건 조심
하라고, 특히 돈을 요구하면 더더욱 조심하라고 신신당부를
했다.

"그냥 난, 진짜 도움이 필요한지 아닌지는 판단의 대상이 아
닌 것 같아서. 마치 내 앞에서 춤추거나 노래라도 불러서 도움
받을 자격을 얻으라고 하는 것 같잖아. 도움이 필요하면 얼마
든지 청할 수 있어야 한다고 봐. 그리고 1달러가 뭔 대수야? 까
짓것 벌면 되지."

실제로 1달러를 더 벌 수는 없겠지만, 루퍼스가 똑똑하다면
(혹은 나처럼 만사가 불안하다면) 은행에 넣어 둔 돈 역시 그
보다는 많을 것이다. 표정은 별로 변하지 않지만 루퍼스는 자
전거를 세우고 받침대를 내린다.

"그럼 이렇게 하자."

그는 주머니에서 현금 20달러를 꺼낸다. 앞장서 가기에 나
도 얼른 뒤따라간다. 남자가 공격하면 어쩌나 싶어 심장이 마
구 두근거린다. 루퍼스는 남자로부터 한 발짝 거리에 멈춰 서
더니 날 가리켜 보이고, 남자는 뒤돌아 세모눈으로 날 뚫어져
라 쳐다본다.

루퍼스는 내가 나서길 바라는 것이다.

"저기요, 저희가 가진 건 이게 전부예요."

난 루퍼스한테서 20달러를 받아 남자 쪽으로 내민다.

"장난이면 재미없을 줄 알아."

내가 함정이라도 놓은 줄 아는지 남자는 주변을 살핀다. 도움 받는 입장에서 상대를 의심하면 안 되는 거 아닌가.

난 조금 더 다가간다. 루퍼스가 내 곁에 바짝 붙는다.

"아니에요, 아저씨. 푼돈인 건 알아요, 그래서 죄송하고요."

"이건⋯⋯."

남자가 내 쪽으로 온다. 아무래도 난 여기서 심장마비로 죽을 운명인가 보다. 발이 경주로 바닥에 딱 붙어 버린 상태에서 열 대도 넘는 경주용 차가 속도를 한껏 높여 색색의 흐릿한 형체로 나를 향해 달려드는 기분이지만, 남자는 날 덮치지 않는다. 오히려 날 얼싸안는 바람에 겨드랑이에 끼웠던 오렌지가 떨어져 바닥에 나뒹군다. 난 얼이 쏙 빠져 한동안 가만히 있다가, 정신을 차리고 역시 포옹으로 응한다. 남자의 몸, 즉 키부터 여윈 체구까지 모든 것이 아빠를 생각나게 한다.

"고맙다. 고마워."

남자는 연신 고맙다고 하고는 나를 놓아준다. 눈이 붉은데, 이게 노숙 생활로 피로에 절어서인지 눈물이 나려고 그러는 건지 모르겠지만 이 사람은 나한테 뭘 증명해 보일 필요가 없으므로 그냥 넘어가련다. 언제나 이런 태도로 살았으면 좋았을 것을.

남자는 루퍼스에게도 고개를 끄덕여 보이고는 현금을 주머니에 쑤셔 넣는다. 다른 건 요구하지 않고, 날 때리지도 않는다. 우리에게서 멀어지는 그의 어깨가 아까보다는 조금 펴졌다. 남자가 떠나기 전에 이름이라도 물어볼걸, 하다못해 내 이름이라도 알려 줄 걸 그랬다.

루퍼스가 말한다.

"잘 생각했어. 좋은 업 하나 쌓았네."

"업보랑은 상관없어. '나는 착한 놈' 점수 쌓으려고 그런 거 아니야."

자선단체에 기부하거나, 횡단보도 건너는 노인을 부축하거나, 유기견을 구조하면서 나중에 보상받을 생각을 하면 못쓴다. 내가 암을 치료하거나 세계의 기아를 해결하지는 못해도, 비록 작은 친절이지만 누군가에게 큰 도움이 될 수는 있다. 물론 이런 얘길 루퍼스 앞에서 하지는 않는다. 이런 식으로 말한다는 이유로 반 친구들 모두의 놀림감이 되었으니까. 착하게 살고자 하는 노력을 나쁘게 느끼면 안 되는 법인데.

"우리가 그 아저씨를 투명인간 취급하지 않은 덕에 아저씨한테는 오늘이 운수 좋은 날이 됐어. 나랑 같이 아저씨를 봐 줘서 고마워."

"엉뚱한 사람을 도운 게 아니길 바랄 뿐이다."

루퍼스가 나한테서 즉각적인 용기를 기대할 수 없듯이, 나 역시 그한테서 즉각적인 관대함을 기대할 수 없다.

루퍼스가 우린 죽는다는 얘기를 꺼내지 않아 다행이다. 그 랬다면 우리 행위의 격이 떨어지고 말았을 것이다. 그렇지 않 은가, 우리가 가진 돈 전부를 내어 준 이유가 그저 10분 후면 영영 쓸 수 없게 될지도 모르기 때문이라고 남자가 생각해 버 린다면.

어쩌면 남자는 오늘 새벽 우리를 만났기 때문에 앞으로 남 을 좀 더 믿게 될지도 모른다. 그런 점에서 확실히 그는 나를 도왔다.

델릴라 그레이
오전 5시

델릴라 그레이는 오전 2시 52분에 데스캐스트로부터 전화를 받아 오늘 죽는다는 소식을 들었지만, 그녀는 믿지 않는다. 슬픔의 부정 단계에 있는 게 아니다. 데스캐스트 직원인 전 남자친구가, 어젯밤 그녀가 1년 된 약혼 관계를 끝내겠다고 선언한 것에 앙심을 품고 못된 장난을 치는 게 틀림없다.

사람 목숨을 가지고 장난치는 건 그야말로 중죄다. 이 정도 사기면 최소 20년 징역형에 블랙리스트에도 올라 평생토록 어지간한 취업조차 여의치 않게 될 것이다. 데스캐스트 직원의 업무상 과실은, 음, 살인이나 마찬가지니까.

빅터가 이런 식으로 직권을 남용하다니 정말이지 믿을 수가 없다.

델릴라는 통화 시각이 찍힌 이메일을 삭제해 버린다. 미키라는 알리미한테 한바탕 욕을 퍼부어 주고서 전화를 끊고는 침대의 빅터 자리 쪽 베개 옆에 전화기를 던져 놓았다. 빅터한테 전화할 생각으로 전화기를 집어 들었다가, 고개를 저으며 도로 내려놓는다. 순순히 망상증 환자 노릇을 자처해 빅터한테 만족감을 안겨 줄 순 없지. 델릴라가 데커 명단에 실제로 이름이 올랐는지 확인하기 위해 데스캐스트닷컴에 로그인하기를 기다리고 있다면, 또는 직장 동료인 미키를 매수해 그녀를 겁주게 했음을 실토하게 만들려고 빅터에게 연락해 고소하겠다 협박하길 기다리고 있다면, 빅터 그 인간, 아주 오랫동안 기다려야 할 거다. 왜냐, 그녀에겐 남은 시간이 아주 많으니까.

약혼을 깨기로 한 결정을 번복할 생각이 추호도 없었듯이, 그 돼먹지 않은 전화의 진위 여부를 한 번 더 따져 볼 생각 또한 전혀 없으므로, 델릴라는 오늘도 여느 날과 다름없이 생활할 것이다.

욕실로 가서 거울에 비친 자신의 머리에 감탄하며 양치질을 한다. 그녀의 머리 색은 아주 화려하다. 직장 상사는 '너무' 화려하다고 했지만. 지난 몇 주 동안 델릴라에게는 변화가 필요했다. 머릿속의 목소리는 얼른 빅터와 끝내라고 아우성이었지만, 머리 염색이 더 간단했다. 눈물도 훨씬 덜했고. 어떤 스타일을 원하시느냐는 미용사의 물음에, 델릴라는 오로라 염색을 해 달라고 청했다. 분홍, 보라, 초록, 파랑이 골고루 예쁘게 나오려면 좀 더 손을 봐야 하는데, 일단 맡은 일을 끝내고 나서 염색 마무리는 다음 주에 해도 된다.

침대로 돌아와 노트북을 연다. 어젯밤 빅터가 출근하기 전에 헤어지느라 그녀도 일을 하지 못했다. 올봄에 대학을 졸업하고 〈인피니트 위클리(Infinite Weekly)〉에 보조 기자로 입사한 그녀는 당장 〈힙스터 하우스〉라는 예능 프로그램 소개 글을 작성해야 한다. 그녀 자신은 〈힙스터 하우스〉를 딱히 좋아하지 않지만, 거기 출연하는 힙스터들이 〈저지 쇼(Jersey Show)〉 출연자들보다 화제성이 있어 클릭을 유도하는 미끼로 더 유용하고, 누군가는 이런 소개 글을 써야 하는데 선임 기자들은 이름값 하는 프로그램을 다루느라 바쁘다. 델릴라는 힘들고 재미없는 일이라도 할 수 있는 게 행운임을 잘 알고 있다. 고작 14개월을 만난 사람과의 결혼을 준비하느라 신입인 주제에 원고 마감 기한을 몇 차례나 넘기고도 잘리지 않았으니 얼마나 다행인가.

델릴라는 브루클린의 어느 북적이는 커피숍에서 힙스터들이 타자기로 짧은 소설을 공동 집필하는 황당무계하기 짝이 없는 프로그램을 다시 보기 위해 TV를 켠다. DVR로 전환하기 전, '폭스 파이브' 채널의 앵커가 그녀의 흥미를 확 당기는 뉴스를 소개한다.

"저희는 에이전시에 취재 요청을 했습니다. 이 스물다섯 살의 배우는 블록버스터 〈스콜피어스 호손〉 시리즈에서 주인공인 사악한 소년 마법사의 젊은 적수 역으로 열연했지만, 전 세계의 온라인 팬들은 하우이 말도나도를 향한 애정만을 공유하고 있습니다. 트위터와 페이스북에서 저희를 팔로우하시면 현

재 진행 중인 사건의 업데이트 상황을 실시간으로 확인하실
수 있습니다."

델릴라는 침대를 박차고 일어선다. 가슴이 두근거린다.

사건이 보도되길 하릴없이 기다리기만 하진 않을 것이다.

사건을 보도하는 기자가 되리라.

마테오

오전 5시 20분

루퍼스가 뒤에서 망을 보고 난 현금인출기 앞에 선다. 내가 열여덟 살이 되자 고맙고도 상식적인 아빠가 날 은행에 보내 체크카드를 만들게 했다. 이 현금인출기에서 뽑을 수 있는 최대 금액은 400달러. 난 400달러를 인출한다. 난데없이 누군가 나타나 총부리를 겨눈다면 그 결말은 누구나 아는 그것일 테니, 그럴 일이 없기를 바라며 마구 뛰는 가슴을 안고, 리디아에게 건넬 봉투에 현금을 밀어 넣는다. 명세표에 찍힌 내 계좌 잔고 2,076달러 27센트를 단단히 외우며 명세표를 잘게 찢는다. 내게는 그만한 돈이 필요 없다. 다른 현금인출기를 발견하거나 영업시간이 되면 은행에서 현금을 더 뽑아야겠다.

난 봉투를 접어 주머니에 넣는다.

"리디아한테 가기엔 너무 이른 것 같아. 뭔 일이 있구나 하고 알아챌 거야. 걔네 아파트 로비에서 기다릴까?"

"어이구, 아서라. 절친한테 부담 주기 싫다고 아파트 로비에서 빈둥거리겠다니? 그러지 말고 다섯 시 넘었으니까 뭐 좀 먹자. 어쩌면 마지막 식사겠네. 24시간 영업하는 괜찮은 식당이 있어."

루퍼스가 앞장선다.

"좋아."

난 말하자면 '아침 덕후'다. 아침을 다루는 페이스북 페이지도 여러 개 팔로잉 중이다. 다른 도시들의 아침('굿모닝, 샌프란시스코!')과 다른 나라들의 아침('굿모닝, 인도!')을 팔로잉한 덕에, 하루 중 어느 때건 내 피드에는 발갛게 빛나는 건물들, 아침 식사, 하루를 시작하는 사람들 사진이 뜬다. 여명과 함께 오는 새로움이란 게 있다. 설령 내가 동튼 이후까지 버텨 내지 못한다 해도, 공원의 나뭇잎 사이로 비쳐드는 햇살을 볼 수 없다 해도, 나는 오늘을 기나긴 아침으로 여길 테다. 그러니 잠에서 깨어 하루를 시작하자.

워낙 이른 시각이라 거리는 휑뎅그렁하다. 난 사람이 싫은 게 아니다. 누가 있는 데서 노래할 용기가 없을 뿐. 지금 혼자였다면 아마 우울한 노래를 틀어놓고 따라 불렀을 것이다. 아빠는 내게 감정을 따르는 건 괜찮지만 부정적인 감정은 싸워서 쫓아내야 한다고 가르쳤다. 아빠가 입원한 이후로 나는 절망적인 기분에 사로잡히지 않게 일부러 긍정적인 소울풍의 노래, 이를테면 빌리 조엘의 〈있는 그대로의 당신(Just the Way You Are)〉 같은 노래들을 골라 들었다.

'캐논 카페'라는 곳에 도착했다. 삼각형 간판 아래의 문에 카페 이름을 향해 치즈버거를 쏘는 대포 모양의 로고가 폭죽처럼 사방팔방으로 튕겨 나가는 감자튀김 그림과 함께 붙어 있다. 파킹미터에 자전거를 매어 놓고 식당 안으로 들어가는 루퍼스를 뒤따라 한산한 실내로 들어서자마자 스크램블드에그와 프렌치토스트 냄새가 콧속으로 훅 밀려들어 온다.

피로에 찌든 눈빛의 주인이 우리를 맞이하며 아무 데나 앉으라고 한다. 루퍼스는 두리번대지도 않고 곧장 안쪽으로 걸어가 화장실 옆 벽에 붙은 2인석에 앉는다. 감색 가죽 좌석이 여기저기 갈라지고 벗겨진 것이 나 어렸을 적에 집에 있던 천 소파를 생각나게 한다. 내가 거기 앉아 아무 생각 없이 겉면의 천을 뜯어 대는 통에 결국 내부 스펀지가 너무 많이 드러나서 아빠가 내다 버리고 지금 있는 소파를 들였다.

루퍼스가 말한다.

"난 여기 단골이야. 일주일에 한두 번씩은 꼭 와. 여기 앉아서 '늘 먹던 걸로'를 주문하지."

"왜 자주 오는데? 너 이 동네 살아?"

그러고 보니 내 '마지막 친구'가 원래 어디에 사는지, 고향은 어딘지 난 전혀 모른다.

"넉 달 전부터. 그때 위탁가정에 들어왔거든."

루퍼스에 대해 아는 게 없을 뿐 아니라, 얘를 위해 해 준 것도 없다. 루퍼스는 줄곧 그림자처럼 내 곁을 지켜 줬는데. 날 집에서 나오게 해 줬고, 병원에 들어갔다 나오게도 했으며, 이따가 리디아네도 같이 갈 텐데. 지금까지 이 '마지막 우정'은 매우 일방적이었다.

루퍼스가 메뉴판을 내 쪽으로 쓱 민다.

"뒷면에 데커 할인 메뉴가 있어. 믿기 어렵겠지만, 뭐든지 다 공짜야."

처음으로 데커 혜택을 써먹어 보게 됐다. 그동안 내가 읽은 카운트다우너스 피드들에 의하면, 최고급 식사와 왕처럼 융숭한 대접을 기대하며 5성급 식당에 갔던 데커들 모두가 끽해야 할인 정도의 혜택만 받았다. 난 루퍼스가 단골 식당을 찾아온 게 마음에 든다.

안쪽에서 여종업원이 나와 우리 자리로 온다. 금발 머리를 동그랗고 딴딴하게 말아 올렸고, 노란색 넥타이에 '레이'라 적힌 핀이 꽂혀 있다.

"좋은 아침."

말투에 남부 억양이 있다. 귀에 꽂았던 펜을 손끝으로 잡는데, 팔뚝에 새긴 구불구불한 문신이 언뜻 보인다. 난 바늘을 두려워하지 않는 사람이 되어 본 적이 없는데. 그녀는 펜을 손가락 사이로 빙글빙글 돌린다.

"두 분한테는 늦은 밤이려나?"

루퍼스가 대답한다.

"그런 셈이에요."

내가 얼른 끼어든다.

"아주 이른 새벽에 가깝죠."

레이가 실제로는 내 말을 주의 깊게 들었는지도 모르지만, 어쨌든 겉보기에는 아닌 것 같다.

"뭘로 드실까?"

루퍼스가 메뉴판을 들여다본다.

난 넌지시 묻는다.

"'늘 먹던 걸로' 시키지 않고?"

"오늘은 바꿔 보게. 마지막이니까."

루퍼스는 마침내 메뉴판을 내려놓고 레이를 올려다본다.

"추천해 주실래요?"

"뭐야, 예고라도 받았나?"

레이는 킥킥 웃다가 이내 멈춘다. 그녀가 날 돌아보고, 난 고개를 수그린다. 이윽고 그녀는 허리를 숙여 우리 눈치를 자세히 살핀다.

"설마."

그녀는 펜과 메모장을 탁자 위에 내려놓는다.

"둘 다 괜찮니? 아프진 않고? 공짜로 얻어먹으려고 수 쓰는 거 아니지, 응?"

루퍼스가 고개를 젓는다.

"아이, 아니에요. 저 여기 진짜 자주 오는데, 마지막으로 또 오고 싶더라고요."

"지금 이런 때에, 진지하게 음식 생각이 난다고?"

루퍼스는 상체를 그녀 쪽으로 기울여 넥타이핀을 가만히 들여다본다.

"레이 누나, 저 뭐 먹을까요?"

레이는 손바닥으로 얼굴을 가리고 웅얼거린다.

"모르겠네. 아무래도 '몽땅 스페셜'이 괜찮지 않을까? 감자튀김, 꼬마 버거, 달걀, 등심 스테이크, 파스타……. 그러니까, 우리 주방에서 만드는 모든 메뉴를 골고루 맛볼 수 있거든."

"그걸 어떻게 다 먹어요? 그럼 누나가 여기서 제일 좋아하는 메뉴는 뭐예요? 제발 생선은 빼 줘요."

"그릴드 치킨 샐러드를 좋아하긴 하는데, 내가 원래 소식하는 편이라서."

"그거로 할게요."

루퍼스는 먼저 메뉴를 정하고 날 쳐다본다.

"마테오, 넌 뭐 먹을래?"

난 메뉴판을 거들떠보지도 않는다.

"뭔지 몰라도 네가 '늘 먹던 걸로' 할래."

나 역시 제발 생선만은 아니길 빈다.

"진짜 뭔지도 모르잖아."

"치킨 텐더만 아니면 나한텐 뭐든지 새로워."

루퍼스는 끄덕인다. 그가 메뉴판에서 몇 가지를 가리키자 레이는 곧 돌아오겠다면서 펜과 메모장도 탁자 위에 둔 채로 쏜살같이 물러난다. 레이가 요리사에게 우리 메뉴를 먼저 만들어 달라고 전하면서 "데커들이 왔거든"이라고 덧붙이는 소리가 우리 귀에도 들린다. 우리 때문에 식사가 늦어질 사람은 누구이려나. 이미 커피를 마시며 신문을 읽고 있는 뒤쪽의 아저씨? 그래도 레이의 마음 씀씀이가 고맙다. 문득 데스캐스트의 안드레아도 직업병으로 연민을 잃기 전에는 레이 같았을지 궁금하다.

난 루퍼스에게 말을 건다.

"뭐 하나 물어봐도 돼?"

"그런 질문에 쓰는 숨이 아깝지도 않냐? 그냥 뭐든 하고 싶은 대로 해."

다소 강한 어조이긴 해도, 맞는 말이다.

"저 누나한테 우리 죽는다는 얘기는 왜 한 거야? 괜히 아침부터 기분 잡치게 한 거 아닐까?"

"아마도? 그런데 그 소식은 새벽부터 내 기분을 잡쳤는데 내가 뭘 어떻게 할 수조차 없잖아."

"리디아한테는 나 죽는다는 얘기 하지 않을 거야."

"말도 안 되는 소리. 천하의 나쁜 놈이 되려고 그래? 작별 인사란 건 기회가 있을 때 꼭 해야 하는 거야."

"리디아의 하루를 망치고 싶지 않아. 혼자서 딸을 키우지, 남자친구는 죽었지, 나 아니어도 이미 삶이 고달픈 애란 말이야."

어쩌면 난 그렇게 이타적인 인간이 아닐 것이다. 리디아에게 말하지 않겠다는 건 사실 이기적인 생각일 수도 있지만, 도저히 말할 엄두가 나지 않는다. 내일이면 내가 없다는 얘기를 가장 친한 친구한테 어떻게 전한단 말인가? 그 친구한테 그런 폭탄을 던져 놓고, 난 이만 가서 죽기 전까지 살아 보겠다는 말은 또 어떻게 하겠는가?

난 등받이에 등을 지그시 밀어붙인다. 이토록 이기적인 나 자신이 너무나 역겹다.

"네 생각이 그렇다면야. 그 친구가 널 원망할지 아닐지 난 모르니까. 네가 제일 잘 알겠지 뭐. 그런데 있잖아, 우리가 죽는다는 소식에 남들이 어떻게 반응하건 우린 신경 쓸 필요 없어. 자책할 것도 없고."

"하지만 우리 행동을 뉘우치지 않는 게 자살 행위라면? 데스캐스트 이전의 삶이 과연 더 나았을지 의심하는 소심한 겁쟁이가 내면에 숨어 있지 않아?"

숨통을 조이는 질문이다.

루퍼스가 반문한다.

"더 나았느냐고? 어쩌면. 어. 아니. 대답한들 무슨 소용이고 뭐가 달라지는데? 그냥 흘려보내, 마테오."

맞는 말이다. 내가 나를 괴롭히고 있다. 내가 나 자신의 발목을 잡고 있다. 좀 더 오래 살겠답시고 수년을 안전 제일주의로 살아왔는데, 지금 내 꼴을 보라. 경기에 참여한 적조차 없건만 이렇게 결승선에 있다.

레이가 음료와 음식을 가지고 돌아와 루퍼스에게 그릴드 치킨을, 내 앞에는 고구마튀김과 프렌치토스트를 내려놓는다.

"더 필요한 게 있으면 소리 내서 부르렴. 안쪽에 있든 다른 손님 앞에 있든 냉큼 달려올 테니."

우리가 고맙다고 한 뒤에도 그녀는 선뜻 자리를 뜨지 않는다. 우리 중 누구든 옆에 붙어 앉아 얘기를 더 나누고 싶어 하는 눈치다. 그러나 곧 정신을 가다듬고 물러간다.

루퍼스가 포크로 내 접시를 톡톡 친다.

"내 단골 메뉴, 어떤 것 같아?"

"프렌치토스트는 몇 년 만에 먹어 보겠네. 아빠가 구운 토르티야로 BLT(베이컨, 상추, 토마토를 넣은 샌드위치—옮긴이)를 만드는 데 심취해서 매일 아침 그걸 먹었거든."

프렌치토스트가 어떤 건지도 까먹다시피 했는데 그 시나몬 향을 맡으니 아빠랑 흔들거리는 탁자에 마주 앉아서 아침 식사를 하며 뉴스를 듣거나 아빠가 쓸 목록을 브레인스토밍 하던 기억이 되살아난다.

"이거 진짜 맛있다. 너도 좀 먹을래?"

루퍼스는 끄덕이지만 내 접시로 손을 뻗지는 않는다. 자기 앞의 샐러드도 맛이 별로인지 뒤적거리기만 하고 무심코 닭고기만 골라 먹는데, 어딘지 정신이 딴 데 팔린 것 같다. 결국 그는 포크를 내려놓고 레이가 두고 간 메모장과 펜을 집어 든다.

그러고는 크고 두꺼운 동그라미를 그린다.

"난 전 세계를 여행하며 사진을 찍고 싶었어."

루퍼스는 지구 곳곳의 나라들 지도를, 그가 절대로 갈 수 없을 땅의 윤곽을 그리고 있다.

난 묻는다.

"사진기자처럼?"

"아니. 나 혼자 간직할 사진들이지."

"그럼 세계여행 체험장에 가야겠네. 하루 만에 세계여행을 마칠 수 있는 곳이잖아. 카운트다우너스 후기들을 보면 호평 일색이야."

"난 거기 들어가 본 적도 없어."

"난 매일 들어가. 다른 사람들이 새로운 모험을 시도하는 걸 보면서 대리 만족을 한달까."

루퍼스는 그림을 쳐다보던 눈을 흘끗 들어 나를 향해 고개를 절레절레 젓는다.

"네 '마지막 친구'야말로 너한테 빵 터지는 모험을 하게 해 줄 건데? 기분 나쁘게 터지는 거 말고, 물리적으로 터지는 건 더더욱 아니고, 기분 좋게 빵 터질 건데? 대리 만족은 무슨."

"알았어."

그런 것 같다.

"넌 뭘 하고 싶었어? 그러니까, 장래희망이 뭐였어?"

"건축가. 집이랑 사무실이랑 무대랑 공원이랑 그런 거 짓고 싶었어. 어릴 적엔 레고를 되게 좋아했지."

그러나 내가 지었든 남이 지었든 사무실에서 일하는 사람이
되길 원한 적은 없다는 것이나, 내가 지은 무대 위에서 공연하
길 꿈꾸었다는 것은 털어놓지 않는다.

"나도. 그놈의 우주선은 기껏 만들어 놓으면 금세 부서져 버
리더라고. 그 웃는 얼굴의 레고 조종사들은 단 한 번도 비행할
기회가 없었지."

루퍼스는 내 앞에 놓인 프렌치토스트를 한 조각 떼어 가져
가서는 고개를 숙이고 눈을 감은 채 천천히 씹으며 맛을 음미
한다. 평소 즐겨 먹던 음식을 생애 마지막으로 삼키는 누군가
의 모습을 지켜보기란 쉽지 않은 일이다.

그러니 잘해 내야 한다.

세상일이란 보통 안 되다가 잘되는 쪽으로 흐르는데, 오늘
은 전후가 뒤바뀐 경우다.

접시를 비우고 루퍼스가 일어나자 레이가 재깍 이쪽을 쳐다
본다.

"짬이 날 때 계산서 좀 가져다주시겠어요?"

"돈은 내지 않아도 되는데."

"내게 해 주세요. 저한텐 아주 의미 있는 일이에요."

내 말에 레이가 죄책감 따위는 느끼지 않아야 할 텐데.

"재청합니다!"

루퍼스도 거든다. 비록 루퍼스는 다시 이곳에 올 수 없을 테

지만, 우리는 이곳이 오랫동안 운영되길 바라고, 그러려면 갖가지 비용을 처리하는 데 조금이라도 보탬이 되도록 우리가 음식 값을 치러야 한다.

레이는 세차게 고개를 끄덕거리며 계산서를 건넨다. 내게서 체크카드를 받아 카드 리더기에 읽히고 돌아온 그녀에게, 난 음식 값의 세 배를 팁으로 남긴다.

음식 값과 팁을 지불하고 나니 잔고는 2천 달러 이하가 되었다. 누군가의 인생 새 출발을 위한 금액으로는 부족할지 몰라도, 한 푼 한 푼이 다 유용하다.

루퍼스는 자기가 그린 세계 지도를 주머니에 넣고서 날 재촉한다.

"갈까?"

난 일어서지 않는다.

"일어나면 나가는 거지?"

"어."

"나가면 죽는 거지?"

"아냐. 나가면 죽기 전까지 사는 거야. 가자."

난 일어선다. 식당을 나서면서, 레이와 그릇 치우는 알바생과 주인에게 고맙다고 인사한다.

오늘은 기나긴 아침이다. 그러나 나는 밤잠에서 깨어 침대를 박차고 나오는 사람이 돼야 한다. 텅 빈 거리를 바라보며, 나는 걷는다. 자전거를 챙기는 루퍼스에게로, 우리가 소비하

는 시간만큼 가까워지는 죽음을 향해, 우리를 저버린 세상에
맞서며.

루퍼스

오전 5시 53분

어쩔 수가 없다. 매사에 전전긍긍하기는 해도 마테오는 썩 괜찮은 친구지만, 마지막으로 플루토 형제들과 캐논에 모여 앉아 그동안 있었던 좋은 일 나쁜 일 들을 되짚어 보았더라면 진짜 끝내줬을 것이다. 하지만 너무 위험한 짓이다. 난 내 장점을 안다. 그 녀석들에게 해가 될 만한 위험을 무릅쓰진 않는다.

그래도 나한테 문자 한 통은 때려 줄 수 있었을 텐데.

자전거 잠금장치를 풀고 도로로 끌고 나간다. 마테오는 내가 휙 던진 헬멧을 가까스로 받는다.

"그래서 리디아라는 친구는 어디 산다고?"

"이건 왜 준 거야?"

"자전거에서 떨어져도 머리 깨지지 말라고. '마지막 친구' 때문에 죽으면 얼마나 억울하겠냐."

"이거 2인용 자전거 아니잖아."

"발 받침 있잖아."

교통사고라도 나면 크게 다치기 십상이지만 타고는 내가 모는 한 그럴 일은 없다면서 늘 뒷바퀴 발 받침에 올라타곤 했다.

마테오가 묻는다.

"나더러 이렇게 컴컴한 데서 달리는 자전거 뒷바퀴 축을 딛고 서 있으라고?"

"헬멧은 꼭 쓰고."

이런 젠장, 난 이 인간이 어느 정도의 모험은 감수할 준비가 된 줄 알았단 말이다.

"싫어. 이 자전거가 우리를 죽음으로 몰고 갈 거야."

날이 날이라 그런지 이 인간, 무지하게 비관적이다.

"아냐, 안 그래. 날 믿으라고. 거의 2년 동안 하루도 빼놓지 않고 이 자전거를 몰고 다녔어. 그냥 타, 마테오."

환장하게 망설이지만 마테오는 억지로 헬멧을 눌러 쓴다. 내세에서 이 인간한테 '내가 뭐랬어!' 소리를 듣지 않으려면 평소보다 훨씬 더 조심해야겠다. 마테오가 내 어깨를 짚고 꾹 누르며 발 받침에 올라선다. 이 인간으로선 모험의 수위를 한 단계 높인 셈이다. 기특하다. 새끼를 둥지 밖으로 밀어내는 어미 새가 된 기분이다. 오래전에 날아갔어야 할 녀석이라 마지못해 강제로 떠미는 느낌이랄까.

저 앞 은행 위로 달이 높이 걸린 시각, 같은 골목의 식료품점 셔터가 올라가며 영업 개시를 알린다. 내가 페달을 밟기 시작하자마자 마테오가 폴짝 뛰어내린다.

"안 되겠어. 난 걸어갈래. 그리고 너도 그러는 게 좋다고 봐."

헬멧 버클도 풀고 벗어 버리더니 나한테 내민다.

"미안. 왠지 예감이 좋지 않아. 지금은 내 감을 믿어야 해."

헬멧을 받아 손잡이에 걸고 뒤도 돌아보지 말고 떠나야 한다. 마테오는 리디아한테 가라고 하고, 난 뭐가 됐든 내 할 일을 하면 된다. 그러나 그와 헤어지는 대신, 난 손잡이에 걸렸던 내 헬멧을 집어 들고 한쪽 다리를 안장 위로 들어 내린다.

"그럼 걸어가야지. 우리한테 남은 삶이 얼마나 되는지 몰라도 그마저 놓치긴 싫으니까."

마테오

오전 6시 14분

이미 난 역대급 최악의 마지막 친구다. 이제는 최악의 단짝 친구가 될 시간이다.

"진짜 최악이겠다."

"왜냐면 네가 죽는다는 사실을 숨길 거니까?"

"아직 죽지 않았잖아. 그리고 맞아, 말 안 해. 미래를 약속한 남자친구가 죽어 간다는 걸 알았을 때 리디아가 얼마나 망가졌는데. 그 사람은 페니를 만나지도 못 했지."

길모퉁이를 돈다. 리디아가 사는 아파트까지 두 골목 남았다. 하늘이 마침내 부옇게 밝아지며 주황색 새벽노을이 내 생애 마지막 해돋이의 서막을 연다.

루퍼스가 말한다.

"페니라면, 그 둘의 딸이겠군."

"어. 크리스천이 죽고 나서 일주일 후에 태어났어."

"어떻게 죽었어? 너무 개인적인 일이라 말하고 싶지 않으면

하지 않아도 돼. 우리 가족 일은 그야말로 악몽이라서 나도 별로 말하고 싶지 않거든."

아무한테도, 특히 리디아한테 말하지 않겠다고 약속하기만 하면 그 얘기를 털어놓아도 되겠다 싶은 생각과 거의 동시에, 어차피 루퍼스는 그 얘기를 무덤으로 가져갈 수밖에 없다는 생각도 고개를 든다. 내세에서 입방아를 찧는 것까지는 어쩔 수 없지만, 어쨌든 난 그에게 뭐든 안심하고 말할 수 있다.

"크리스천은 펜실베이니아주 외곽을 여행하는 중이었어. 할아버지한테서 물려받은 기이한 단도랑 검을 어떤 수집가가 사겠다고 했거든."

"기이한 단도랑 검을 사겠다는 사람이라면 주로 돈 많은 정신병자일 텐데."

"리디아는 불안해 미칠 지경이어서 가지 말라고 했지만 크리스천은 길게 봐야 한다면서 그 정도 돈이면 다녀올 가치가 있다고 우겼어. 번듯한 아기 침대, 기저귀, 두 달치 분유, 옷가지를 살 수 있다면서. 크리스천은 기어이 떠났고 펜실베이니아에서 하룻밤 묵었는데, 잘 자다가 새벽 1시쯤 경보음에 깼어."

눈물과 비명으로 얼룩졌던 이 사연을 털어놓자니 가슴이 답답해진다. 잠시 벽에 기대어 쉬다가 이야기를 잇는다.

"크리스천은 리디아한테 연락하려고 애썼는데 리디아는 세상모르고 자는 중이었어. 크리스천은 틈나는 대로, 거의 1분

간격으로 문자를 남겼지. 얼른 돌아오려고 거기서 트럭을 얻어 탔는데, 트럭 운전사도 데커였던 거야. 결국 둘 다 가족이 있는 도시로 돌아오던 길에 죽었어."

루퍼스가 탄식한다.

"뭐 그런 엿 같은."

그 무엇도 리디아를 위로할 수 없었다. 크리스천이 보낸 다급하고 필사적인 문자메시지들을 강박적으로 읽으면서, 그렇게 전화가 많이 왔는데도 잠에서 깨지 않은 자신을 책망하고 증오했다. 마지막으로 그의 얼굴을 볼 기회가 있기는 했다. '더 베일(The Veil)'이라고, 배터리를 무지막지하게 잡아먹지만, 통신 신호가 약한 지역에 있는 사용자 개인, 이를테면 집으로 가려고 고속도로를 달리는 중인 데커의 신호 강도를 높여 주는 화상 통화 앱이 있다. 그러나 리디아는 화상 통화 초대 알림음도 전혀 듣지 못했다.

진심인지 모르겠는데 처음에 리디아는 페니를 원망하는 듯하기도 했다. 남자친구가 죽기 일보 직전인 줄도 모르고 곯아떨어진 건 출산이 다가올수록 부쩍 몸이 힘들어진 탓이라는 것이었다. 그렇지만 그때는 그녀가 너무나 비통한 상태였고 지금은 그렇게 여기지 않는다는 걸 나는 안다.

그 일 이후, 리디아는 고등학교를 그만두고 좁은 아파트에서 할머니와 함께 24시간 페니를 돌봐야 했다. 그 애 자신의 부모님과는 그리 가까운 사이가 아니고, 크리스천의 부모님은 플로리다에 산다. 작별 하나 더 보태지 않아도 그 애의 삶은 충분히 버겁다. 난 그저 가장 친한 친구를 마지막으로 한번 보고 싶을 뿐이다.

"거 참 잔혹한 사연일세."

루퍼스가 공감해 주다니, 과연 이야기한 보람이 있다.

"그렇지. 나 전화 좀 할게."

난 루퍼스로부터 몇 발짝 떨어진다.

통화 버튼을 누른다.

리디아한테 무슨 일이 생겨도 내가 페니 곁에 있어 줄 수 없다니 믿을 수가 없지만, 리디아를 먼저 보내고 살아가야 할 일은 없으니 한편으로는 안심이다.

"마테오?"

잠에서 덜 깬 듯 웅얼대는 목소리다.

"응. 자고 있었어? 미안, 지금쯤이면 페니가 깼을 줄 알았어."

"어, 깼어. 난 쟤가 아기 침대에서 혼자 옹알이하는 동안 베개 밑에 숨어 자는 척하는 '올해의 엄마' 놀이 중. 넌 이 새벽에 왜 깨어 있는 거야?"

"나…… 는 아빠 보러 가려고."

뭐, 거짓말은 아니다.

"리디아, 너희 집에 잠깐 들러도 될까?"

"어, 제발 와 줘!"

"그래. 금방 갈게."

난 루퍼스한테 손을 흔들고 우리는 리디아네 집이 있는 국민 임대 아파트 건물로 들어선다. 현관 계단에 관리인이 앉아 한가롭게 신문을 읽고 있다. 대충 둘러봐도 할 일이 꽤 많은 것 같은데 말이다. 바닥을 쓸고 닦는다거나, 깜빡이는 복도 조명을 고친다거나, 쥐덫을 놓는다거나. 하지만 이런 건 리디아에겐 문제가 되지 않는다. 비 오는 저녁마다 미풍이 부는 게 이 집의 매력이라 믿고, 복도를 어슬렁대며 쥐를 무서워하는 이웃집 고양이 클로이가 마음에 든다는 그녀다.

"나 혼자 올라갈게. 여기 있어도 괜찮겠어?"

"괜찮을 거야. 어차피 나도 친구들한테 전화 좀 돌리려고. 내가 나온 뒤로 다들 문자에 답을 하지 않네."

"오래 걸리지 않을 거야."

천천히 일 보고 나오라는 대답은 돌아오지 않는다.

난 계단을 뛰어오르다 하마터면 계단 모서리에 얼굴을 찍을 뻔하지만 마침맞게 난간을 붙잡아 죽음을 1.5센티 앞두고 살아난다. 리디아와 함께 있을 때 나의 '최후'를 앞당겨서는 안 된다. 조급한 마음이, 방금 그럴 뻔했듯이, 날 죽일 수 있다. 3층에 이르러 리디아네 집 문을 두드린다. 안에서 페니가 빽빽대는 소리가 들린다.

"열렸어!"

문을 열고 들어가니 우유 냄새와 방금 세탁한 옷 냄새가 난

다. 현관문 바로 앞에 널브러진 빨래 바구니에서 옷가지가 쏟아져 나와 있다. 빈 젖병들도 바닥에 나뒹군다. 그리고 아기 울타리 안에 페니가 있다. 콜롬비아 출신인 엄마의 연갈색 피부가 아닌 크리스천의 창백한 피부색을 닮았지만, 지금 이 순간만큼은 빽빽 비명을 질러 대느라 온통 새빨갛다. 리디아는 주방에서 뜨거운 물이 담긴 컵에다 젖병을 데우는 중이다.

"와, 선물 같은 너! 너무 고마워서 얼싸안아 주고 싶은데, 일요일 이후로 양치질을 한 번도 못 했단 말이지."

"그럼 일단 양치질을 해."

"야, 셔츠 멋있다!"

리디아는 젖꼭지를 젖병에 끼우고서 나한테 휙 던진다. 거의 동시에 페니가 더 크게 악을 쓴다.

"그냥 애한테 주면 돼. 젖병을 제 손으로 잡지 못하면 엄청 성질을 내거든."

리디아는 부스스한 머리칼을 한데 모아 고무줄로 질끈 묶고는 서둘러 욕실로 향한다.

"아이고 이런, 바지에 싸겠네. 한계야!"

난 페니 앞에 꿇어앉아 젖병을 건넨다. 다갈색 눈동자에 언뜻 반항기가 스치지만, 페니는 이내 젖병을 움켜쥐고 곰 인형 위로 털썩 앉아 유치 네 개를 드러내며 씩 미소 지은 다음 젖병을 빨기 시작한다. 모든 육아서가 페니 정도 되면 분유를 끊어야 한다고 강조하지만, 페니는 남들과 같기를 거부한다. 페니와 대부인 나의 공통점이다.

리디아가 칫솔을 물고 욕실에서 나와 플라스틱 장난감 나비에 건전지를 넣는다. 나한테 뭔가 부탁하는데, 치약 섞인 침이 턱을 타고 흘러 뚝뚝 떨어져 얼른 주방 개수대로 가서 뱉어낸다.

"미안. 토 나오지. 아침으로 먹을 것 좀 줄까? 너 왜 이렇게 말랐니? 으엑, 나 좀 봐, 말하는 게 꼭 네 어머니 같다."

리디아는 머리를 흔든다.

"아이고, 내 말뜻 알지? 내가 마치 네 어머니라도 되는 것처럼 말한다고."

"괜찮아, 리디아. 아침은 먹고 왔는데 아무튼 고마워."

내가 페니의 발바닥을 콕 찌르자 페니는 젖병을 입에서 떼고 키득거린다. 분명 제 딴에는 명확한 뜻이 있을 옹알이를 한 차례 하고는 다시 젖병을 빤다.

"누가 예고 받았는지 알아?"

느닷없이 리디아가 휴대전화를 흔들어 보이며 질문을 던진다.

난 페니의 발을 잡은 채 얼어붙는다. 내가 죽는다는 걸 리디아가 알 리 없고, 자기가 죽는다는 걸 나한테 전하려 하는 거라면 이렇게 태연할 리 없다.

"누군데?"

리디아는 휴대전화로 기사를 확인한다.

"하우이 말도나도. 팬들이 난리 났어."

"알 만하네."

내 '최후의 날'을, 좋아하는 가상의 악당과 함께하게 되었다. 좋아해야 할지 싫어해야 할지 모르겠다.

리디아가 묻는다.

"아버지는 좀 어떠셔?"

"안정적이래. TV에 나오는 기적처럼 아빠가 내 목소리를 듣고 깨어나길 계속 비는데, 확실히 그런 기적은 일어나지 않더라고. 기다리는 것 말고는 할 수 있는 일이 없대."

이 이야기를 하니 가슴 속이 으스러지는 느낌이다. 난 아기 울타리 옆에 앉아, 웃는 얼굴의 양 인형과 노란 부엉이 인형을 페니 쪽으로 통통통 튕겨 가게 해서 그 애를 간지럽힌다. 정작 내 아이들과 이런 순간을 나눌 일은 없겠지.

"속상해서 어떡하니. 아냐, 일어나실 거야. 너희 아빠가 어디 보통 분이시니? 난 네 아빠가 비범함을 벗고 잠시 주무시는 것뿐이라고 생각해."

"아마 그럴지도. 페니 젖병이 다 비었네. 내가 트림시킬게."

"역시 넌 선물이야, 마테오. 하늘이 보낸 선물."

페니의 얼굴을 닦아 주고 안아 올려서 등을 두드리자 이내 페니는 트림을 하고 제풀에 까르륵 웃는다. 난 페니를 안은 채 티라노사우루스처럼 쿵쿵대며 걷는 '마테오표 공룡 걸음'을 시작한다. 이렇게 하면 페니가 편안해하는 것 같다. 리디아가

TV를 켠다.

"그래, 6시 반이야. 만화 시간, 다시 말해 어제 어질러진 집을 치울 유일한 시간이지. 어차피 금세 다시 난장판이 될 거지만."

리디아는 페니를 보며 미소를 짓더니 이쪽으로 몸을 날리듯 미끄러져 와 페니의 코에 뽀뽀한다.

"엄마 말은 우리 페니가 엄마의 귀중한 보물이라는 뜻이야."

그러고는 미소를 띤 채로 숨죽여 덧붙인다.

"주변에 물건이란 물건은 죄다 꺼내 놓는 보물이지."

난 웃으며 페니를 내려놓는다. 리디아는 페니에게 장난감 나비를 주고 바닥에 흩어진 옷가지를 주워 모은다.

"리디아, 난 뭘 할까?"

"일단, 절대로 변하지 마. 그리고 애 장난감들을 몽땅 저 보관함에 넣어 줘. 아, 저 양 인형만 빼고. 저거 없어지면 애가 난동을 피울 거야. 도와준 보답으로 난 널 영원히 사랑할게. 난 애 옷 정리 좀 해야겠다. 1분 내지 10분이면 돼."

리디아는 빨래 바구니를 챙겨 든다.

"천천히 해."

"역시나 선물이라니까!"

난 어떤 모습이든 리디아를 사랑한다. 페니를 갖기 전, 리디아는 고등학교를 최우등으로 졸업하고 대학에 가서 정치학과 건축학, 음악사를 공부할 계획이었다. 부에노스아이레스와 스페인, 독일, 콜롬비아를 여행하고 싶어 했지만, 크리스천을 만나 임신을 하고는 그렇게 맞이한 새로운 세상에서 행복을 찾았다.

원래 리디아는 매주 목요일 방과 후에 꼬불꼬불한 머리를 생머리처럼 폈고, 화장하지 않아도 늘 빛나는 얼굴이었으며, 모르는 사람이 사진을 찍을 때 우스꽝스러운 표정으로 끼어드는 장난을 무척 좋아하는 소녀였다. 이제 리디아의 머리칼은 본인 말마따나 '귀엽다면 귀여운 사자 갈기'가 됐고, 자기가 너무나 지쳐 보인다며 어떤 식으로든 자기 얼굴이 들어간 사진이 온라인에 올라가는 건 절대 용납지 않는다. 하지만 내 눈에는 내 절친의 얼굴이 예전보다 더욱 빛나 보인다. 많은 이들이 감당해 내지 못할 변화를, 심지어 오롯이 혼자서 겪고 진화했으니까.

장난감을 모두 보관함에 넣은 다음 페니 옆에 앉아, 만화 속 캐릭터들이 질문을 던질 때마다 혀를 빼물고 투레질하는 아기를 물끄러미 지켜본다. 페니의 인생은 이제 시작이다. 언젠가는 이 아기도 데스캐스트 전화 한 통에 끔찍한 끝을 맞이할 테지. 모두가 죽기 위해 나고 자란다니 무슨 운명이 이따위란 말인가. 그래, 우리에겐 삶이 있다. 아니, 삶의 기회가 있다. 그렇지만 때로는 두려움 때문에 삶이 힘들고 복잡해지기도 한다.

"페니, 넌 영원히 살 방법을 찾아내서 네가 원하는 만큼 이 세상을 지배할 수 있으면 좋겠다."

내가 꿈꾸는 지상낙원은 폭력과 비극이 없는 세상이다. 모두가 영원히 살거나, 행복하고 흡족한 삶을 충분히 살고서 본인의 결정으로 이생을 마감할 수 있는 세상.

페니는 옹알이로 답한다.

리디아가 방에서 나온다.

"스페인어로 '하나'도 발음하지 못하는 애한테 불멸이니 지구 정복이니 하는 얘기는 왜 하는데?"

난 빙긋 미소 짓는다.

"그야 애가 영원히 살았으면 해서지. 그래서 다른 사람들을 죄다 미니언즈로 만드는 거야."

리디아는 눈썹을 치켜세운다. 허리를 숙여 페니를 안아 올리더니 내게로 내민다.

"무슨 꿍꿍이야? 불면 1페니 줄게."

우리 둘 다 움찔한다. 리디아가 겸연쩍게 이어 말한다.

"이거 '절대로' 안 먹히겠지? 그냥 '계속' 밀어 보는 거야. 이번에는 웃길지도 몰라, 하면서. 그런데 번번이 실패네."

"뭐, 다음번을 기약해 보자고."

"솔직히, 넌 속생각을 털어놓을 필요도 없어. 네가 페니를 원하면 거저 줄 수도 있으니까."

리디아는 페니를 홱 돌려 자기를 보게 하고는 눈에다 뽀뽀를 퍼붓고 겨드랑이를 간질인다.

"엄마 말은 우리 아기가 값을 매길 수 없게 귀중하다는 뜻이야."

그러고는 나직이 속삭인다.

"세상에서 제일 비싸고 귀중한 페니지."

리디아는 페니를 다시 TV 앞에 앉히고서 청소를 마저 한다.

나와 리디아는 영화에나 나오는 그런 관계나 여느 친구와 같은 관계가 아니다. 우리는 서로 죽도록 사랑하지만, 둘 다 그 사실을 입 밖에 내지 않는다. 말하지 않아도 우리 둘은 안다. 그리고 아무리 8년간 알고 지낸 사이라 해도, 말 때문에 어색해져 버리는 경우가 있다. 그러나 오늘 나는 말을 해야만 한다.

난 넘어져 있던 리디아와 크리스천의 사진 액자를 바로 세운다.

"있잖아, 크리스천은 널 엄청나게 자랑스러워해야 해. 함부로 약속만 남발하고 지키지도 않는 세상, 그 어떤 잘못도 저지르지 않았어도 마땅히 보상해 주지 않는 세상에서 넌 페니한테 진한 행복을 안겨 주니까. 그러니까 마치, 세상은 착한 사람이건 그다지 착하지 않은 사람이건 가리지 않고 골고루 엿을 먹이는 것 같은데, 넌 다른 누군가를 위해 사심 없이 헌신하잖아. 모두가 너 같지는 않거든."

리디아가 동작을 멈춘다.

"마테오, 이 뜬금없는 칭찬은 어디서 비롯된 거지? 무슨 일이야?"

난 주스 병을 개수대로 가져간다.

"아무 일 없어."

물론 아무 일 없을 것이다. 리디아는 무사할 것이다.

"저기, 난 금방 가야 될 것 같아. 피곤하네."

거짓말은 아니다.

리디아는 눈을 씰룩거린다.

"그럼 가기 전에 몇 가지만 더 도와줄 수 있을까?"

우린 말없이 거실을 돌아다닌다. 리디아는 베개에 묻은 오
트밀을 닦아 내고, 난 에어컨의 먼지를 털어 낸다. 리디아는 컵
들을 주워 모으고, 난 페니의 신발들을 문가에 가지런히 늘어
놓는다. 빨래를 개면서 리디아는 기저귀 상자를 뜯는 나를 흘
깃거린다.

"쓰레기봉투 좀 밖에다 버려 줄래? 그런 다음엔 너랑 네 아
빠가 가져다준 아기 책장 정리하는 거 도와줘."

리디아의 목소리가 살짝 갈라진다.

"알았어."

아무래도 뭔가 눈치를 챈 것 같다.

리디아가 잠시 보이지 않는 틈을 타서 난 주방 조리대에 현
금 봉투를 올려 둔다.

통에서 쓰레기봉투를 끄집어내는 동안에도, 난 이대로 나가
면 다시 돌아오지 못할 것을 안다. 복도로 나가 쓰레기봉투를
투입구에 던져 넣는다. 여기서 다시 들어가면 절대 떠나지 못

할 것이다. 떠나지 않으면 리디아네 집 안에서, 아마도 페니 앞에서 죽고 말 텐데, 난 결코 그렇게 기억되고 싶지 않다. 루퍼스가 진짜 현명하고 사려 깊게 생각한 것이었다.

휴대전화를 꺼내어 리디아의 번호를 차단한다. 돌아오라는 리디아의 문자나 전화를 받을 수 없도록.

속이 메스껍고 약간 현기증도 난다. 리디아가 이해해 주길 바라며 천천히 계단으로 향한다. 나 자신이 너무나 싫어져, 내려가는 발걸음에 점점 속도가 붙는다.

루퍼스

오전 6시 48분

내가 내 '최후의 날'에 인스타그램을 한다는 데 10달러 건 사람? 오, 당신은 방금 10달러를 벌었다.

플루토 애들한테 전화도 해 봤고 문자도 보내 봤는데 여태껏 답이 없다. 걔들은 데커가 아니니까 생사를 걱정할 필요는 없지만, 이런 우라질, 경찰이 계속 내 뒤를 쫓는지 아닌지는 알려 줘야 되는 거 아닌가? 내 판돈은 다 기절했다는 데 걸겠다. 누가 내 앞에 침대를 가져다주기만 한다면 나도 곯아떨어질 판이다. 침대가 어렵다면 안락의자라도 괜찮고. 하지만 두 명이 앉으면 꽉 차는 이 로비 벤치에선 어림도 없다. 태아처럼 웅크리고 자는 건 나답지 않다. 그러지 않을 테다.

맬컴의 계정(@manthony012)에 새 게시물이 있기를 기대하며 인스타그램을 훑어보지만, 아홉 시간 전에 녀석이 자기 이름이 박힌 코카콜라 병을 찍어 무보정으로 올린 게 마지막 게시물이다. 펩시 대 코크 전쟁에서 맬컴은 펩시의 편이지만 술집 냉장고에서 자기 이름을 발견하고는 너무나 기쁜 나머지 사진을 찍지 않을 수 없었다. 싸움을 앞두고 마신 콜라의 카페인은 그의 흥분을 더욱 부추겼다.

펙과의 그 일을 싸움이라 부르면 안 되겠다. 그놈은 나한테 깔려서는 주먹 한번 휘둘러 보지도 못했으니.

나는 에이미에게 사과하는 문자를 찍기 시작한다. 전부 진심은 아니지만. 걔의 버러지 같은 남자친구 새끼가 내 장례식장에 경찰을 불러들이지 않았던가. 그런데 마테오가 위험하리만치 빠르게 계단을 뛰어 내려온다. 그대로 로비를 가로지르는 그를 나도 서둘러 뒤따라간다. 오열을 힘겹게 삼키는 듯 마테오는 눈이 벌겋고 숨소리도 거칠다.

"괜찮아?"

보면 모르나. 어리석은 질문이었다.

"아니. 리디아가 따라 나오기 전에 얼른 가자."

마테오는 현관문을 밀어 연다.

정말이지 나도 다음 단계로 넘어가고 싶다. 무척이나 그러하다. 하지만 이렇게 무거운 침묵만 흘러서야 어디 같이 다닐 수가 있나. 난 자전거로 마테오 옆에서 속도를 맞춘다.

"왜 이래, 뭔지 몰라도 털어 버려. 온종일 가슴에 품고 다닐래?"

"온종일 살 수도 없잖아!"

마테오가 버럭 소리친다. 열여덟 살에 죽는 것이 비로소 '빡

친다'는 듯이. 결국 그의 내면에도 불같은 기질이 있었다. 마테오는 우뚝 멈춰 서더니 도로 경계석에 아무렇게나 퍼질러 앉는다. 아무 차나 와서 그의 비참한 기분을 끝내 주길 기다리기라도 하는 모양새다.

난 자전거 받침대를 내리고, 마테오의 겨드랑이에 팔을 끼워 일으켜 세우고는 도로 경계석에서 끌어내 벽에 기대게 한다. 녀석은 집 밖이 진짜로 싫다는 듯 몸서리를 친다. 녀석이 벽에 등을 댄 채 미끄러지듯 주저앉기에 나도 따라 앉는다. 마테오는 안경을 벗더니 이마를 무릎에 얹는다.

"있지, 난 간절한 호소로 네 심금을 울린다거나 그러진 않을 거야. 그런 재주도 없고, 나답지도 않고."

이 정도로는 씨알도 먹히지 않겠다. 분발해야 한다.

"그런데 지금 네가 느끼는 절망감, 나도 잘 알아. 다행히도 너한테 선택권이 있어. 아빠나 절친한테 돌아가고 싶으면 그렇게 해, 막지 않을 테니까. 나랑 헤어지고 싶으면 그냥 가, 쫓아가지 않을 테니까. 인생 마지막 날이잖아. 뭐가 됐든 너 꼴리는 대로 살아. 만약 그렇게 사는 걸 도와줄 사람이 필요하면, 그러면 내가 있어 줄게."

마테오는 고개를 들고서 실눈으로 나를 흘겨본다.

"상당히 간절한 호소로 들리는데."

이 인간, 안경 낀 모습이 더 마음에 들지만 벗은 얼굴도 제법 괜찮다.

"그렇지? 미안. 아무튼 어쩔래? 어떻게 하고 싶어?"

정말 헤어지고 싶다 해도 난 존중해 줄 생각이다. 마테오를 보내 주고 내 나름대로 다음 계획을 세워야지. 플루토 애들이 감감무소식인 게 어찌된 영문인지 알아봐야겠는데, 경찰이 감시하고 있을지도 모르므로 플루토로 남몰래 돌아갈 수는 없다.

이윽고 마테오가 대답한다.

"계획한 대로 쭉 밀고 나아가고 싶어."

"잘 생각했어."

마테오가 안경을 다시 쓰는데, 글쎄다, 새로운 눈으로 세상을 보게 된 것에 대한 비유를 원한다면, 알아서 찾아보시라. 난 그저 오늘을 혼자서 감당하지 않아도 되어 한시름 놓았을 따름이다.

마테오가 말한다.

"소리 질러서 미안해. 지금도 작별 인사를 생략하는 게 옳다고 생각하지만, 그러면서 온종일 후회하겠지 싶어."

"나도 내 친구들한테 작별 인사를 하지 못했어."

"장례식도 치렀다면서, 무슨 일이 있었던 거야?"

서로 솔직해지자고, 뭐든 가슴에 담지 말고 털어 내자고 누누이 말했건만 정작 나 자신은 모든 걸 터놓지 못한다.

"장례식 도중에 일이 생겼는데 그 후로 친구들하고 연락이 되지 않네. 녀석들하고 제때 연락이 닿지 않으면……."

난 손마디를 뚝뚝 소리 나게 꺾는다. 도로에 자동차 몇 대가 지나간다.

"내가 무사한 걸 걔네도 알면 좋겠어. 내가 죽었는지 살았는지도 모르게 하긴 싫어. 그렇다고 결국 '뭔 일이든' 생길 때까지 계속 문자질만 할 수는 없잖아."

"카운트다우너스에 프로필을 올려. 거기서 사연을 정말 많이 봤거든. 내가 도와줄 수 있어."

어련하실까. 그런 논리라면, 야동을 정말 많이 본 나는 섹스의 신이겠다.

"아냐, 난 그런 거 안 해. 심지어 텀블러나 트위터도 하지 않는다고. 오로지 인스타그램. 사진 올리는 그것도 시작한 지 몇 달밖에 안 됐어. 인스타그램은 중독성이 있지."

"네 계정 봐도 돼?"

"그럼."

난 마테오에게 내 휴대전화를 넘겨준다.

생판 모르는 사람이 우연히 들어와 본다 해도 거리낄 게 없으므로 내 프로필은 공개로 설정돼 있다. 그런데 내 사진을 훑어보는 누군가의 모습을 옆에서 지켜보는 건 아예 다른 문제다. 샤워를 마치고 나오면서 똘똘이에 수건을 두르는 순간을 누군가에게 목격당한 것처럼 환장하게 민망하다. 초기에 올린 사진들은 빛이 엉망이어서 초보 티가 너무 나지만 그때는 편집 기능이 없었고 아마 그게 최선이었을 것이다.

마테오가 묻는다.

"왜 죄다 흑백이야?"

"위탁가정에 들어가고서 며칠 안 됐을 때 계정을 만들었거든. 맬컴이라는 친구가 내 사진을 찍었어, 이거……."

마테오 곁에 바짝 붙어 휴대전화 화면을 아래로 스크롤 한다. 때가 낀 손톱이 얼핏 신경 쓰였다가 금세 아무럼 어떤가 싶어진다. 인스타그램에 가입하고 처음 올린 사진, 플루토의 침대에 걸터앉아 얼굴을 두 손에 파묻은 내 모습이 담긴 사진을 클릭한다. 맬컴은 인정할 만한 사진사다.

"사나흘째 밤이었지 아마? 거기 친구들이랑 보드게임을 하다가, 갑자기 밀려드는 죄책감에 어쩔 줄을 모르겠더라고. 내가 이렇게 아무렇지 않아도 되나…… 아니다, 아무렇지 않은 정도가 아니라, 환장하게 재밌었거든. 그래서 죄책감이 더했지. 난 말 한마디 없이 자리를 떠 버렸어. 그런데 한참이 지나도 돌아오지 않으니까 맬컴이 찾아 나섰다가 울고 있는 날 발견하고 사진을 찍은 거야."

"사진은 왜?"

"비단 신체적인 데만 국한하지 않고 한 사람의 성장을 기록하는 게 좋다나 뭐라나. 자기 자신한테 엄격한데, 되게 똑똑한 녀석이야."

그러나 실제는, 일주일 후 맬컴이 내게 처음 그 사진을 보여 줬을 때, 난 녀석의 거대한 무르팍을 사정없이 걷어찼다. 소름 끼쳐서.

"가족을 모두 잃어버린 내 삶엔 색채가 없기 때문에 모든 사진을 흑백으로 두는 거야."

"네 삶을 살되 그들을 잊지 않겠다는 뜻?"

"바로 그거지."

"인스타그램을 하는 사람들은 그냥 인스타그램을 하는 게 좋겠구나."

난 어깨를 으쓱한다.

"복고풍이지."

"네 사진들이 복고풍이다."

마테오는 휘둥그레진 눈으로 날 쳐다보며 자세를 고친다. 우리가 만난 이래 처음으로 이 인간이 나한테 씩 미소 짓는데, 와, 이건 데커한테서 나올 수 있는 표정이 아니다.

"넌 카운트다우너스 앱도 필요 없겠다. 그냥 여기다 다 올리면 되겠네. 해시태그 같은 것도 쓰고. 그런데 내 생각엔 이제 컬러 사진을 올리는 게 좋을 것 같아……. 플루토 친구들이 널 그렇게 기억하도록."

마테오의 얼굴에서 미소가 사라진다. 오늘은 그런 날이다.

"아니다, 잊어버려. 바보 같은 생각이었어."

"바보 같긴 뭐가? 사실 진짜 마음에 드는데? 나랑 플루토 애들이랑 같이 살았던 시절의 흑백 사진들은 녀석들이 언제든 다시 들춰 볼 수 있는 멋진 옛날 사진첩이 되고, 무보정으로 올리는 내 '최후의 날' 사진들은 그 자체로 구분이 되겠네. 내가 여기 앉아 있는 거 사진 좀 찍어 줄래? 만약 이게 내가 올리는 마지막 게시물이라면, 다들 살아 있는 내 모습을 봤으면 좋겠어."

마테오는 마치 자기가 찍히는 쪽인 것처럼 싱긋 웃는다.

그가 일어나 휴대전화 카메라를 내 쪽으로 향하게 한다.

난 장소나 자세를 바꾸지 않는다. 모험을 중단하지 말라고 내 마지막 친구를 설득했고 그 친구가 내 프로필에 활력을 더하는 방법을 일러준 바로 거기, 벽에 기대어 앉은 자세 그대로다. 하다못해 미소도 짓지 않는다. 원래 잘 웃지도 않거니와 이제 와 미소를 지어도 이상할 거다. 친구들 눈에 낯설게 보이기는 싫다.

"찍었어."

마테오가 내게 전화기를 건네며 마음에 들지 않으면 다시 찍어 주겠다고 한다.

내 사진에 합격 불합격을 정할 정도로 나르시시스트는 아니다. 그런데 사진이 의외로 너무 괜찮아서 놀랍다. 마테오가 포착한 내 표정에는 올리비아 누나가 고등학교를 졸업하던 날의 우리 부모님 표정처럼 슬픔과 자랑스러움이 동시에 묻어난다. 거기에 내 자전거 앞바퀴도 깜짝 출연했다.

"고맙다, 야."

난 보정 없이 사진을 올린다. 사진 밑에 '#최후의_날'이라는 해시태그를 덧붙일까 하다가 관둔다. '오 이런, R. I. P.('평안히 잠드시길'을 뜻하는 'Rest in Peace'의 약자―옮긴이)' 같은 거짓 동정이 담긴 댓글이나 '평안히 잠드시길!!!!' 따위의 약 올리는 듯한 메시지는 사절이다. 나한테 가장 중요한 사람들은 어차피 알고 있고.

그리고 난 그들이 나를 딱히 그럴 만한 이유도 없이 누군가의 얼굴을 곤죽으로 만들어 놓은 사람이 아니라, 원래의 나로 기억해 주길 바란다.

패트릭 '펙' 개빈
오전 7시 8분

패트릭 '펙' 개빈은 오늘 죽지 않으므로 데스캐스트로부터 전화가 오지 않았다. 폭행범이 전화를 받기 전에는 차라리 예고 전화가 오기를 바랐었지만.

지금 그는 집에 있다. 얼린 햄버거 패티를 상처에 대고 있는데, 냄새가 좀 나지만 편두통은 점점 나아지는 것 같다.

길거리에 에이미를 두고 와 버리지 말았어야 한다. 그렇지만 그녀가 꼴 보기 싫다고 했고, 그 자신도 딱히 그녀와 함께 있고 싶지 않았다. 그는 예전 전화기로 에이미를 깨웠지만, 말다툼만 너무 길어져 지쳐 버린 그녀가 졸기 시작한 데다, 루퍼스를 다시 만나겠다고, 그놈의 '최후의 날'에 곁에 있겠다고 우기는 통에 전화를 끊어 버리지 않고는 견딜 수가 없었다.

루퍼스 같은 놈들을 처리하는 펙만의 방식이 있다.

누군가가 그를 깔아뭉개려 들 때 효력을 발휘하는 방식.

생각할 게 많다. 일단 자면서 생각해 보자. 그러나 펙이 잠

에서 깼을 때 루퍼스가 여전히 살아 있다면, 사정이 그놈한테
유리하진 않을 것이다.

루퍼스
오전 7시 12분

내 휴대전화가 진동하기에 당연히 플루토 녀석들이겠거니 했는데 뒤이어 울리는 알림음에 잠시간의 희망은 덧없이 짓이겨지고 만다. 마테오도 휴대전화로 알림을 확인한다. 오늘 우리 둘 다 받은 또 하나의 메시지, 그 내용은 이러하다. '메이크어모멘트가 2킬로미터 이내에 있습니다.'

나는 쯧, 혀를 찬다.

"이게 뭔 소리야?"

마테오가 되묻는다.

"설마 처음 들어 봐? 지난가을에 문 열었는데."

"금시초문."

골목길을 계속 걷는다. 난 플루토 녀석들이 연락하지 않는 이유를 헤아려 보기 바쁘지만 마테오는 설명을 이어 간다.

"말하자면 '메이크어위시' 재단(난치병 어린이들의 소원을 들어주는 국제적인 비정부 기구―옮긴이)이랑 비슷해. 그런데 아이들만

이 아니라 데커라면 누구든 갈 수 있지. 데커들이 '최후의 날'에 실제로는 마음 놓고 즐길 수 없는 위험한 일들이 있잖아? 스카이다이빙이라든가 자동차 경주라든가. 그런 미친 모험들이 주는 스릴감을 가상현실로 체험할 수 있는 공간이 메이크어모멘트에 있어."

"한마디로 물 탄 짝퉁 메이크어위시네?"

"그렇게까지 나쁠 것 같지는 않은데."

혹시 내가 놓친 메시지가 있나 싶어 휴대전화를 다시 확인한다. 인도에서 도로로 내려가려는 순간 마테오의 팔이 내 가슴을 가로막는다.

난 오른쪽을 본다. 녀석도 오른쪽을 본다. 난 왼쪽을 본다. 녀석도 왼쪽을 본다.

차는 한 대도 보이지 않는다. 거리는 쥐 죽은 듯 고요하다.

내가 말한다.

"길 건너는 방법은 알거든? 거의 평생을 걸어 다닌 몸이야."

"전화기에 정신이 팔렸던데."

"도로에 차 없는 거 알고 있었어."

이 시점에서 길 건너기는 꽤 본능적인 행위다. 도로에 차가 없으면 건너간다. 달려오는 차가 있으면 건너지 않는다. 혹은 아주 빠르게 건넌다.

마테오가 말한다.

"미안. 난 오늘이 되도록 오래갔으면 해서."

녀석이 지금 상당히 예민한 상태인 건 알지만, 어떤 점에선 좀 관망할 줄도 알아야 한다.

"알아, 이해해. 하지만 걷는 거? 그 정도는 나도 알아서 할 수 있잖아."

나는 다시 한번 좌우를 살핀 뒤 빈 도로를 건넌다. 누군가 긴장을 해야만 한다면, 강물에 가라앉는 자동차 안에 가족이 모두 갇혀 익사하는 모습을 목격한 놈이 해야 마땅하다. 나는 앞으로 몇 년이 지나야 자동차에 편히 탈 수 있을지 의문일 정도로 비통한 심정에서 헤어나지 못했는데, 화재로 부모님을 한꺼번에 잃었으면서도 아무렇지 않게 벽난로에 불을 지피는 맬컴이라는 녀석도 있다. 나라면 맬컴처럼 그렇게 태평할 수 없을 테지만, 그렇다고 마테오처럼 마치 난데없이 자동차가 나타나서는 0.5초 만에 우리를 덮칠 확률이 99퍼센트라는 듯이 도로 건너편 경계석에 다다를 때까지 좌에서 우로 우에서 좌로 쉴 새 없이 눈을 돌려 대지도 못하겠다.

마테오의 전화벨이 울린다.

"메이크어모멘트가 홍보 전화도 돌려?"

"아니. 리디아네 할머니 번호네. 리디아겠지. 아무래도……."

마테오는 받지 않고 전화기를 도로 주머니에 넣어 버린다.

내가 말한다.

"그래도 그 친구는 어떻게든 연락하려고 하네. 내 친구들한 테선 문자 하나 오지 않는데."

"계속 연락해 봐."

왜 안 하겠는가? 나는 자전거를 벽에 기대어 놓고 맬컴과 타고에게 차례로 화상 통화를 걸어 본다. 둘 다 받지 않는다. 이번엔 에이미한테 걸다가, 가운뎃손가락을 세워 보이는 셀피를 찍어 플루토 녀석들한테 보내야겠다는 생각이 들어 바로 끊어 버리려는데, 바로 그때 에이미가 전화를 받는다. 숨은 가쁘고 눈은 충혈됐으며 머리칼은 이마에 들러붙은 모습이다. 장소는 집이다.

에이미는 머리를 흔든다.

"완전히 기절했어! 지금 몇 시…… 너 살아 있구나! 너……."

에이미의 시선이 잠시 나를 떠나 화면에 반쯤 걸쳐진 마테오의 얼굴을 응시한다. 고개를 들이밀면 더 자세히 볼 수 있는 창문이라도 되는 듯 휴대전화 카메라로 얼굴을 가까이 댄다.

열세 살 때 내가 잡지를 훌훌 넘겨 치마 입은 여자나 반바지 입은 남자 사진을 찾아 속에 뭘 입었나 보려고 종잇장을 기울였던 것과 비슷하다.

"누구야?"

"마테오야. 내 '마지막 친구'."

내가 대답하자 마테오가 손을 흔든다.

"얘는 내 친구 에이미."

분위기를 어색하게 만들어 좋을 일이 없으므로, 얘가 내 심장을 꺼내 내동댕이친 여자라는 설명은 생략한다.

"계속 전화했어."

에이미는 잠에 덜 깬 눈을 주먹으로 비비며 사과한다.

"미안. 네가 간 다음에 진짜 난리도 아니었어. 난 두 시간 전에 집에 왔어. 전화기가 꺼져서 충전했는데 다시 켜기 전에 잠들어 버린 거 있지."

"무슨 난리?"

"맬컴이랑 타고가 체포됐어. 그렇지 않아도 너랑 한패라서 펙이 어떻게든 싸잡아서 앙갚음하려고 했는데 걔네가 알아서 소란을 피우더라고."

난 마테오에게 여기서 기다리라고 하고는 잰걸음으로 장소를 옮긴다. 녀석은 상당히 놀랐나 보다. 나를 인간쓰레기로 의심한다는 사실을 무덤으로 가져가기엔 너무 티 나게 겁먹은 표정이다.

"걔들은 괜찮은 거야? 어디 경찰서?"

"나도 몰라. 그런데 루프, 뭔 일이 생길지 모를 유치장에서 네 마지막 날을 보낼 생각이 아니라면 걔들 찾지 마."

"이건 뭔 경우야! 걔네가 뭔 잘못을 했다고?"

나도 모르게 주차된 자동차 창문을 향해 주먹이 올라간다. 하지만 난 그런 사람이 아니다. 맹세코 아니다. 괜히 사물이나 애꿎은 사람들한테 화풀이로 주먹질을 하진 않는다. 펙의 경우는 실수로 엇나간 거다, 그뿐이다.

"그러면 펙한테는 뭐가 좋은데?"

"집까지 따라왔는데 내가 말 섞기 싫어서 그냥 보냈어."

"그 자식이랑 끝낸 거지, 응?"

대답이 없다.

화상 통화가 아니었다면 에이미가 내게 짓는 표정에 실망할 일도 없었을 텐데. 아직 끝내지 않았어도 곧 끝낼 거라며 에이미가 고개를 끄덕이는 걸 보는 것처럼 굴 수는 있다. 그렇지만 내가 보는 건 그게 아니다.

이윽고 에이미가 말한다.

"간단한 문제가 아니야."

"저기 에이미, 나랑 헤어질 때는 그리 복잡하거나 혼란스러워 보이지 않았는데 말이야. 그 사실도 씁쓸하지만, 네가 맬컴이랑 타고를 유치장에 가둔 그 개똥 같은 놈 때문에 플루토를 배신한다고 생각하면 그야말로 불알을 걷어차이는 느낌이다. 다 같이 똘똘 뭉쳐야 되는데 나는 곧 빠질 수밖에 없는 이 상황에서, 넌 정말 내 면전에다 그 씨발 것이랑 계속 사귀겠다고 말할 거야?"

'내' 심장을 내동댕이쳤다고? 집어치우자. 이 여자는 오래전에 '자기' 심장을 도려낸 게 틀림없다.

"걔들은 아무 잘못 없어."

"루퍼스, 걔들은 전혀 무고하지 않아. 너도 알잖아, 몰라?"

"그래, 안녕. 난 진짜 내 친구들한테 돌아가련다."

에이미는 끊지 말라고 사정하지만 난 다짜고짜 끊어 버린다. 내 바보 같은 행동 때문에 친구들이 갇혀 있다니, 그걸 에이미는 이제야 나한테 말하다니, 정말 믿을 수가 없다.

마테오에게 모든 사정을 털어놓으려고 돌아서는데, 그가 없다.

에이미 뒤부아

오전 7시 18분

에이미는 이만 포기한다. 줄기차게 전화를 걸어도 루퍼스가 받지 않는 이유라면 아마 다음의 셋 중 하나일 것이다. 그나마 가장 희망적인 것부터 가장 아니었으면 싶은 것으로 순서를 매기면 이러하다.

1. 지금은 화가 나서 일부러 받지 않지만 곧 전화할 것이다.

2. 에이미의 전화번호를 차단했고 더는 연락하고 싶어 하지 않는다.

3. 죽었다.

에이미는 루퍼스의 인스타그램 계정으로 가서 그의 사진 밑에다 전화해 달라는 댓글을 남긴다. 전화기 배터리를 충전하고 소리를 키운 뒤 반바지를 입고 원래 루퍼스 것이었던 낡은 티셔츠를 걸친다.

플루토의 일원이 된 후로 에이미는 운동에 푹 빠졌다. 플루토에 들어간 지 얼마 되지 않았을 때, 자신을 제일 덜 반기는 것 같았던 프랜시스 아저씨한테서 뭐라도 훔칠 게 있나 하고 위탁 부모의 침실로 몰래 숨어 들어갔다가, 침대 옆에 놓인 젠 로리 아줌마의 덤벨을 보고 재미 삼아 한번 들어 봤다. 친부모 가 어느 작은 영화관을 털다가 잡혀 복역 중인 탓에 도벽이 생 겼지만, 자신의 힘을 확인하는 데는 남의 물건을 훔치기보다 운동을 하는 편이 훨씬 더 효과적임을 깨달았다.

루퍼스가 모는 자전거와 나란히 달리던 때가 벌써 그립다.

루퍼스에게 올바른 팔굽혀펴기 자세를 가르쳐 주던 때도 언 제까지나 생각날 것이다.

그러나 앞날은 전혀 그려지지 않는다.

마테오

오전 7시 22분

계속해서 힘껏 달린다. 되도록 루퍼스한테서 멀어져야 한다.

'마지막 친구'를 잃었지만, 평생 거의 혼자였던 사람이 '최후의 날'에 혼자 죽는 것도 나쁘지 않을 것이다.

친구들이 체포된 일에 루퍼스가 어떻게 연루돼 있는지 나는 모른다. 어쩌면 그는 나를 알리바이로 써먹을 셈이었나 보다. 하지만 이제 난 없다.

달리기를 멈추고 숨을 고른다. 어느 어린이집 입구에 앉아 뻐근한 갈비뼈를 손바닥으로 누른다.

집으로 돌아가 비디오게임이나 할까 싶다. 편지도 더 쓰고. 심지어 학교에 가서 칼람푸카스 선생님 수업을 듣고 싶기도 하다. 그 선생님의 화학 시간에만큼은 나도 존재감이 없지 않았으니까. 화학 약품들을 섞는 와중에 꼭 문자질을 하는 애들이랑 같은 실험실을 써야 한다는 점은 내 '최후의 날'이 아닌 지난가을이었음에도 공포 그 자체였지만.

"마테오!"

루퍼스가 자전거로 질주해 온다. 손잡이에 매달린 헬멧이 미친 듯이 흔들리는 게 보인다. 난 발딱 일어나 달아나지만 소용없다. 루퍼스는 내 옆까지 쫓아와 서더니 왼쪽 다리를 안장 뒤로 돌려 자전거에서 내린다. 자전거가 바닥에 나동그라지는데도 아랑곳하지 않고 그는 내 팔을 붙잡는다. 내 눈을 똑바로 보는 그의 눈빛에서 분노가 아닌 두려움을 감지하고서야 난 루퍼스가 내 목숨을 앗아가진 않을 것임을 백 퍼센트 확신한다.

루퍼스가 말한다.

"미쳤어? 우린 찢어지면 안 돼."

우리가 만난 지 어느덧 몇 시간이나 됐다. 난 루퍼스가 좋아하는 식당에서 그와 함께 앉아 식사했고, 거기서 그는 미래가 있다면 어떤 사람이 되고 싶은지 내게 털어놓았다.

"그렇다면 넌 나한테 생판 모르는 사람이면 안 되지. 보아하니 경찰에 쫓기는 몸인가 본데 나한테 한마디 언급도 하지 않았잖아."

"정말 경찰이 나를 뒤쫓는지는 나도 몰라. 경찰도 내가 데커라는 건 알 거야. 내가 뭐 은행을 턴 것도 아니고, 나 하나 찾겠다고 경찰 인력을 다 쓰진 않겠지."

"그러니까 대체 '무슨 짓'을 저질렀냐고."

루퍼스는 날 놓아 주고 주변을 살핀다.

"어디 좀 가서 얘기하자. 자초지종을 다 말할게. 나만 살아

남은 그 사고랑 간밤에 내가 저지른 멍청한 짓도. 이제 비밀은 없어."

"따라와."

장소는 내가 고른다. 루퍼스를 거의 믿지만, 진상을 전부 다 알기 전에는 그와 단둘만 있기가 꺼려진다.

우리는 센트럴 파크로 묵묵히 걸어 들어간다. 아침형 인간들이 제법 많이 나와 있다. 자전거 타는 사람들, 조깅하는 사람들이 주변에 있어 안심이 된다. 루퍼스도 나와 거리를 두고 잔디밭 위로 걷는다. 잔디밭에는 어린 골든 레트리버가 제 주인을 좇아 뛰어다니고 있다. 내가 예고를 받기 직전에 읽고 있었던 카운트다우너스의 개가 생각난다. 이 개는 그 개가 아닌 게 확실하지만.

처음에는 루퍼스의 해명을 듣기 전에 분위기에 적응하고 싶어서 일부러 침묵하지만, 공원 안쪽으로 깊숙이 들어갈수록, 특히 《이상한 나라의 앨리스》의 등장인물들 동상을 우연히 만나게 됐을 때는 순전히 감탄하느라 저절로 더 조용해진다. 앨리스와 흰 토끼와 모자 장수에게로 다가가는 내 발밑으로 짙푸른 낙엽들이 바스락거린다.

"이게 언제부터 있었지?"

불쑥 튀어나온 질문에 난 당황하고 만다. 척 봐도 오래된 걸 알겠는데.

루퍼스가 말한다.

"몰라. 항상 있었는데. 처음 봐?"

"응."

난 거대한 버섯 위에 앉은 앨리스를 올려다본다.

"와! 뉴욕에 사는 뉴욕 관광객이네."

"그런데 관광객이 나보다 더 많이 안다는 게 함정이지."

이건 정말이지 뜻밖의 발견이다. 아빠랑 나는 아리엘 공원을 더 좋아하지만 센트럴 파크에서도 많은 시간을 보냈다. 여름마다 센트럴 파크에서 열리는 무료 셰익스피어 공연 행사를 아빠가 굉장히 좋아한다. 나는 연극 애호가가 아니지만, 아빠랑 한 번 가 봤는데 내가 좋아하는 판타지 소설 속 콜로세움과 영화에서 본 로마 시대 검투 경기를 떠올리게 하는 원형의 노천극장에서 연극을 보는 경험이 퍽 재미있었다. 이 앨리스 동상을 어릴 때 발견했다면 나도 버섯 위로 올라가 앨리스 옆에서 내 나름의 모험을 상상할 수 있었을 텐데, 그러지 못해 아쉽다.

루퍼스가 말한다.

"오늘 발견했잖아. 그것도 소득이야."

"맞네."

이게 내내 여기 있었다니 아직도 놀랍기만 하다. 공원 하면 보통 나무와 분수, 연못, 놀이터 따위를 떠올리기 마련이다. 공원에 이런 식으로 놀랄 수 있다니 좀 멋진 것 같다. 어쩌면 내가 세상을 놀라게 할 수도 있다는 희망이 생긴다.

놀라움이란 게 다 반갑지만은 않지만.

나는 버섯 위, 흰 토끼 옆쪽에 앉는다. 루퍼스는 모자 장수 쪽에 자리를 잡는다. 루퍼스도 말이 없으니 분위기가 사뭇 어색하다. 꼭 역사 수업 시간, 데스캐스트 이전 시대의 주요 인명 사고들을 다루었던 때 같다. 폴런드 선생님은 데스캐스트 서비스가 있으니 '우리가 얼마나 좋은 시대에 살고 있는지' 강조하면서, 전염병·세계대전·9/11 등 주요 인명 사고가 일어났던 시대에 데스캐스트가 있어서 죽음을 미리 예고 받았다면 사람들이 어떻게 행동했을지 상상하여 그 재난들을 재해석해 보는 숙제를 내주었다. 솔직히 난 죄책감이 들었다. 인류의 삶을 뒤바꾼 진보의 시대에 나고 자란다는 것이 왠지 미안스러웠다. 똑같은 질병에 걸려도 치료 약이 있는 현대의 우리는 너무도 쉽게 살 수 있는 데 반해 과거의 사람들은 그저 죽을 수밖에 없었던 것과 비슷한 맥락이랄까.

결국 더는 참지 못하고 묻고 만다.

"누굴 죽인 건 아니지, 응?"

날 여기에 붙잡아 둘 수 있는 대답은 오직 하나뿐이다. 다른 대답이 돌아오면 난 경찰에 신고해 그가 또 다른 살인을 저지르기 전에 잡혀가게 할 것이다.

"당연히 아니지!"

내가 애초에 기준을 너무 세게 잡았나. 루퍼스가 무슨 짓을 했건 충격의 강도가 살인만큼 세긴 어렵겠지.

"그럼 뭔데?"

루퍼스는 산책로 가에 세워 둔 자전거에 시선을 고정한 채 설명을 시작한다.

"사람을 때렸어. 에이미의 새 남자친구. 그 자식이 나에 대해 함부로 지껄이는 게 너무 화가 났어. 그렇지 않아도 여러모로 내 인생은 종 쳤다고 느끼던 차였거든. 세상에 버림받은 것 같고, 절망스럽고, 길을 잃은 느낌이었어. 그래서 화풀이할 상대가 필요했던 것 같아. 하지만 나 원래 그런 놈 아니야. 잠깐 회까닥한 거라고."

난 그를 믿는다. 루퍼스는 잔악한 괴물이 아니다. 괴물은 내 집으로 찾아와 내가 살 수 있게 도와주지 않는다. 내 침대에 덫을 놓고 날 산 채로 잡아먹으면 모를까.

"누구나 실수는 해."

"그런데 그 죗값을 내 친구들이 치르고 있잖아. 녀석들 뇌리에 남을 나에 대한 마지막 기억은 내 장례식 도중에 경찰이 들이닥쳐 뒷문으로 도망쳐 나가는 모습일 거야. 걔들을 두고 나만 빠져나오다니……. 가족을 모두 잃고 지난 넉 달간 나 혼자 버려진 기분이었는데, 다시 생긴 가족들한테 한순간에 내가 똑같은 짓을 저지른 거야."

"그 사고 얘기는 하기 싫으면 굳이 하지 않아도 돼."

루퍼스는 이미 충분히 죄책감에 시달리고 있다. 자선을 베풀지 말지 결정하겠답시고 노숙자에게 그리된 사연을 캐묻지 않았듯, 루퍼스에게도 내 신뢰를 빌미로 그 무엇도 강요하지 않을 것이다.

"얘기하기 싫어. 하지만 해야 해."

루퍼스
오전 7시 53분

내 친구들이 갇혀 있고 전 여자친구는 차단해 버린 지금, 그래도 '마지막 친구'가 있어 다행이다. 난 가족 이야기를 시작한다. 이야기 속에서 그들은 살아 있다.

하늘이 점점 흐려지고 바람도 다소 강하게 불지만, 아직 빗방울은 떨어지지 않는다.

"5월 10일, 주무시던 부모님이 데스캐스트 경보음에 깨셨어."

벌써 참담하다.

"누나랑 나는 카드 게임을 하다가 그 소리를 듣고는 곧바로 달려갔지. 엄마는 침착하게 전화를 받는 중이었고 아빠는 방 안을 마구 돌아다니면서 스페인어로 욕을 하고 울부짖더라고. 아빠가 우는 모습, 태어나서 그때 처음 봤어."

참혹한 순간이었다. 원래 아빠가 되게 남자다웠다거나 그런 게 아니라, 돼먹지 않게도 난 어린 계집애들이나 질질 짜는 거라는 멍청한 고정관념을 갖고 있었다.

"그런데 엄마랑 통화하던 데스캐스트 알리미가 아빠를 바꿔 달라고 하자 엄마도 이성을 잃고 말았어. 그야말로 악몽이 따로 없었지. 겁에 질린 부모님을 보는 것보다 더 무서운 일은 없어. 나 역시 공황 상태였지만 그래도 올리비아 누나랑 둘이 남게 될 줄 알았어."

홀로 남겨질 줄은 정말 몰랐다.

"그런데 그 알리미가 올리비아 누나까지 바꿔 달라고 하는 거야. 아빠는 그대로 전화를 끊어 버리고 전화기를 내팽개쳤어."

그러고 보니 우리 집안에 전화기를 집어 던지는 유전자가 있나 보다.

마테오가 뭔가 묻고 싶은 듯 입술을 달싹거리다 만다.

"물어봐."

"됐어. 중요한 거 아니야. 음, 그날 너도 데커 명단에 있는데 연락을 받지 못했을까 봐 불안했을 것 같아서. 온라인으로 확인해 봤어?"

난 끄덕인다. 데스캐스트닷컴은 그런 점에서 유용하다. 내 사회보장번호를 입력하고 데커 명단에 없는 것을 확인하니 묘하게 안심이 되었더랬다.

"나만 빼고 온 가족이 죽는다니 너무 억울하더라고. 씨, 꼭 나만 빼고 온 가족이 여행이라도 간 것처럼 들리겠네. 하지만 부모님과 누나는 '최후의 날'을 나랑 같이 보냈어. 가족을 잃기도 전이었지만 이미 그립고 애틋하더라고. 누나는 거의 나랑 눈도 못 마주치더라."

이해한다. 나만 살아남아야 했던 건 내 잘못이 아니었고, 누나가 죽어야 했던 것 역시 누나 잘못이 아니었다.

"누나랑 사이좋았어?"

"되게 좋았지. 누나랑 한 살 차이야. 부모님은 이번 가을에 누나랑 나랑 캘리포니아의 안티오크 대학에 보내려고 돈을 모으는 중이었어. 누나는 부분 장학금을 탔는데도 나중에 나랑 같이 가려고 일단 여기 지역 대학에 다니고 있었고."

아까 펙을 때려눕힐 때처럼 숨이 거칠어진다. 부모님은 누나더러 그토록 싫어하는 도심 대학에 다니지 말고 나 없이 먼저 로스앤젤레스로 가라고 설득했지만 누나가 고집을 피웠다. 만약 누나가 엄마 아빠의 설득에 넘어갔다면 아직 살아 있을까, 하고 나는 매일 아침 점심 저녁마다 생각한다. 누나는 그저 나랑 같이 새 출발을 하고 싶었을 뿐인데.

"내가 처음으로 커밍아웃 한 사람이 올리비아 누나야."

"아."

얘가 내 라스트 프렌드 프로필을 보고도 모르는 척하는 건지, 나랑 누나의 사연에 감명을 받은 건지 모르겠다. 아니면 내 프로필의 그 항목은 못 봤으며 그저 누가 누구한테 키스하는지나 신경 쓰는 얼간이일 수도 있고. 아니길 바란다. 우린 이제 친구니까. 경계하는 손은 내렸고, 누가 강요하지도 않았다. 어느 창의력 넘치는 개발자가 사람과 사람을 이어 주는 앱을 만들어 낸 덕에 난 몇 시간 전에 이 친구를 만났다. 이 만남이 깨지는 건 싫다.

"뭐가 '아'야?"

"아무것도 아냐. 진짜로."

어서 끝을 봐야겠다.

"뭐 좀 물어봐도 돼?"

그러나 마테오는 도리어 묻는다.

"부모님한테도 커밍아웃 했어?"

질문으로 질문을 피하기. 뻔하군그래.

"어, 함께 보낸 마지막 날에. 더는 미룰 수 없었으니까."

부모님이 날 그렇게 안아 준 건 그 마지막 날이 처음이었다. 용기를 내어 그런 순간을 이끌어 낸 나 자신이 지금 생각해도 자랑스럽다.

"엄마는 며느리 또는 사위를 볼 기회가 없는 게 애석하다고 하셨지. 그때까지도 난 좀 어색해서 그냥 웃어넘기고 누나한 테 다 같이 하고 싶은 게 뭐냐고 물어봤어. 부모님은 날 떼 버리고 싶어 했거든. 그래도 누나는 날 덜 귀찮아 할 것 같았어."

"괜히 너까지 다칠까 봐 그러셨겠지, 안 그래?"

"어, 하지만 난 1분 1초라도 더 같이 있고 싶었어. 설령 그게 온 가족이 내 앞에서 죽는 걸 목격한 기억을 안고 혼자 남게 된다는 뜻이라 해도. 그땐 그랬어, 잘 알지도 못하면서."

그 어리석음도 내 가족 모두와 함께 죽었다.

"그다음엔 어떻게 됐는데?"

"세세하게 다 알 필요는 없지? 모르는 편이 너한테도 좋을 거야."

"네가 떠안고 다녀야 하는 짐이라면 나도 같이 질래."

"후회하지 마. 네가 물어본 거다?"

난 전부 다 말한다. 올리비아 누나는 생일 때마다 갔던 올버니 근교의 산장에 마지막으로 가 보고 싶다고 했다. 북부로 향하던 중 도로가 미끄러워 우리 차가 허드슨강으로 추락했다. 아빠 엄마 둘 다 뒷좌석에 있으면 정면충돌 사고가 나도 죽지 않을 가망이 더 많을 것 같아서 내가 일부러 조수석을 차지한 터였다. 부질없는 짓이었다.

"교통사고가 다 그렇지 뭐."

바퀴가 끼이이익 날카롭게 울면서, 우리 차는 도로 난간을 뚫고 강으로 굴러떨어졌다.

"가끔 가족들 목소리가 생각나지 않아."

겨우 넉 달이 지났을 뿐이지만, 정말 그렇다.

"내 주변 사람들 목소리랑 헷갈린다니까. 하지만 그 비명 소리만은 어디에서든 알아들을 수 있을 것 같아."

생각만 해도 팔에 소름이 쫙 돋는다.

"이제 그만해도 돼, 루퍼스. 내가 미안해. 괜히 다 털어놓으라고 해서는."

마테오는 이 이야기의 결말을 알지만 전부 다 알지는 못한다. 그래도 난 이쯤에서 멈춘다. 기본은 다 얘기했고, 녀석이 내 눈물을 보고 당황하지 않게 감정을 좀 추슬러야겠다. 마테오는 내 어깨에 손을 얹고서 토닥여 준다. 문자메시지와 페이스북 댓글로 날 위로하려 했던 어른들이 생각난다. 그들은 나와 같은 식으로 누군가를 잃어 본 적이 없기에 무슨 말을 하고 어떤 행동을 해야 할지 몰랐다.

"괜찮아. 다른 얘기 하자, 이를테면……."

마테오는 주변을 둘러본다.

"새라든가 낡아 빠진 건물들이라든가……."

난 허리를 곧추세운다.

"어쨌든 거의 다 얘기했어. 그러저러해서 결국 맬컴, 타고, 에이미랑 한집에서 살게 됐고 우린 '플루토 식구'가 되었지. 그때 나한텐 딱 그런 친구들이 필요했어. 우린 다 길을 잃었고 한동안 세상과 단절된 채로도 괜찮았지."

난 주먹으로 눈물을 닦고 마테오 쪽으로 몸을 기울인다.

"그리하여 이제 넌 끝까지 나한테서 떨어질 수 없다는 얘기. 또 도망쳤다가는 납치당해서 어느 개똥 같은 스릴러 영화의 소재가 될 줄 알아."

마테오는 상냥한 미소를 띠고서 대답한다.

"혼자서는 아무 데도 안 가. 그럼 이제 뭘 하지?"

"뭐든 덤벼 보라지."

"메이크어모멘트로 가야 되나?"

"이미 기똥찬 추억을 만든 것 같지만, 까짓것 가 보지 뭐."

마테오

오전 8시 32분

메이크어모멘트로 가다 말고 루퍼스가 스포츠용품점 앞에 멈춘다. 자전거 타는 남자, 스키복과 장비를 갖춘 여자, 연예인 같은 미소를 띠고서 나란히 달리는데 땀 한 방울 흘리지 않는 남녀가 박힌 포스터가 유리창에 붙어 있다.

루퍼스는 스키 복장의 여자를 가리킨다.

"항상 누나한테 스키 타는 사람들 사진을 보내곤 했는데. 우리 가족은 매년 윈덤에서 스키를 탔어. 사정을 아는 사람이라면 해마다 그리로 갔던 우리가 한심해 보일 거야. 처음 갔을 때 아빠가 바위에 얼굴을 박아서 코뼈가 부러졌거든. 데스캐스트 예고도 없었건만 다들 아빠가 죽지 않은 게 진짜 용하다고 했다니까. 그다음에 갔을 때는 엄마가 발목을 삐었고. 2년 전에는 내가 활강을 하다가 뇌진탕을 일으켰어. 브레이킹에 서투른데 어떤 꼬마 애를 덮칠 것 같아서 바로 직전에 왼쪽으로 틀었다가 무슨 만화 캐릭터처럼 우스꽝스럽게 나무에 쾅 부딪혔

226

지."

"네 말대로네. 꾸준히 거길 다닌 이유를 당최 모르겠다."

"나까지 입원하고 나서는 누나가 결사반대했지. 그런데도 우리는 사정이 허락할 때마다 윈덤으로 향했어. 산이랑 눈이랑, 오두막 난롯가에 둘러앉아 게임하는 것도 너무 좋았거든."

루퍼스는 다시 발걸음을 옮긴다.

"이제 갈 곳도 거기만큼 안전하고 재미있길 비는 중이야."

몇 분 후 메이크어모멘트 체험장에 도착한다. 루퍼스는 '안전한 스릴감!'이라 적힌 현수막과 그 아래에 있는 출입구를 사진 찍어 인스타그램에 원색으로 올린다. 그러더니 자기 휴대전화 화면을 가리켜 보인다.

"이거 봐. 왜 이렇게 일찍 일어났느냐고 묻네."

그가 아까 올린 사진에 댓글이 몇 개 달려 있다. 전화 좀 받으라는 에이미의 댓글도 있다.

"에이미랑은 어떻게 된 거야?"

루퍼스는 머리를 흔든다.

"끝났어. 나 대신 맬컴이랑 타고가 유치장에 들어간 게 걔 남친 때문인데 아직도 헤어지지 않았다잖아. 애가 의리가 없어."

"네가 아직 걔한테 미련이 있어서는 아니고?"

"아냐."

루퍼스는 파킹미터에 자전거를 맨다.

아니라는 말이 진심이건 아니건 무슨 상관이랴.

나는 마음 쓰지 않기로 하고 그와 함께 안으로 들어선다.

예상과는 달리 이곳 분위기는 마치 여행사 같다. 기다란 카운터 뒷벽은 노을 같은 주황색과 한밤중 하늘 같은 흑청색으로 반반 나뉘어 있고, 암벽 등반이나 파도타기 등 갖가지 활동을 즐기는 사람들 사진이 액자에 넣어져 걸려 있다. 눈으로 보기에나 쉽겠지 싶다. 카운터 너머에 자리한 20대 흑인 아가씨가 노트북에 뭔가 입력하다가 우리를 보자마자 치운다. 노란색 폴로셔츠에 꽂힌 명찰을 보니 이름이 '데어드레'다. 본 적 있는 이름인데, 아마 판타지 소설에서 본 것 같다.

"어서 오세요. 메이크어모멘트입니다."

우릴 맞이하는 데어드레의 태도는 너무 쾌활하지도 너무 무뚝뚝하지도 않고 적당히 정중하다. 심지어 우리가 데커냐고 묻지도 않고 그저 우리 쪽으로 안내 책자 같은 것을 내민다.

"열기구 타기, 상어와 함께 수영하기는 30분 내로 체험하실 수 있어요."

"아니 세상에 누가……."

루퍼스는 나를 돌아봤다가 다시 데어드레를 쳐다본다.

"상어랑 같이 수영하는 걸 해 보지 못해서 한이라는 사람들이 진짜 있어요?"

"이래 봬도 인기 프로그램인걸요. 물지 않는 게 확실하다면 누구나 상어랑 같이 수영하고 싶지 않겠어요?"

루퍼스는 코웃음을 친다.

"나라면 이런 식으로 물속의 거대 생명체랑 엮이진 않아요."

데어드레는 마치 루퍼스의 과거사를 다 안다는 듯 고개를 끄덕인다.

"네, 알겠습니다. 궁금한 건 뭐든 문의하세요. 제가 답변해 드릴게요."

루퍼스와 나는 카운터 앞 의자에 앉아 책자를 후루룩 넘긴다. 열기구 타기, 상어와 함께 수영하기에 더해 스카이다이빙, 자동차 경주, 파쿠르(parkour, 맨몸으로 자연물, 건물, 사물 등을 이용해 역동적으로 이동하는 일종의 신체 단련 활동—옮긴이), 집라이닝(zip lining, 높이 차가 있는 두 지점에 연결된 와이어를 타고 빠르게 이동하는 하강 레포츠—옮긴이), 승마, 베이스 점핑(BASE jumping, 건축물[Building], 안테나[Antenna], 교량[Span], 절벽[Earth] 등 지상의 높은 지점에서 낙하산으로 내려오는 극한 레포츠—옮긴이), 급류타기, 행글라이딩, 빙벽 및 암벽 등반, 산악자전거 활강, 윈드서핑 등 엄청나게 많은 프로그램이 있다. 이 사업이 허구의 스릴감, 이를테면 용으로부터 도망치기, 키클롭스(Cyclops, 고대 그리스 신화에 나오는 외눈박이 거인—옮긴이)와 싸우기, 마법의 양탄자 타기 같은 것으로도 확장될 수 있을지 문득 궁금해진다.

이 궁금증은 영원히 해소될 수 없겠지.

괜한 생각은 머리를 흔들어 떨쳐 버린다.

"산악자전거 해 볼래?"

루퍼스는 자전거 애호가이고 이건 물하고 연관이 없으니까.

"아니. 뭔가 새로운 걸 도전해 보고 싶어. 스카이다이빙은 어떨까?"

"위험해. 하지만 이게 남쪽으로 가거든 부디 내 얘기를 전해 줘."

안전한 스릴감을 보장한다는 곳에서조차 내가 기어이 죽는 다 해도 난 전혀 놀라지 않을 것이다.

"그러지 뭐."

데어드레는 우리에게 장장 여섯 장에 달하는 면책동의서를 건넨다. 데커가 고객인 사업에선 흔한 일이지만, 뭔가 잘못된 다 해도 고객은 살아서 업체를 고소할 수 있을 리 없으므로 서 류야 대충 훑고 넘어가는 게 또한 흔하디흔한 일이다. 사고의 종류는 무궁무진해서, 언제 어디서 무시무시한 사고가 일어날 지 모른다. 살아 있는 1분 1초가 그야말로 기적이다.

루퍼스는 서명을 엉망으로 휘갈긴다. 그나마 앞에 두 글자 만 알아볼 만하고 나머지는 어느 사업체의 오르락내리락하는 판매량 그래프처럼 구불구불한 곡선에 지나지 않는다.

"오케이. 내가 죽어도 권리 따위 갖다 버리라고 하는 문서에 서명을 해 버렸네요."

데어드레는 웃지 않는다. 우린 각자 240달러를 지불한다. 여기다 쓰지 않으면 예금 계좌가 있으나 마나일 사람들에게 부과하기에 적당한 금액이다.

"따라오세요."

기다란 통로는 아빠가 일했던 창고와 비슷한데 다만 아빠의 일터에서는 양쪽에 늘어선 보관함 안에서 즐거운 비명과 웃음소리가 새어 나오지 않았다. 적어도 난 듣지 못했다(농담). 여긴 꼭 노래방 같지만 각 호실의 크기가 노래방의 두세 배는 돼 보인다. 나는 통로를 지나면서 마치 핀볼 구슬처럼 이 방 저 방 창문을 기웃거린다. 방방마다 고글을 쓴 데커들이 있다. 몇몇은 경주로를 질주하는 것도 아니면서 미친 듯이 흔들리는 경주용 차량에 앉아 있다. 어느 데커는 '암벽 등반' 중인데 같은 방에 있는 직원은 문자질에 빠져 있다. 하늘이 아닌 2미터 높이로 둥실 뜬 열기구 안에서 입맞춤하는 연인도 있다. 승마 중인 남녀도 보인다. 고글을 쓰지 않은 남자가 깔깔 웃는 여자의 등을 꼭 붙든 채 엉엉 우는데, 어느 쪽이 데커인지 아니면 둘 다 데커인지 모르겠지만 그 모습이 너무 슬퍼서 차마 계속 지켜볼 수가 없다.

우리 방은 대단히 넓지는 않은데 대단히 큰 송풍기와 벽에 기대어 놓은 안전 매트, 비행사처럼 차려입고 갈색 곱슬머리를 포니테일 형태로 묶은 강사가 있다. 우리까지 알맞은 복장과 보호구를 갖추자 마치 엑스맨 분장을 한 3인조 코스튬 플레이어 같다. 루퍼스는 강사인 매들린에게 우리 둘 사진을 찍어 달라고 부탁한다. 난 루퍼스 허리에 팔을 둘러야 할지 어쩔지 몰라서 눈치껏 그가 하는 대로 내 허리에 손을 얹는다.

"마음에 들어요?"

매들린이 사진을 내밀어 보이며 묻는다.

둘 다 아주 비장해 보인다. 세상의 추악함을 모조리 몰아낼 때까지 죽기를 거부한다는 듯이.

루퍼스가 말한다.

"끝내주네요."

"다이빙하시는 동안 제가 더 찍어 드릴게요!"

"아유, 그러면 고맙죠."

매들린은 스카이다이빙 과정을 차근차근 설명한다. 우리가 고글을 착용하면 가상현실 체험이 시작되며, 이 방은 현실감을 최대화하는 역할을 할 것이다. 매들린은 우리가 착용한 보호구를 안전줄과 연결된 고리에 체결하고, 우리는 사다리를 타고 올라 다이빙 보드처럼 생겼지만 바닥에서 고작 2미터 높이에 있는 판 위에 선다.

매들린은 우리 아래로 매트를 끌어다 놓고서 말한다.

"준비되면 고글에 있는 버튼을 누르고 뛰어내리세요. 안전할 겁니다."

그녀가 초강력 송풍기를 틀자 엄청난 소음과 함께 실내에 돌풍이 휘몰아친다.

"준비됐어?"

루퍼스가 고글을 살짝 내려 나를 쳐다보며 입 모양으로 묻는다.

나도 고글을 내리고 고개를 끄덕인다. 렌즈 옆의 초록색 버튼을 누르자 단박에 가상현실이 펼쳐진다. 우린 문 열린 비행기 안에 있다. 3차원 그래픽으로 된 남자가 내게 엄지를 들어 보이며 푸른 하늘로 뛰어들라고 격려한다. 하지만 무섭다. 가상현실의 비행기 밖이 아니라, 실제 내 앞의 허공으로 뛰어내리기가 겁난다. 백 퍼센트 안전한 느낌이지만 그래도 내 보호구가 부서지지 말란 법은 없지 않은가.

루퍼스가 몇 초간 고함을 내지르며 아래쪽으로 멀어지더니 조용해진다.

난 얼른 고글을 벗고 아래를 내려다본다. 목이 비틀린 채 바닥에 널브러진 루퍼스를 보게 되진 않길 바라지만 웬걸, 그는 송풍기 바람에 이리저리 날리며 허공에 떠 있다. 이렇게 맨눈으로 루퍼스를 보면 안 되지만, 이 체험을 조금 망친다 해도 난 그가 무사한지 알아야 했다. 루퍼스가 느끼는 흥분을 나도 똑같이 경험하고 싶어서 다시 고글을 쓰고 셋, 둘, 하나, 세고는 뛰어내린다. 두 팔로 가슴을 감싸니 중력이 느껴지지 않는다. 구름을 뚫고 또 구름을 향해 자유 낙하 한다기보다는 터널 미끄럼틀을 타는 것 같은 느낌이다. 어차피 실제로는 둘 다 시도조차 해 보지 않을 일이다. 이번엔 두 팔을 펼쳐 주변에 층층이 쌓인 구름을 향해 뻗는다. 마치 구름 조각을 움켜쥐고 눈처럼 뭉칠 수 있을 것처럼.

약 2분이 지나자 처음의 짜릿한 느낌이 시들해진다. 초록

들판이 점점 가까워지니 안전지대에 거의 도착했구나 하고 안심해야 마땅하지만 사실 애초부터 위험한 적도 없었다. 그걸 아니 신나지 않는다. 너무 안전하다.

그래서 선뜻 신청한 것이지만.

가상현실의 마테오도 나와 동시에 착지한다. 발이 매트를 파고드는 것이 느껴진다. 내가 억지웃음을 지어 보이자 루퍼스도 미소로 답한다. 우린 매들린에게 고맙다고 인사하고 보호구와 비행사 옷을 벗은 다음 방을 나선다.

"재밌었어, 그치?"

내가 넌지시 묻자 루퍼스는 심드렁하게 대답한다.

"좀 더 기다렸다가 상어랑 같이 수영이나 할 걸 그랬어."

때마침 데어드레 앞을 지나쳐 가는 참이어서 난 그녀에게도 인사한다.

"고마워요, 데어드레."

"추억 만들기에 성공하신 것을 축하드려요."

데어드레가 손을 흔들며 배웅한다. 살아 있다고 칭찬받다니 뭔가 이상하지만, 아마 다시 오라는 말은 차마 할 수 없을 것이다.

난 그녀에게 고갯짓으로 인사하고 루퍼스를 따라 나간다.

"넌 되게 재밌게 즐긴 줄 알았어! 보기엔 아주 신이 났던데."

그는 자전거의 잠금장치를 푼다. 저놈의 자전거는 어째서 도둑맞지도 않는지.

"뛰어내리는 순간엔 그랬지. 그다음엔 완전히 별로더라고. 넌 진짜 재밌었어? 그렇다고 해도 뭐라 하지 않을게."

"나도 너랑 동감이야."

루퍼스는 자전거를 끌며 걷기 시작한다.

"이거 네가 하자고 했다? 오늘 네가 뭔가 하자고 하는 건 이걸로 끝내자."

"미안."

"야, 농담이야. 그럭저럭 재미있었는데, 여기선 사고가 나지 않는 게 우선이라 그런지 안전한 스릴감이라는 게 진짜 스릴감에 한참 못 미치는 것 같아. 미리 이용 후기를 살펴본 다음에 여기다 돈을 쓸지 말지 정할 걸 그랬어."

"온라인 후기도 몇 개 안 돼."

데커 전용 서비스에 후기가 많기를 기대할 수는 없다. 그렇지 않은가, 데커한테 시간이 얼마나 소중한데 겨우 재단을 칭찬하거나 욕하는 데 쓰겠는가.

"그래도 진짜 미안해. 돈이 문제가 아니라 시간이 아까웠어."

루퍼스는 걸음을 멈추고 전화기를 꺼내어 든다.

"시간 낭비는 아니었어."

복장과 장비를 갖춘 우리 사진을 내게 보여 주고는 인스타그램에 올린다. 그리고 '#마지막친구'라고 해시태그를 붙인다.

"이거면 '좋아요' 열 개는 받을걸?"

리디아 바르가스

오전 9시 14분

리디아 바르가스는 오늘 죽지 않으므로 데스캐스트의 전화가 오지 않았다. 하지만 전화를 받았다면 사랑하는 사람들 모두에게 얘기했을 것이다. 기껏 찾아와서는 죽는다는 얘기를 하지 않고 가 버린 누구랑은 다르게.

리디아는 알아챘다. 단서가 널려 있었으므로 찬찬히 되짚어 보니 결론이 나왔다. 마테오가 꼭두새벽에 왔다는 점, 엄마로서의 리디아에 대한 듣기 좋았지만 정말 뜬금없었던 칭찬, 주방 조리대에 있던 400달러 봉투, 마테오가 그녀의 번호를 차단해 버린 것까지. 심지어 번호 차단하는 방법은 리디아가 가르쳐 주었는데 말이다.

마테오가 사라지기로 작정한 듯한 행동을 취하고 나서 처음 몇 분 동안 그야말로 어쩔 줄을 몰랐던 리디아는 약국에서 근무 중인 할머니에게 전화해 당장 와 달라고 사정했다. 서둘러 돌아온 할머니의 질문 공세는 귓등으로 넘겨 버리고 할머니 전화기로 마테오에게 전화했지만 여전히 받지 않았다. 그가 죽어서가 아니라 연락처 목록에 할머니 번호가 저장돼 있기 때문이길 리디아는 간절히 빌었다.

그래, 죽은 건 아닐 것이다. 우주에서 가장 훌륭한 영혼의 소유자가 천수를 누리지 못하는 것도 말이 안 되지만, 적어도 오늘 하루는 꼬박 누리고 가야 되는 거 아니겠는가. 마테오는 밤 11시 59분은 돼야 죽을 수 있다. 단 1분도 더 일찍 가면 안 된다.

페니가 울어 대는데 할머니는 이유를 찾지 못한다. 리디아는 울음소리만 들어도 페니가 뭘 원하는지 알고 진정시킬 수 있다. 페니가 열이 나면, 무릎에 앉히고 귓가에 노래를 불러 주면 된다. 넘어졌으면, 안아서 일으켜 주고 깜빡이는 불빛이 있는 장난감이나 딸랑이를 손에 쥐여 준다. 불빛과 딸랑이 기능을 둘 다 갖춘 장난감은 유감스럽게도 효과가 없다. 페니가 배고파하거나 기저귀를 갈고 싶어 하면, 먹이거나 갈아 주면 된다. 지금 페니는 마테오 삼촌이 보고 싶은 것이다. 하지만 리디아는 화상 통화로 페니에게 마테오 삼촌을 보여 주며 '안녕'을 무한 반복할 수 없다. 다시 말하지만 그가 리디아의 번호를 차단해 버렸기 때문에.

리디아는 페이스북에 로그인한다. 전에는 이 계정을 고등학교 친구들과 계속 연락하는 데 사용했지만 요즘엔 주로 페니 사진을 올린다. 덕분에 크리스천의 가족들, 그러니까 부모님, 조부모님, 이모들과 고모들과 삼촌들, 그리고 자꾸 연애에 관한 조언을 청하는 사촌에게 일일이 페니 사진을 첨부한 문자메시지를 보낼 필요가 없다.

마테오의 페이지를 방문한다. 친구 열아홉 명과 '굿모닝 뉴욕!' 팬 페이지에서 퍼 온 브루클린의 멋진 일출 사진 두 장, 나사에서 우주의 소리를 인간이 들을 수 있게 하는 기계를 개발했다는 기사 하나, 그리고 1순위 온라인 대학에 합격했다고 몇 달 전에 올렸는데 거의 아무도 관심을 주지 않은 유일한 게시물이 전부인 황량한 페이지다. 확실히 마테오는 자신의 일상을 공유하길 꺼리지만, 친구의 사진에는 반드시 댓글을 달고 친구의 게시물엔 꼭 '최고예요'를 눌러 주는 사람이다. 친구에게 중요하면 그에게도 중요한 일이다.

어디선가 홀로 있을 마테오를 생각하니 가슴이 미어진다. 지금은 사람들이 예고 없이 죽었던 2000년대 초가 아니다. 데스캐스트는 데커와 사랑하는 사람들이 함께 죽음을 준비하라고 존재하는 것이지 데커가 사랑하는 사람들을 등지고 도망치라고 있는 게 아니다. 마테오가 그녀를 자신의 삶 속에 들여보내 주면 얼마나 좋을까. 리디아는 그의 마지막 모든 순간을 함께하고 싶다.

마테오의 사진을 찾아본다. 가장 최근 것은 지금 리디아 자신이 앉아 있는 이 소파에서 마테오와 페니가 함께 낮잠 자는 모습을 찍은 사진이다. 동물원 파충류관에서 뱀이 탈출할까 봐 겁에 질린 페니를 안고서 본인도 불안한 표정으로 서둘러 지나가는 마테오, 이 집 주방에서 리디아와 함께 아버지로부터 누룽지 만드는 법을 배우는 마테오, 페니의 돌잔치 장식에 쓸 색종이 띠를 들고 있는 마테오가 있다. 할머니 차 뒷좌석에서 마테오, 리디아, 페니가 환히 웃고 있다. 졸업식 사각모와 가운 차림의 마테오가 꽃다발과 풍선을 가져다준 리디아를 얼싸안은 사진도 있다. 리디아는 사진 창을 닫아 버린다. 추억여행이라니, 마음이 찢어지는 것 같다. 심지어 마테오는 아직 살아 있는데! 리디아는 마테오의 프로필 사진을 응시한다. 엑스박스 인피니티를 가져올 우체국 택배 아저씨를 기다리며 창밖을 내다보는 그 모습은, 리디아가 그의 방에서 찍어 준 사진이다.

내일 이 시각, 리디아는 가장 친한 친구가 죽었다는 소식을 올릴 것이다. 그러면 크리스천이 세상을 떠났을 때 그랬듯이 다들 연락하고 위로하겠지. 교실에서든 학교 식당에서든 마테오를 봤거나 만난 걸 기억하는 사람들이 그의 페이지로 몰려와 온라인 추도식이라도 치르듯 댓글을 달 것이다. 평안히 잠들기를 기원한다고. 너무 아까운 나이에 죽었다고. 살아 있을 때 더 많은 대화를 나누지 못해 아쉽다고.

마테오가 '최후의 날'을 어떻게 보내는지 결코 알 길이 없지만, 절친으로서 리디아는 그가 찾고자 하는 걸 찾아내길 기원한다.

루퍼스
오전 9시 41분

퀸스버러 다리로 향하는 북쪽 방향 고속도로 아래를 지나다, 배수로에 버려진 공중전화기 일곱 대를 우연히 발견한다.

"저기 가 보자."

마테오가 반대할 태세라서 내가 잽싸게 손가락을 들어 막는다.

자전거는 땅바닥에 눕혀 놓는다. 우린 철조망 울타리의 뚫린 구멍을 기어서 통과한다. 공중전화기 주변엔 녹슨 파이프, 쉰내와 지린내 비슷한 악취를 풍기는 쓰레기 봉지, 땅바닥에 어지럽게 들러붙어 시꺼메진 껌딱지 들이 널려 있다. 코카콜라 병을 흠씬 두들겨 패는 펩시 병을 묘사한 그래피티가 보이기에 사진을 찍어서 인스타그램에 올리고 맬컴을 태그한다. 내 '최후의 날'에 나와 함께였음을 녀석이 알 수 있도록.

"공동묘지가 따로 없네"라면서 마테오가 운동화 한 켤레를 집어 든다.

"거기서 발가락이 나오면 그냥 냅다 튀는 거다?"

내 말을 듣고 마테오는 운동화 안쪽을 살펴보더니 도로 툭툭 떨어뜨린다.

"발가락도, 다른 신체 부위도 없음. 그러고 보니 작년에 신발 없이 코피를 흘리는 사람이랑 마주친 적이 있었는데."

"노숙자였어?"

"아니. 우리 또래였어. 얻어맞고 다 뺏겼다고 하길래 내 신발을 줬지."

"어련하셨을까. 사람들이 다 너 같진 않은데."

"아이, 칭찬받자고 한 말 아니야. 미안. 걘 어떻게 지내고 있을지 궁금하긴 하네. 얼굴이 피범벅이었으니까 지금은 마주쳐도 알아보지 못할 것 같긴 하지만."

마테오는 기억을 떨쳐내듯 머리를 흔든다.

난 어느 공중전화기 옆에 쭈그려 앉는다. 원래 수화기가 있었을 자리 옆에 파란색 매직펜으로 '보고 싶어, 리나. 전화해 줘'라는 메시지가 적혀 있다.

아이고, 누군지 모를 형씨, 멀쩡한 전화기도 없이 리나가 그쪽한테 무슨 수로 전화를 한답니까.

"이거 진짜 미쳤네. 나 지금 인디아나 존스가 된 기분이야."

다음 전화기로 옮겨 가며 재잘대는 내 목소리는 내가 들어도 되게 명랑하다. 아니나 다를까, 마테오가 날 보며 빙글거린다.

"뭐?"

"어릴 적에 그 시리즈를 아주 마르고 닳도록 돌려 봤는데. 방금까지 까먹고 있었어."

마테오가 어릴 적에, 아빠가 집 안 어딘가에 보물을 숨겨 놨다고 한다. 그 보물이란 세탁실을 이용할 때 쓰는 25센트짜리 동전을 모아 놓은 병이었다고. 마테오는 애니메이션 〈토이 스토리〉의 '우디'로 분장했는데, 그래 봤자 카우보이모자를 쓰고 신발 끈을 올가미 밧줄 대용으로 쓰는 정도였다. 아무튼 마테오가 곧 동전 병을 찾아낼 것 같으면, 아빠는 이웃이 사다 준 멕시코 전통의 해골 가면을 쓰고 마테오를 붙잡아 소파 위로 던지면서 결투를 청했다.

"와, 근사하다. 너희 아빠는 정말 멋지신 것 같아."

"알아, 내가 행운아라는 거. 어쨌든 내가 네 흥을 가로챘네. 미안."

"아냐, 괜찮아. 엄청나고 대단하며 세상에 다시없을 흥도 아닌데 뭐. 길모퉁이의 공중전화가 사라지면서 보편적 단절 현상이 시작됐다느니 하는 헛소리로 새려는 건 아닌데, 내 생각에 이건 그냥 대박이야."

난 휴대전화기로 사진을 몇 장 찍는다.

"근데 진짜 미쳤지, 안 그러냐? 공중전화가 곧 물건으로서 존재하지 않게 된다니. 심지어 난 외우는 전화번호도 하나 없어."

"난 아빠랑 리디아 번호만 알아."

"그러고 보니 내가 잡혀갔으면 일이 더 꼬였겠네. 어쨌든 앞으로 전화번호 같은 건 외우지 못해도 상관없을 거야. 더는 25센트 동전으로 전화할 일도 없을 거고."

난 내 전화기를 들어 보이며 덧붙인다.

"심지어 이젠 진짜 사진기를 쓰지도 않아! 필름 카메라도 곧 멸종할 거야. 두고 봐."

마테오가 거든다.

"그다음 차례는 우체국이랑 손편지겠지."

"DVD 대여점이랑 DVD 플레이어도."

"유선전화기랑 자동응답기도."

"신문도. 시계랑 손목시계도. 분명히 지금도 누군가는 자동으로 시간을 알게 해 주는 제품을 개발하고 있을 거야."

"종이책이랑 도서관도. 금방은 아니더라도 언젠가는 사라질 거야, 그치?"

이 말을 뱉고서 마테오는 생각에 잠긴 것 같다. 아마 프로필에 적은 〈스콜피어스 호손〉 시리즈를 떠올리는 것이겠지. 이윽고 녀석이 이어 말한다.

"멸종 위기에 처한 동물들도 잊어선 안 되지."

아차, 동물들을 까맣게 잊고 있었네.

"맞아. 완전히 맞는 말이야. 전부 다 없어지고 있어. 사람이고 동물이고 사물이고 다 멸종을 향해 가잖아. 인간은 형편없어. 인간은 공중전화기나 책하고는 다르게 생각할 줄 알고 자신을 돌볼 수 있으니까 절대로 멸망하지 않고 영원히 존재할 거라 믿지만, 내가 장담하는데 공룡도 자기들이 영원히 지구를 지배할 줄 알았을걸?"

"인간은 행동하는 법이 없어. 시간이 촉박하다는 걸 깨닫고 나서야 반응할 뿐이지."

마테오는 자신을 가리키며 "여기, 살아 있는 증거"라고 덧붙인다.

"그러면 인간이 멸종 순서에서 제법 앞쪽에 있겠는데? 신문이랑 시계랑 손목시계랑 도서관보다 먼저 사라지겠어."

먼저 철조망 구멍을 빠져나온 나는 뒤따라오는 마테오를 돌아본다.

"그런데 요즘 유선전화 쓰는 사람이 아예 없는 거 알지?"

타고 헤이스

오전 9시 48분

타고 헤이스는 오늘 죽지 않으므로 데스캐스트로부터 전화가 오지 않았지만, 가장 친한 친구가 예고를 받는 모습을 목격한 기분은 절대로 잊지 못할 것이다. 타고가 즐겨 보는 슬래셔 영화의 그 어떤 잔인한 장면도 그때 루퍼스의 표정만큼 오랫동안 그를 괴롭힐 수는 없으리라.

아직도 타고와 맬컴은 플루토에서 그들이 쓰는 방의 두 배 크기인 경찰서 유치장에 같이 갇혀 있다.

타고는 툴툴댄다.

"여기 지린내가 진동할 줄 알았다니까."

그는 바닥에 앉아 있다. 등받이 없는 의자가 있지만 앉으면 너무 흔들리고 움직일 때마다 삐걱거린다.

"그냥 토해."

맬컴이 손톱을 씹으며 대꾸한다.

타고는 집으로 돌아가면 지금 입은 청바지는 갖다 버려야겠

다고 다짐한다. 그는 안경을 벗는다. 책상머리에 앉은 경찰관
과 맬컴이 단박에 흐릿해진다. 주변 사람들은 다 아는 타고의
습관이다. 자신에게 닥친 일로부터 잠시 벗어나고 싶을 때마
다 이렇게 안경을 벗는다. 타고의 이 습관이 맬컴을 열 받게 한
유일한 때는 '인간성을 저버린 카드 게임' 도중이었다. 데크에
서 뽑은 카드가 '자살한 사람 놀리기'여서, 자신을 버린 남자가
떠올라서 그랬으면서 겉으로는 끝까지 아니라고 우겼다.

　루퍼스는 무사할까? 생각하니 목이 찌릿하게 아프다.

　타고는 자주 틱을 억누른다. 시도 때도 없이 목이 홱홱 꺾
이면 본인이 불편한 건 둘째 치고 남들에게 가까이 가면 안 되
는 미친놈처럼 보이기 때문이다. 한번은 루퍼스가 틱 충동이
어떤 느낌이냐고 묻기에, 타고는 루퍼스와 맬컴과 에이미에게
숨을 참고 눈도 깜빡이지 않은 채 최대한 오래 버텨 보라고 했
다. 타고 자신은 굳이 동참할 필요도 없었다. 친구들이 마침내
숨을 토하고 눈을 깜빡였을 때 느낀 안도감을 이미 잘 알고 있
었으므로. 그에게 틱은 숨쉬기와 눈 깜빡이기처럼 자연스러운
일이었다. 그러나 목이 제멋대로 꺾일 때마다 뚜둑 소리가 나
는 게 매번 뼈가 조금씩 바스러지는 것 같다는 생각이 든다.

　타고는 다시 안경을 쓴다.

　"네가 전화를 받았다면 어떨 것 같아?"

　맬컴은 무심히 대답한다.

　"루프랑 같겠지 뭐. 나라면 방금 전 여친의 남친을 죽도록

패 놓고서 그 여자애를 내 장례식에 부르지는 않겠지만."

"맞아, 그게 결정적인 실수였어."

"넌 어떨 것 같은데?"

"똑같겠지 뭐."

"너라면……."

맬컴은 말을 꺼내다 만다. 지금 상황은 〈대리 의사〉 집필 중에 타고가 환자의 속내를 들을 수 있는 청진기를 들고 다니는 악마 의사에 대한 묘사가 잘 풀리지 않는다며 끙끙대던 때와는 다르다. 사실 청진기 설정은 훌륭하기도 했고, 그때는 타고가 계속 글을 쓸 수 있게 맬컴이 도와줄 수 있었다.

타고가 눈치껏 대답한다.

"그래도 엄마를 찾아보거나 아빠가 어떻게 죽었는지 알아보지 않을 거야."

"왜? 우리 집을 홀라당 태워 버린 새끼가 누군지 알 수만 있다면 난 내 생애 최초의 싸움도 불사할 거야."

"난 그저 내 삶에 함께하길 원하는 사람들한테만 집중할 뿐이야. 루퍼스 같은 사람들. 걔가 우리한테 커밍아웃 하면서 얼마나 긴장했는지 기억나지? 우리랑 지내는 게 너무 재미있는데 앞으로 한 방을 쓰지 못하게 될까 봐 불안해했잖아. 바로 그게 내 삶에 함께하길 원하는 사람의 자세지. 나 역시 녀석의 삶에 함께하길 원하고. 그 삶이 얼마나 남았건 간에 말이야."

타고는 안경을 벗고, 목이 제멋대로 날뛰게 내버려 둔다.

켄드릭 오코넬
오전 10시 3분

켄드릭 오코넬은 오늘 죽지 않으므로 데스캐스트로부터 전화가 오지 않았다. 목숨은 잃지 않을지 몰라도, 그는 방금 샌드위치 가게의 일자리를 잃었다. 켄드릭은 앞치마를 벗을 생각도 않고 가게를 박차고 나와 담배에 불을 붙인다.

평생 행운이라곤 모르고 살아왔다. 소위 '대박'을 터뜨렸던 작년에도 부모님은 기어이 이혼하셨고 대박의 행운도 오래지 않아 말라 버렸다. 어머니와 아버지는 아동용 신발을 신은 어른만큼이나 서로 어울리지 않았다. 고작 아홉 살이었던 켄드릭이 그 사실을 알아챘을 정도다. 그 당시 켄드릭은 멋모르는 철부지였지만 아버지가 소파에서 자고 어머니는 남편이 애틀랜틱시티의 젊은 아가씨들과 바람을 피웠다는 사실을 알고도 신경 쓰지 않는 상황이 사랑을 의미하지는 않는다는 것쯤은 확실히 알고 있었다. (그 때문에 켄드릭은 본인 일에 신경 쓸 여력이 없었다. 좀 더 무심한 성격이었다면 아마 더 행복했을 텐데 말이다.)

첫 번째 자녀 양육비가 들어왔을 때 마침 켄드릭에겐 새 운동화가 필요했다. 원래 신던 운동화 앞창이 뜯어져서 걸을 때마다 벌어졌다 닫혔다 벌어졌다 닫혔다 하는 통에 같은 반 아이들이 "신발이 말을 한다"며 사정없이 놀려 대던 터였다. 켄드릭이 최신 조던 운동화를 사 달라고 조르자 어머니는 그에게 "기쁜 일이 필요하다"며 선뜻 300달러를 썼다. 진심은 알수 없지만 어쨌든 어머니는 켄드릭의 친할아버지에게 그렇게말했다. 할아버지는 매우 고약한 노인네인데, 여기서 언급할만큼 중요한 얘기는 아니니 넘어가도록 하자.

새 운동화를 신자 마치 키가 3미터로 쑥 자란 듯한 기분이었다. 키가 180센티미터인 애들 넷이 한꺼번에 달려들어 그운동화를 빼앗아 가기 전까지는. 코피를 줄줄 흘리며 양말 바람으로 집까지 걸어가는 길은 고통스러웠지만, 그 고통은 도중에 마주친 안경 낀 소년이 배낭에서 휴지를 꺼내 통째로 주고 자기가 신었던 운동화까지 벗어 주면서 전부 사라졌다. 그러면서 아무런 대가도 바라지 않았던 그 소년의 이름도 모르고 다시 만난 적도 없지만 켄드릭은 아무래도 좋았다. 그 이후로 다시는 얻어터지지 않았다는 것만이 그에겐 유일하게 중요한 사실이었다.

한때 같은 반이었고 현재는 당당한 자퇴생인 데이미언 리바스 덕에 켄드릭은 강해졌다. 주말 내내 데이미언과 어울리며 그는 자신한테 주먹을 휘두르는 놈의 손목을 부러뜨리는 방법을 배웠다. 데이미언은 그를 거리로 내몰았다. 길거리에 사나운 핏불테리어를 풀어 놓듯 아무것도 모르고 방심한 고딩들 앞에 그를 풀어놓았다. 켄드릭은 누군가의 앞으로 다가가 가만히 노려보다가 한 방에 케이오시켰다.

켄드릭은 '케이오 킹'이 되었고, 그 명성을 지금까지 이어 오고 있다.

실직자 케이오 킹.

때릴 사람 없는 케이오 킹. 조직 내 서열 3위인 펙이 여자를 사귀더니 제대로 살아 보겠다며 조직을 탈퇴한 뒤로 조직 자체가 해체됐으므로.

사람 놀리듯 삶의 목적 운운하며 턱주가리를 날려 달라고 아주 사정을 하는 인간들이 득시글한 왕국의 케이오 킹.

마테오
오전 10시 12분

"더는 의견을 내면 안 되는 거 아는데……."

"그러면 그렇지. 뭔데?"

루퍼스는 자전거로 나와 나란히 가는 중이다. 그는 딱 죽기 좋은 그 물건을 나더러 같이 타자고 했지만 난 타지 않았고 지금도 탈 생각이 없다. 내 편집중도 만만치 않은데 혼자라도 타겠다는 루퍼스의 고집은 꺾지 못했다.

"엄마 무덤을 찾아가고 싶어. 아빠가 들려준 이야기로밖에 모르는 엄마지만, 살아 있을 때 얼마간이라도 함께 시간을 보냈으면 해. 아까 그 공중전화 묘지가 뭔가 자극이 됐나 봐."

내가 나들이를 너무 무서워하는 탓에 아빠는 대개 엄마한테 혼자 다녀오곤 했다.

"대신 네가 가고 싶은 데가 따로 있으면 그리로 가고."

"죽기로 예정된 날에 묘지에 가고 싶다니, 진심이냐?"

"어."

"좋아. 어느 묘지인데?"

"브루클린에 있는 에버그린스. 엄마가 자란 동네랑 가깝대."

콜럼버스서클 역에서 A 열차를 타고 브로드웨이정션 역에서 내리면 된다.

지하철역으로 가는 도중에 드러그스토어를 지나치려는데 루퍼스가 잠깐 들르자고 한다.

"뭐 필요한 거 있어? 물?"

"그냥 들어가."

루퍼스는 자전거를 끌고 통로를 걷다가 할인 장난감 진열대 앞에 멈춰 선다. 물총, 점토, 인형, 공, 향기 나는 지우개, 레고 등이 쌓여 있다. 루퍼스는 레고 상자를 하나 집어 든다.

"가자."

"그게 뭐…… 아아."

"장비가 있어야지, 건축가 양반아. 당신의 재능을 보여 주시죠."

계산대로 향하며 농담처럼 말하는 루퍼스를 보며, 혼자서는 생각도 못 했을 이 작은 기적에 난 빙그레 미소 짓는다. 내가 지갑을 꺼내자 루퍼스가 그 지갑을 톡 친다.

"넣어 둬, 내가 살 거니까. 인스타그램 아이디어에 대한 보상이야."

값을 치른 그는 레고 상자가 든 비닐봉지를 배낭에 넣고 나와 나란히 걸으면서 어릴 적 이야기를 한다. 항상 동물을 키우고 싶었지만 어머니의 심한 털 알레르기 때문에 개나 고양이는 꿈도 꿀 수 없었고 대신에 뱀처럼 멋있거나 토끼처럼 재미있는 동물을 원했다고 한다. 누가 뱀을 키우든 토끼를 키우든 둘 다 내 방에서 사는 것만 아니라면 난 괜찮을 것 같다.

어느새 콜럼버스서클 역이다. 루퍼스는 자전거를 어깨에 걸머지고 계단을 내려간다. 우린 카드를 긁고 개표구를 지나 막 문이 닫힐 참인 A 열차로 뛰어 들어간다.

내가 말한다.

"딱 맞춰 왔네."

"자전거 타고 왔으면 더 빨리 올 수 있었는데."

루퍼스가 농을 친다. 농이라는 건 내 생각일 뿐인지도 모르지만. 어쨌든 나도 농담으로 응수한다.

"영구차에 실렸으면 더 빨리 묘지로 갈 수 있었을걸?"

한밤중에 탔던 열차처럼 여기도 열 명 남짓 탔을 뿐 휑한 편이다. 우리는 세계여행 체험장 포스터 밑의 좌석에 자리를 잡는다.

난 묻는다.

"여행 가고 싶었던 데는 어디 어디였어?"

"너무 많은데. 뭔가 멋진 걸 하고 싶었어. 모로코에서 파도타기를 한다거나, 리우데자네이루에서 행글라이더를 탄다거나, 멕시코에서 돌고래랑 같이 수영한다거나. 봐, 상어가 아니라 돌고래라고."

오늘 죽지 않는다면 루퍼스가 상어랑 같이 수영하는 데키들을 아주 오랫동안 비웃으리란 예감이 든다.

"하지만 또 한편으론 세계 곳곳의 사진을 찍고 싶기도 했어. 피사의 사탑이나 콜로세움처럼 멋있는 역사를 지니지 못한 탓에 유명하진 않아도, 그래도 되게 근사한 장소들이 있잖아."

"그거 진짜 괜찮다. 그러니까 네 생각엔……."

그 순간 열차 안이 깜깜해지며 모든 것이, 환풍기 돌아가는 소리마저 멎는다. 지하의 암흑이 순식간에 우리를 에워싼다. 잠시 정차하겠으며 신속히 시스템을 복구하고 운행을 재개하겠다는 안내방송이 나온다. 어린 사내아이가 울음을 터뜨리고 어떤 아저씨는 걸핏하면 정차라며 욕을 섞어 큰소리를 낸다. 하지만 정말 불길하다. 루퍼스와 나에겐 목적지에 늦게 도착하는 것보다 더 큰 걱정거리가 있다. 여기서 수상한 사람은 발견하지 못했지만, 지금 우린 갇힌 상태다. 누가 우릴 칼로 찔러도 다시 환해지기 전엔 아무도 알아채지 못할 것이다. 난 슬금슬금 엉덩이를 움직여 내 다리를 루퍼스의 다리에 딱 붙인다. 혹시 모를 공격을 내 몸으로 막아 루퍼스에겐 조금이라도 시간을, 적어도 플루토 친구들이 오늘 석방될 경우 만나러 갈 수 있는 정도의 시간을 벌어 줄 셈이다. 어쩌면 날 방패 삼아 루퍼스는 목숨을 건지고 난 영웅으로서 장렬히 전사할 수 있을지도 모른다. 그리하여 루퍼스는 예고 적중률 100퍼센트라는 데스캐스트 신화를 깨뜨린 최초의 사례가 될 것이다.

옆에서 뭔가 손전등 불빛 같은 것이 반짝 켜진다.

루퍼스의 휴대전화 화면에서 나오는 빛이다.

내 숨소리가 너무나 거칠다. 심장이 밖으로 튀어나올 듯이 뛰는데, 루퍼스가 내 어깨를 주물러 주는데도 전혀 나아지지 않는다.

"요, 안심해도 돼. 늘 일어나는 일인걸."

"아냐, 아니잖아."

정차는 자주 있는 일이어도 조명까지 꺼지는 경우는 흔치 않다.

"맞아, 아니야."

루퍼스는 배낭에서 레고 상자를 꺼내 뜯고 내 무릎에 일부를 쏟는다.

"자. 지금 뭐든 지어 봐, 마테오."

애도 우리가 여기서 죽으리라 생각해서 나더러 죽기 전에 뭘 만들어 보라고 하는 건가. 어쨌든 난 애가 권하는 대로 한다. 여전히 심장이 마구 쿵쾅대지만, 첫 조각으로 손을 뻗자 떨림은 잦아든다. 뭘 만들지 아무 생각이 없지만, 손 가는 대로 일단 비교적 큰 조각들로 토대를 잡는다. 루퍼스가 내 쪽으로 쏘는 스포트라이트 이외에 열차 안은 완전한 암흑이니까.

"넌 가 보고 싶은 데 없었어?"

루퍼스의 질문이 이곳의 어둠과 더불어 나를 옥죄는 느낌이다.

나도 여행을 떠날 만큼 내가 용감하면 좋겠다. 남은 시간이 얼마 되지 않아 어디에도 갈 수 없게 된 지금에야 어디든 가고 싶어졌다. 사우디아라비아의 사막을 헤매고 싶다. 텍사스 오스틴의 콩그레스애비뉴 다리 밑에서 박쥐 떼를 피해 달아나 보고 싶다. 유령 섬이라고도 알려진 일본 군함도의 폐광에서 하룻밤을 보낸다거나, 비록 이름은 매우 불길하지만 깎아지른 듯한 벼랑과 삐걱대는 나무 교각을 살아서 지날 가능성도 없지 않으니 태국의 '죽음의 철길'을 여행한다거나, 아무튼 어디든지 가서 뭐든지 경험해 보고 싶다. 세상의 모든 산을, 강을, 동굴을, 다리를, 해변을 하나도 빠짐없이 오르고 노 젓고 탐험하고 건너고 달리고 싶다. 세상의 모든 나라를, 도시를, 마을을 모조리 여행하고 싶다. 그야말로 모든 곳에 가 보고 싶다. 이곳저곳에 대한 다큐멘터리나 블로그 동영상을 구경하는 데 만족하지 말았어야 한다.

난 대답한다.

"짜릿함을 느낄 수 있는 곳이라면 어디든지 가 보고 싶어. 리우데자네이루에서 행글라이더 타기, 그거 대박일 것 같아."

레고 공사가 반쯤 진행된 지금, 마침내 내가 뭘 짓고 있는지 깨닫는다. 안식처. 가만히 보고 있자니 집 생각이 난다. 모험을 피해 숨어 지낸 장소이지만, 또 한편으로 집이 있었기에 내가 지금껏 살 수 있었다는 것도 안다. 살았을 뿐 아니라 행복하기도 했다. 집은 아무런 잘못이 없다.

루퍼스의 어머니가 케인이라는 레슬러를 좋아했던 탓에 하마터면 루퍼스의 이름이 케인이 될 뻔했다는 사연을 주제로 한창 대화를 나누면서 레고 작품을 완성할 무렵, 눈이 감기고 고개가 툭 떨어진다. 난 고개를 확 쳐들며 깨어난다.

"미안. 지루해서 존 거 아냐. 너랑 얘기하는 거 좋아. 그냥, 어으, 진짜 너무 피곤해. 기절할 것 같은데, 한시가 아쉬운 마당에 한가하게 자 버리면 안 되잖아."

그래도 정말이지 기가 쪽쪽 빨리는 날이긴 하다.

루퍼스가 말한다.

"잠시 눈 좀 붙여. 지하철은 아직 멈춰 있고, 너도 쉬는 편이 좋아. 묘지에 도착하면 깨워 줄게. 약속해."

"너도 졸리잖아."

"난 피곤하지 않아."

거짓말이다. 하지만 내가 뭐라 해도 루퍼스는 고집을 피울 게 뻔하다.

"알았어."

나는 무릎에 얹힌 레고 안식처를 두 손으로 감싸고 머리를 뒤로 기댄다. 휴대전화 불빛은 이제 나를 비추지 않는다. 아마 기분 탓이겠지만 아직 나를 떠나지 않은 루퍼스의 시선이 느껴진다. 처음엔 이상한데, 좀 지나니 설령 내 착각이라도 기분이 좋다. 내 시간을 지켜 주는 나만의 수호자가 있는 것 같아서.

오랜 시간을 함께하기 위해 내 '마지막 친구'가 여기에 있다.

루퍼스

오전 10시 39분

잠자는 마테오를 사진으로 남겨야겠다.

어우씨, 내가 들어도 소름 끼치는 소리다. 하지만 꿈결을 헤매는 이 표정이 덧없이 사라지게 둘 수는 없다. 제길, 그래도 소름 끼치는 소리이긴 매한가지로군. 이것도 추억이다. 이번엔 내가 원하는 추억. 어머니의 무덤을 보러 묘지로 가는 열여덟 살 소년 그리고 그가 만든 레고 집과 함께 정전으로 멎어 버린 지하철 안에 있는 상황이 얼마나 자주 일어나겠는가? 바로 그거다. 인스타그램에 올리기 딱 좋은 소재.

앵글을 좀 더 넓게 잡고 싶어 자리에서 일어선다. 어둠 속에서 방향을 잡고 사진을 찍자 번쩍하고 플래시가 터진다. 농담 아니고 바로 다음 순간, 조명이 켜지고 환풍기도 돌아가더니 열차가 움직이기 시작한다.

"나, 마법사였어."

절로 혼잣말이 나온다. 어우씨, '최후의 날'에야 내게 잠재된

초능력을 발견하다니. 누군가 이 장면을 동영상으로 찍었어야 하는데. 그럼 나도 유튜브 스타가 될 수 있을 텐데.

사진은 끝내준다. 신호가 잡히는 대로 올려야겠다.

잠자는 마테오의 모습을 때마침 그 순간에 찍은 것도 마음에 든다. 그래 안다, 소름 끼친다는 거. 이미 인정하지 않았던가. 아무튼 마테오의 얼굴이 씰룩거리면서 왼쪽 눈이 움찔하는 순간을 포착해 낸 내가 대견하다. 어, 마테오의 표정이 심상치 않다. 숨소리도 거칠다. 떨고 있다. 이런 젠장, 이 인간, 간질 환자였나. 모르겠다, 이런 얘긴 한 적이 없는데. 진작 물어볼 걸 그랬다. 간질 발작에 어떻게 대처해야 하는지 아는 사람이 열차 안에 있을지도 모르니 큰 소리로 찾아보려 하는 순간, 마테오가 어눌하게 속삭이듯 "안 돼"라고 하더니 계속 같은 말을 웅얼거린다.

악몽을 꾸고 있구나.

내가 구해 줘야겠다. 난 마테오 옆에 앉아 그의 팔을 붙잡는다.

마테오

오전 10시 42분

루퍼스가 나를 흔들어 깨운다.

여긴 산이 아니라 다시 지하철이다. 전깃불도 다시 들어왔고 열차는 달리고 있다.

난 심호흡을 하고 창문을 돌아본다. 바윗덩어리며 머리 없는 새들이 맹렬히 날아들 거라 예상하기라도 하는 듯이.

"꿈자리가 사나웠나 봐?"

"스키 타는 꿈을 꿨어."

"내 얘기 때문이네, 미안. 꿈에선 무슨 일이 있었는데?"

"처음엔 내가 애들 슬로프를 타고 있었어."

"생초보들 타는 데?"

난 끄덕인다.

"그러다 급경사가 나타났어. 눈도 얼음에 더 가까웠고. 난 폴대를 놓치고 말았어. 찾으려고 몸을 돌렸는데 웬 바윗덩어리가 다가오는 거야. 난데없이 점점 더 커지기까지 해서, 옆의

260

눈 더미로 몸을 던져서 피하고 싶었는데, 그냥 굳어 버렸어. 더 아래쪽의 다른 경사로에 레고 안식처가 보이더라고. 그건 진짜 오두막처럼 컸지. 그래서 그쪽으로 방향을 틀려고 했는데 이번엔 스키가 없어져서 슬로프를 벗어나 날아갔어. 허공에 머리 없는 새 떼가 둥그렇게 빙빙 돌고, 난 추락했어. 계속, 계속, 계속."

루퍼스가 벙긋 웃는다.

난 말한다.

"재미있는 꿈이 아니거든?"

그가 내 쪽으로, 그의 무릎과 내 무릎이 닿도록 다가와 앉는다.

"넌 무사해. 오늘 바윗덩어리에 쫓기거나 눈 덮인 산에서 미끄러져 날아갈 걱정은 하지 않아도 돼. 내가 보장할게."

"다른 것들은?"

루퍼스는 어깨를 으쓱한다.

"너라면 머리 없는 새들하고도 잘 지낼 수 있을 거야."

그게 내 생애 마지막 꿈이었다니 기분이 참 더럽다.

심지어 좋은 꿈도 아니었는데.

델릴라 그레이
오전 11시 8분

〈인피니트 위클리〉가 하우이 말도나도의 마지막 인터뷰권을 따냈다.

델릴라는 그러지 못했다.

"하우이 말도나도에 대한 거라면 제가 다 알아요"라며 호소해 보지만 상사인 샌디 게레로에겐 씨알도 먹히지 않는다.

하우이 쪽에서 보낸 검은색 승용차로 향하며 샌디는 "자기 같은 생초보한테 이렇게 중요한 인터뷰를 맡기라고?"라면서 코웃음 친다.

델릴라는 항변한다.

"제가 최악의 구석 자리에서 구닥다리 컴퓨터로 일한다는 건 알지만요, 그렇다고 이 인터뷰에서 선배님을 보조할 자격이 못 된다는 뜻은 아니잖아요."

배은망덕하고 오만한 사람으로 비치겠지만 이대로 물러설 생각은 없다. 델릴라는 자신의 가치를 알고 그걸 활용해 이 바닥에서 클 작정이다. 이번 건에서는 특종 기사에 필자로서 이름을 박는 게 목표다. 업계에서 샌디가 차지하는 지위 때문에 하우이의 홍보 담당자가 〈피플〉이 아닌 〈인피니트 위클리〉를 낙점했는지 몰라도, 델릴라는 어릴 적부터 스콜피어스 호손에게 푹 빠져 책뿐 아니라 영화 여덟 편도 전부 다 봤고, 그러면서 영화라는 매체를 향한 애정을 키웠다. 시쳇말로 그냥 '덕후'에서 '성공한 덕후'가 된 것이다.

샌디가 차 문을 열고 선글라스를 벗더니 델릴라를 돌아보며 한마디 한다.

"하우이 말도나도가 마지막으로 죽는 사람은 아닐 거야. 자기한텐 잘된 일이지. 유명인들 꽁무니 쫓아다닐 시간은 앞으로 평생 남았잖아."

지난밤에 받은 데스캐스트 예고 전화가 떠오른다. 그런 저열한 장난을 치다니, 빅터의 수준이 얼마나 낮아졌는지 델릴라는 여전히 믿기지 않는다.

샌디는 델릴라의 머리 색을 한 번 더 지적한다. 델릴라는 갈색으로 염색하라던 선배 기자의 조언을 진즉 받아들이지 않은 것을 이제야 후회한다. 어떻게 해서든 지금 이 순간 그녀의 호의를 얻고 싶을 따름이다.

델릴라가 대뜸 묻는다.

"하우이가 MTV 무비 어워드에서 몇 번이나 수상했는지 아세요? 어렸을 적에 어떤 스포츠에서 두각을 나타냈는지는 아세요? 그럼 이런 건요? 하우이한테 형제자매가 몇 명인지? 몇 개 국어를 하는지?"

샌디는 대답하지 않는다.

델릴라가 대답한다.

"'최고의 악당' 상을 두 번 탔어요. 실력 있는 펜싱 선수였죠. 외동이에요. 영어랑 프랑스어에 능통하죠. 선배님, 제발요. 주제넘게 나서지 않는다고 약속할게요. 다시는 하우이를 만날 기회가 없을 거예요."

그의 죽음은 그녀의 경력에 다시없을 기회가 될 수 있다.

샌디는 고개를 저으며 한숨을 내쉰다.

"좋아. 그가 인터뷰에 응하겠다고는 했지만 장담은 못 해. 당연하지. 미드타운의 한 식당에 은밀한 자리로 예약은 해 놨고, 하우이 쪽 홍보 담당자 연락을 기다리는 중이야. 하우이도 인터뷰 장소에 동의하는지 확인해야 하니까. 아무리 빨라도 2시는 돼야 하우이를 만날 수 있어."

델릴라가 냉큼 차에 동승하려 하자 샌디가 손가락을 척 들고서 흔든다.

"아직 시간이 좀 있어. 하우이 책 있잖아, 그가 '쓴' 책, 그거 한 권만 찾아다 줘."

비꼬는 투가 워낙 역력해서 구태여 손가락 따옴표를 그리지 않아도 어딜 강조하는지 알겠다.

"하우이 서명이 있는 책을 가져다주면 아들내미한테 영웅 엄마가 될 거야."

샌디는 차 문을 닫고 차창을 내린다.

"내가 자기라면 1초도 낭비하지 않겠어."

차가 출발한다. 델릴라는 휴대전화를 꺼내 근처 서점 전화
번호를 검색하며 길모퉁이로 향하다 도로 경계석을 헛디디고
만다. 그녀는 그만 길바닥에 대자로 엎어지고, 하필 그때 다가
오던 자동차가 경적을 울려 댄다. 운전자가 급제동을 걸어 차
는 그녀의 얼굴에서 불과 60센티미터 떨어진 지점에 가까스로
멈춘다. 심장이 터질 듯 뛰고 눈물이 절로 차오른다.

그러나 델릴라는 살았다. 오늘은 그녀가 죽는 날이 아니므
로. 사람이 넘어지는 거야 늘 있는 일이고.

자신도 예외는 아니라고, 데커가 아니어도 넘어질 수는 있
다고, 델릴라는 속으로 되뇐다.

마테오

오전 11시 32분

에버그린스 묘지에 들어설 무렵, 하늘이 점점 흐려진다. 마지막으로 이곳을 찾았던 건 내가 열두 살 되던 해의 5월 둘째 주일요일 어머니날이었다. 어느 입구로 들어가야 어머니의 묘비로 가장 빨리 갈 수 있는지 기억나지 않으니 아무래도 좀 헤매야 할 것 같다. 갓 깎은 잔디 냄새가 바람에 실려 온다.

"루퍼스, 이상한 질문 하나 할게. 넌 사후세계라는 게 있다고 믿어?"

"이상한 질문은 무슨. 우리 곧 죽잖아."

"그러네."

"이상한 대답을 하지. 난 두 개의 사후세계가 있다고 믿어."

"두 개?"

"두 개."

"어떻게 두 개야?"

우린 묘비들 사이를 걷는다. 새겨진 이름이 더는 보이지 않을 정도로 닳아 버린 묘비가 상당수이고, 어떤 묘비들은 위로 십자가가 높이 솟아서 마치 바위에 검이 꽂힌 것처럼 보인다. 커다란 대왕참나무 아래를 지나며 루퍼스는 자기가 믿는 두 개의 저세상 이론을 내게 설명한다.

"있잖아, 난 우리가 이미 죽었다고 생각해. 모두는 아니고 데커들만. 데스캐스트처럼 터무니없는 게 현실일 리가 없어. 자신의 생애 마지막 날이 언제인지 미리 알고 여생을 제대로 산다? 순전히 판타지지. 데스캐스트가 오늘이 당신의 마지막 날인 걸 알고 충실히 살라고 말하는 게 첫 번째 사후세계가 열렸다는 신호야. 그렇게 우리가 여전히 살아 있다고 믿으면서 하루를 최대로 누리는 거지. 그리고 나서 아무런 후회도 없이 다음이자 최후의 사후세계로 들어가는 거야. 이해가 돼?"

난 끄덕인다.

"흥미로운걸."

아빠는 황금 문과 천국이라는 무난한 사후세계를 믿는다. 확실히 루퍼스의 이론이 아빠의 것보다 더 인상적이고 깊이 있다. 리디아의 지론처럼 그 평범한 사후세계라도 아예 없는 것보다는 낫지만.

"하지만 죽었다는 사실을 아는 게 더 낫지 않을까? 그러면 어떻게 죽을지 몰라 전전긍긍하면서 살지 않아도 되잖아."

루퍼스는 자전거를 끌고 아기천사 조각상을 에돌아가며 단호히 대답한다.

"천만에. 그러면 목적이 사라지잖아. 현실로 알아야 해. 위험이 두렵고 작별 인사도 거지 같아야 한다고. 그렇지 않으면 다 시시할 거야, 메이크어모멘트처럼. 제대로 산다면 하루가 딱 좋아. 더 오래 머무르면 귀신으로 변해서 사람들을 홀리거나 죽이겠지. 누가 그렇게 되고 싶겠냐."

우린 낯선 이들의 무덤가에서 웃음을 터뜨린다. 우리의 사후세계에 대해 대화하는 중이면서도, 우리도 결국 여기서 영면을 취하게 된다는 사실을 나는 한순간 잊고 만다.

"그다음 레벨은 뭐야? 승강기를 타고 올라가나?"

"아니. 시간이 다 됐으니 글쎄, 서서히 희미해지거나 해서 사라졌다가 이른바 '천국'이라는 데서 다시 나타나는 거지. 난 믿는 종교가 없어. 외계인 창조자가 존재하고 죽은 자들이 모이는 곳이 있다고 믿지만, 신이니 천국이니 하는 것들은 믿지 못하겠더라."

"나도! 신 얘기 완전 동감."

어쩌면 신 외에 루퍼스의 나머지 지론도 맞을지 모른다. 어쩌면 난 이미 죽었고, 새로운 것 이를테면 라스트 프렌드 앱을 과감히 시도한 데 대한 보상으로 '인생관을 뒤흔드는 짝꿍'을 만나 내 마지막 날을 함께 보내고 있는 것인지도 모른다. 어쩌면.

"루퍼스 네가 생각하는 사후 '후' 세계는 어떤 데야?"

"각자 원하는 대로 보이고 느끼는 세상. 무한하지. 천사며 후광이며 유령 개 같은 데에 빠져 있다? 괜찮아. 날고 싶다? 날

아. 제때 돌아오고 싶다? 그냥 자."

"평소에 생각 많이 했구나?"

"플루토 애들이랑 한밤중 수다를 좀 떨었지."

"환생이란 게 진짜 있으면 좋겠다."

단 하루로는 모든 걸 해결하기에 부족하다는 사실을 난 벌써 깨닫는 중이다. 단 한 번뿐인 이번 생도 부족했다. 묘비들을 건드려 보면서, 이들 중에 이미 환생한 사람이 있을까 생각해 본다. 어쩌면 내가 환생한 몸인지도. 그렇다면 전생의 내가 실망하겠지만.

"나도. 한 번 더 살아 보고 싶긴 한데, 기대는 하지 않아. 그러는 네가 생각하는 사후세계는?"

거의 다 왔다. 담청색 찻주전자처럼 생긴 커다란 무덤이 보인다. 그 무덤에서 몇 줄 뒤에 어머니의 묘비가 있다. 어렸을 적에 난 이 찻주전자 무덤을 지니의 램프라고 상상했다. 어머니가 살아 돌아오길, 우리 가족이 완전해지길 빌었지만 당연히 이루어지지 않았다.

"내 사후세계는 개인 극장이랑 비슷해. 전 생애를 처음부터 끝까지 다시 보는 거지. 음, 어머니가 당신 극장에 날 초대하신 걸로 할래. 그러면 내가 어머니의 인생도 볼 수 있겠지. 다만 나한테 상처가 될 만한 부분은 삭제되거나 까맣게 처리되거나 해서 보이지 않으면 좋겠어. 아니면 씻을 수 없는 상처를 내내 안은 채 사후세계에서 살아야 하잖아."

이 이야기를 들었을 때 리디아는 전적으로 동의하지는 않지만 조금 멋지다고 해 주었다.

"아! 그리고 거기엔 내가 말한 모든 것이 기록된 문서가 있어. 태어나서부터……."

마침 모퉁이에 이르러 내 이야기는 중단된다. 어머니 묫자리의 옆 공간에서 어떤 아저씨가 흙을 파고 묘지기가 묘비를 심고 있는데, 그 묘비에 내 이름과 생일, 사망일이 적혀 있다.

난 아직 죽지 않았는데.

손이 덜덜 떨려 내 안식처를 떨어뜨릴 뻔한다.

"나서부터 뭐……?"

이내 루퍼스도 내가 본 것을 본다.

"이런."

난 내 무덤으로 걸어간다.

무덤을 파는 시간이야 앞당겨질 수도 있지만 내가 예고를 받은 지 이제 겨우 열한 시간이 지났을 뿐이다. 최종 묘비는 며칠이 지나야 완성될 테지만 난 임시 묘비 때문에 화가 나는 게 아니다. 누구도 자신의 무덤을 파는 장면을 목격해서는 안 되는 법이란 말이다.

루퍼스가 내 인생관을 뒤흔들 짝꿍이라고 믿은 지 얼마나 됐다고 벌써 날 절망에 빠뜨리는가. 루퍼스가 자전거 손잡이를 놓는다. 자전거가 넘어지게 내버려 두고 무덤 파는 아저씨에게로 성큼성큼 걸어가 그의 어깨에 손을 얹는다.

"저기요. 저희한테 몇 분만 시간을 좀 주시죠?"

턱수염을 기르고 꼬질꼬질한 격자무늬 셔츠를 입은 그 아저씨가 나를 돌아본 다음 내 어머니의 묘비를 쳐다본다.

"이게 저 아이 엄마 무덤이냐?"

그러고는 다시 삽질을 시작한다.

"네. 그리고 지금 아저씨가 쟤 무덤을 파는 중이고요."

한차례 바람을 맞은 나무 잎사귀들이 사라락거리고 또 한 번의 삽질이 흙을 퍼 올린다.

"어이쿠. 내가 여기저기 애도를 뿌리고 다닌다만, 내가 멈춘 들 달라지는 건 없어. 내 일만 늦어질 뿐이지. 여기 일을 후딱 끝내야 또 다른 동네로 가서……."

"관심 없어요!"

루퍼스는 주먹을 말아 쥐고 한 발짝 물러선다. 설마 이 아저씨랑 싸울 셈인가.

"그러니까 부탁한다고요. 10분만 주세요! 가서 바로 이 자리에 있지 않은 누군가의 무덤을 파시라고요!"

내 묘비를 심던 다른 아저씨가 무덤 파는 아저씨를 끌고 간다. 둘 다 "요즘 젊은 데커들이란" 어쩌느니 저쩌느니 욕을 해 대지만 멀찍이 떨어진 채 다가오지 않는다.

두 아저씨와 루퍼스에게 고맙다고 말하고 싶지만 마음이 까부라지다 못해 현기증마저 느껴진다. 그래도 가까스로 버티어 내며 어머니의 묘비 앞에 선다.

에스트렐라 로자 - 토레즈

1969년 7월 7일 ~ 1999년 7월 17일

사랑받는 아내이자 어머니

우리의 마음속에 영원히

"잠시 엄마랑 단둘이 있어도 될까?"

난 뒤돌아보지도 않는다. 내 눈길은 어머니의 '최후의 날'이자 내 '최초의 날'에 박혀 버렸다.

"멀리 가지 않을게."

루퍼스는 말 그대로 멀리 떨어지지 않을지도 모른다. 어쩌면 겨우 1미터 반경 안에 머무를 수도 있고, 아예 지금 있는 데서 움직이지 않을 수도 있지만, 난 그를 믿는다. 내가 뒤돌아보면 그가 있을 것이다.

어머니와 나 사이의 모든 것이 돌고 돌아 제자리로 돌아왔다. 내가 태어난 날 어머니는 돌아가셨고, 이제 나도 곧 어머니 곁에 묻힌다. 모자 상봉. 여덟 살 때의 나는 겨우 아홉 달 동안 나를 품은 게 전부인 어머니를 '사랑받는' 어머니로 치켜세우다니 참 이상하다 싶었다. 10년이 지나면서 훨씬 철이 들었지만, 어머니를 어머니로 느끼면서도 머리로 이해하지는 못했다. 어머니는 한 번도 나와 놀아 준 적이 없었으니까. 첫걸음마를 떼고선 앞으로 고꾸라지는 나를 두 팔 벌려 품으로 받아 준다거나, 내게 신발 끈 매는 법을 가르쳐 준다거나, 하여간 어머니와 함께한 이런 추억이나 다른 어떤 추억도 없었으니까. 그러나 아빠가 완곡하게 일깨워 주었다. 어머니와 나 사이에 추억이 없는 것은 내가 난산으로, 아빠 표현으로는 "아주 어렵게" 태어났기 때문이라고. 어머니는 자신의 몸을 챙기기보다 내가 무사히 태어나길 원했다고. 그러니 분명 내 어머니는 '사랑받는 어머니'라 평가받을 자격이 있다.

난 어머니의 묘비 앞에 무릎을 꿇는다.

"나 왔어요, 엄마. 얼굴 보니까 좋죠? 엄마가 날 낳아 준 건 알지만, 가만 생각해 보면 여전히 우린 서로 낯선 사이예요. 엄마도 이미 생각해 봤겠죠. 개인 극장에서 정말 오랜 세월을 보내셨겠네요. 지금쯤 엔딩 크레딧이 올라가기 시작했으려나요. 엄마는 내가 어떤 간호사의 품에서 울어 대는 동안에 돌아가셨으니까요. 날 안고 있지 않았다면 그 간호사가 과다 출혈을 잡아 줄 수 있었을지도 모르는데요. 글쎄요…… 날 살리려고 엄마가 죽어야 했다니 정말 미안해요, 진심이에요. 마침내 내가 죽으면 엄마가 경비대를 보내 근처에 얼씬도 못 하게 하실까 봐 걱정이에요.

물론 엄마는 그런 분이 아니죠. 아빠한테 들어서 알아요. 제외할머니가 돌아가시기 며칠 전에 엄마가 병문안을 갔던 때의 일도 알아요. 제가 좋아하는 이야기죠. 외할머니랑 같은 병실을 쓰시던 치매 할머니가 엄마한테 그렇게 자기 비밀을 얘기해 주겠다고 하셨다면서요. 그 비밀인즉 단것을 워낙 좋아해서 어린 자녀들 몰래 초콜릿을 숨겨 놓곤 했었다는 건데, 엄마는 이미 수십 번을 들어 다 아는 얘기인데도 계속 '네, 들려주세요'라고 대답하셨다고요."

난 묘비 앞면에 손바닥을 대 본다. 거기가 엄마의 손을 잡을 수 있는 가장 가까운 곳이다.

"엄마, 거기 가면 나도 사랑을 찾을 수 있을까요? 여기선 기회가 없었거든요."

엄마는 묵묵부답이다. 나를 감싸는 신비로운 온기도, 바람을 타고 들려오는 목소리도 없다. 하지만 괜찮다. 곧 대답을 들을 수 있을 테니까.

"마지막으로 오늘 하루만 더 날 굽어봐 주세요, 엄마. 루퍼스는 우리가 죽을 준비가 된 줄 알지만 난 아니거든요. 오늘 내 인생이 바뀌길 바라고 있지요. 나중에 봐요."

이만 일어나 내 무덤이 될 구덩이 쪽으로 돌아선다. 깊이는 1미터가 채 되지 않고 반듯하지도 않다. 난 그 안으로 들어가 쪼그려 앉고는 아직 미완성이라 울퉁불퉁한 옆면에 머리를 기댄다. 무릎에 레고 안식처를 얹어 두니, 영락없이 공원에서 블록 장난감을 가지고 노는 꼬마처럼 보인다.

"나도 끼워 주라."

루퍼스다.

"한 사람 들어올 공간밖에 없어. 넌 네 무덤에서나 놀아."

루퍼스는 다짜고짜 들어와 내 발을 툭툭 차서 밀치면서 제 몸을 욱여넣다가 급기야 한쪽 다리를 내 다리에 포개어 올리고서 기어이 끼어 앉는다.

"난 무덤 없어. 가족들처럼 화장될 거야."

"가족들 유골은 아직 보관 중이야? 어딘가에 뿌려 드리자. 카운트다우너스에서 '유골과 헤어지기'라는 게시판이 진짜 인기 절정인데……."

"플루토 애들이랑 같이 정리했어, 한 달 전에."

루퍼스가 내 말을 자른다. 얼굴도 모르는 온라인 속 사람들 얘기를 자꾸 꺼내는 건 아무래도 자제해야겠다. 루퍼스가 이어 말한다.

"전에 살던 집 밖에다 뿌렸지. 그러고 나서 나는 공허한 기분에 미칠 뻔했지만 어쨌든 이제 부모님과 누나는 집에 있으니까. 내 재는 플루토 애들이 처리할 텐데 다른 데다 뿌려 주면 좋겠네."

"생각하는 데라도 있어? 플루토?"

"아리엘 공원."

"나 그 공원 되게 좋아하는데."

"거길 어떻게 알아?"

"어릴 적에 아빠랑 자주 갔어. 거기서 아빠가 구름의 종류를 가르쳐 줬어. 난 그네를 타면서 하늘로 솟을 때마다 저건 무슨 구름이라고 소리쳤지. 넌 거기가 왜 좋은데?"

"몰라. 어쩌다 보니 자주 가게 됐어. 일단 내 인생 첫 키스

장소가 거기였어. 상대는 캐시라는 여자애였지. 가족을 잃고
나서도 갔고, 처음으로 자전거 마라톤 대회를 치르고 나서도
갔고."

자, 이게 지금 우리의 모습이다. 가랑비가 내리기 시작한 묘
지, 파다 만 무덤 구덩이에 끼여 앉아 마치 오늘 죽지 않는 사
람들처럼 각자의 이야기를 주고받는 두 소년. 마음 편히 현실
을 잊은 이 순간 덕에 난 남은 오늘을 향해 나아갈 수 있다.

"또 이상한 질문 좀 할게. 루퍼스 넌 운명을 믿어?"

"또 이상한 답변을 하지. 난 두 개의 운명이 있다고 믿어."

"진짜?"

루퍼스는 빙긋 웃는다.

"아니. 하나도 믿지 않아. 넌?"

"운명이 아니면 너랑 내가 만난 걸 뭘로 설명하겠어?"

"우리 둘 다 앱을 설치했고, 서로 만나기로 동의했다고."

"하지만 우릴 봐. 난 엄마를, 넌 부모님을 여의었지. 우리 아
빠는 의식불명이고. 부모님이 계셨다면 우린 라스트 프렌드에
프로필을 올리지도 않았을 거야."

그 앱의 주 이용자는 10대가 아닌 성인들이다.

"두 개의 사후세계를 믿는다면, 우주를 꼭두각시 부리듯 하
는 조종자가 있다고 믿을 수도 있잖아. 안 그래?"

빗줄기가 굵어진다. 루퍼스는 고개를 끄덕끄덕하고는 먼저
일어나 내게 손을 내민다. 난 그 손을 잡는다. 무덤에서 벗어

날 수 있도록 내게 도움의 손길을 내미는 루퍼스의 모습이 시적인 감동을 안긴다. 구덩이를 빠져나온 나는 옆자리로 가서 어머니 묘비에 새겨진 이름에 입맞춤하고 판석 위에 레고 안식처를 놓아둔다. 그리고 돌아서는 순간, 루퍼스가 내 사진을 찍는다. 정말이지, 순간을 포착하는 데 비상한 재주가 있는 놈이다.

마지막으로, 내 묘비로 눈길을 던진다.

여기 누운
마테오 토레즈,
1999년 7월 17일

곧 저기에 내 사망일도 새겨지겠지. 2017년 9월 5일.

비문도 새겨져야 한다. 당장은 비워 둬도 괜찮다. 어떤 문장이 적힐지 아니까. '모두를 위해 살다 잠들다.' 그 비문이 거짓되지 않도록 최선을 다할 작정이다. 묘비의 글씨들은 세월에 닳아 희미해질지언정, 언제까지나 진실로 남으리라.

루퍼스가 끌고 가는 자전거 바퀴가 질척한 진흙 바닥에 기다랗게 파인 자국을 남긴다. 나도 뒤따라가는데, 내 어머니와 미완성인 내 무덤으로부터 한 걸음 한 걸음 멀어질수록 마음이 점점 무거워진다. 아주 금방 돌아올 것을 알기 때문에.

루퍼스가 말한다.

"운명 얘기, 너한테 설득당했어. 네가 생각하는 사후세계 얘기를 마저 해 줘."

난 남은 이야기를 시작한다.

3

시작

인간은 죽음을 두려워할 것이 아니라,
삶을 시작하지 못함을 두려워해야 한다.

— 마르쿠스 아우렐리우스, 로마 황제

마테오

오후 12시 22분

열두 시간 전, 오늘 내가 죽는다고 예고하는 전화를 받았다. 아빠와 절친과 대녀에게는 나 마테오 나름의 방식으로 거하게 작별 인사를 했지만, 가장 중요한 작별 인사는 과거의 마테오, 우리한테 적대적인 세상으로 내 '마지막 친구'와 함께 나올 때 집에 남겨두고 온 그 녀석에게 한 것이다. 루퍼스는 내게 무척이나 많은 것을 해 주었다. 그러니 나도 그를 뒤쫓는 악이 무엇이든 기꺼이 함께 맞서 싸울 것이다. 단, 판타지 소설처럼 화염검이나 별을 쏘는 십자가에 맞서는 건 무리겠지만. 루퍼스의 동행이 내게 도움이 되었듯 어쩌면 내가 곁에 있는 것도 그의 마음속 상처를 아물게 하는 데 도움이 될 수 있지 않을까.

열두 시간 전, 오늘 내가 죽는다고 예고하는 전화를 받았다. 그리고 지금 난 그때의 나보다 더 생생하게 살아 있다.

루퍼스

오후 12시 35분

마테오가 가려는 데가 어디인지 모르겠지만, 아무래도 좋다. 비는 그쳤고, 난 돌아오는 지하철에서 꿀잠을 잔 덕에 다시 기운이 넘치니까. 꿈을 꾸지 않은 건 애석하지만, 악몽도 꾸지 않았다. 얻는 게 있으면 잃는 것도 있는 법.

세계여행 체험장은 아닐 것이다. 마테오 말마따나 이 시간대엔 미치게 붐비고, 앞으로 몇 시간 더 살기로 예정돼 있다면 줄 서면서 거의 죽어 갈 공산이 크니까. 체험장 인파가 상당수 빠져나가길 기다려야 한다. 고약한 생각이지만 틀린 생각은 아니다. 하여간 뭘 하든 메이크어모멘트처럼 쓸데없는 시간 낭비는 아니어야 할 텐데. 마테오 녀석이 하고 싶은 일이라면 보나 마나 자선 행위겠지. 아니면 나 몰래 문자메시지로 에이미랑 만날 약속을 잡아 놓았을지도. 내가 저세상으로 가기 전에 에이미와 화해할 기회를 주려고 말이다.

여기 첼시에, 부둣가 공원에 온 지 꼬박 10분이 지났다. 보행자와 조깅하는 사람들 다니라고 만든 길로 자전거를 끌고 걸어 다니는, 내가 싫어하는 짓을 지금 내가 하고 있다. 진심, 내 악업이 쌓이는 소리가 들리는 듯하다. 마테오가 부두 쪽으로 가자고 손짓하지만, 난 그대로 서 버린다.

"왜, 날 강에다 던져 버리게?"

"내가 널 들어 올리면 체감상 네 몸무게에다 20킬로그램은 더 없는 것 같을걸? 못 던지니까 안심해. 너희 부모님이랑 누나의 유골을 뿌리고도 딱히 나아진 게 없다고 했잖아. 어쩌면 여기서 뭔가 마무리를 지을 수 있지 않을까 싶어서."

"사고는 북부로 올라가던 길에 난 건데?"

우리 차는 황당하게도 도로 난간을 들이받고 뒤집히며 강으로 곤두박질쳤다. 그 난간은 어찌됐으려나. 지금쯤 싹 보수돼 있으면 다행이지만, 누가 알겠나.

"꼭 사고 현장일 필요는 없어. 같은 강이니까 이 정도로도 효과가 있겠지."

"마무리가 군이 필요한가 싶은데, 난."

"나도 확신이 있는 건 아니야. 정 불편하면 그냥 딴 데로 가서 딴 걸 해도 돼. 난 묘지에서 의외로 마음의 평화를 얻었거든. 너도 그런 놀라운 경험을 하면 좋을 것 같아서."

난 어깨를 으쓱한다.

"이미 왔잖아. 까짓것 놀라운 경험 좀 해 보지 뭐."

부두에 매인 배가 없어 텅 빈 주차장처럼 넓고 휑하다. 7월에 에이미와 타고가 강가 조각상들을 보고 싶다고 해서 같이 요 근처지만 좀 더 북쪽인 부둣가에 들렀었고, 그때 식중독에 걸려 함께할 수 없었던 맬컴까지 합세해 그다음 주에 또 한 번 왔었다.

우린 부두 위를 걷는다. 널빤지로 지어진 부두였으면 불안해서 발을 내딛지 못할 텐데 다행이다. 이 부두는 내 발아래로 무너져 버릴 것처럼 삐걱대지도 않고 전부 시멘트에다 매우 견고하지만, 낙관주의가 뒤통수를 친다는 데 누구든 1달러를 걸고 싶다면 말리지 않겠다. 아무래도 마테오의 편집증에 감기 같은 전염성이 있나 보다. 이윽고 우린 부두 끝에 이른다. 난 회색 난간을 붙들고 상체를 쭉 내밀어 강 물결이 제 할 일을 하는 것을 바라다본다.

마테오가 묻는다.

"기분이 어때?"

"오늘 전체가 장난인 것 같아. 세상이 나를 놀리는 거지. 알고 보면 너도 배우고, 엄마, 아빠, 누나에 플루토 애들까지 금방이라도 승합차에서 우르르 내려 날 놀라게 할 것 같아. 딱히 화가 나지도 않을 거야. 모두 반갑게 포옹하고 나서 싹 다 죽여야지."

생각하니 재미있다. 다 죽인다는 부분만 빼고.

마테오가 한마디 한다.

"화가 머리끝까지 날 거란 소리로 들리는데."

"온 가족이 날 떠나 버린 것에 화를 내며 너무 오랜 시간을 보냈어. 다들 툭하면 생존자의 죄책감이 어쩌고저쩌고 떠들어 대잖아. 물론 이해는 해, 하지만……."

이 얘기는 플루토 식구들, 심지어 여자친구였던 에이미한테도 한 적이 없다. 너무 끔찍해서.

"하지만 있잖아, 가족을 저버린 건 나야. 가라앉는 차에서 탈출하고 수영까지 해서 살아남은 놈은 바로 나라고. 아직도 생각해. 그게 진짜 나였는지 아니면 엄청나게 강한 반사 작용이었는지 모르겠거든. 그러니까, 뜨거운 난로에 맨손을 대면 내 의지랑은 상관없이 두뇌가 손을 떼게 하잖아. 데스캐스트가 내 명을 재촉하지 않았어도 난 얼마든지 우리 가족이랑 같이 익사할 수 있었어. 내가 그토록 쉽게 죽음의 문턱에 이를 수 있었다면, 어쩌면 우리 가족도 예고 따위 무시하고 살아 내기 위해 더 애썼어야 하는 거 아냐? 어쩌면 데스캐스트가 틀렸어야 하는 거 아니냐고!"

마테오가 다가와 내 어깨에 손을 얹는다.

"자책하지 마. 카운트다우너스에 자기는 특별하다고 자신하는 데커들 전용 게시판이 있어. 데스캐스트가 전화하면 그냥 끝이야. 게임 오버라고. 너도 그분들도 어쩔 수 없었어. 뭘 어떻게 했어도 결과는 달라지지 않았을 거야."

난 그의 손을 탁 쳐 낸다.

"내가 운전했으면 달라졌을걸? 누나가 그러자고 했었어. 어차피 내가 계속 붙어 다녔으니까. 그랬으면 '데커의 손'이 운전대를 잡지 않았겠지. 하지만 그때 난 너무 긴장했고 너무 화가 났고 너무 외로웠어. 내가 운전대를 잡았다면 몇 시간이라도 더 벌어 줄 수 있었을 거야. 상황이 나빠 보여도 어쩌면 다들 포기하지 않았을 거야. 그거 알아? 내가 차에서 빠져나오니까 다들 그냥 앉아 있더라. 살겠다는 투지가 없었어."

다들 나를 무사히 내보내는 데만 신경을 썼다.

"뒷좌석에 있던 아빠가 즉시 나 있는 쪽 문으로 손을 뻗었어. 엄마도 그랬고. 난 문을 열 수 없었어. 손이 어딘가에 꼈거나 그래서가 아니었어. 빌어먹을 차가 강물로 뛰어드는 통에 한동안 멍했지만, 금세 정신을 차렸단 말이야. 그런데 나머지 식구들은 아니었어. 내 쪽 문이 열리고 나니 다 포기해 버리더라고. 누나는 아예 탈출할 생각도 없어 보였어."

구급대가 강에서 차를 끌어내는 동안 나는 표백제 냄새가 나는 큰 수건을 몸에 두르고서 구급차 뒤쪽에 갇힌 채 기다려야 했다.

마테오는 고개를 푹 숙인 채 말한다.

"넌 잘못한 게 없어……. 잠시 혼자 있을 시간을 줄게. 난 멀리 가지 않고 기다릴 거야. 네가 원하는 게 이거이길 바란다."

그는 내 대답을 기다리지 않고 내 자전거까지 챙겨 자리를 뜬다.

'잠시'로는 충분하지 않을 것 같다. 결국 난 무너지고 만다.

지난 몇 주를 통틀어 가장 서럽게 목 놓아 울면서, 주먹으로 난간을 망치질하듯 마구 내려친다. 그렇게 계속, 계속해서 난간을 때린다. 우리 가족이 죽었기 때문에 때리고, 나의 절친들이 유치장에 갇혔기 때문에 때리고, 내 전 여자친구가 우리를 배신했기 때문에 때리고, 끝내주는 새 친구를 사귀었는데 그 친구와 함께 보낼 수 있는 시간이 만 하루도 못 되기 때문에 때린다. 그러다 멈추고는, 십 대 일로 거창하게 한 판 붙은 사람처럼 숨을 거칠게 몰아쉰다. 허드슨강은 사진 찍고 싶은 마음도 없다. 그대로 몸을 돌려 강을 등진 채로, 내 자전거를 밀면서 의미 없이 주변을 배회하는 마테오를 향해 걸어간다.

"마테오 네가 이겼다. 썩 괜찮은 생각이었어. 아까 툭툭거려서 미안."

맬컴이라면 뻐길 테지만 녀석은 그러지 않는다. 배틀십(Battleship, 빙고류 보드게임의 일종—옮긴이)을 이길 때마다 에이미가 그랬듯이 날 조롱하지도 않는다.

"툭툭거릴 '필요'가 있었지."

마테오는 계속해서 뱅뱅 돌기만 한다. 보고 있자니 조금 어지러울 정도다.

"맞아."

"또 툭툭거려야겠으면 나한테 해. 인생의 '마지막 친구'잖아."

델릴라 그레이
오후 12시 52분

델릴라는 기적적으로 하우이 말도나도의 공상과학 소설 《본베이의 사라진 쌍둥이》를 보유한 시내 유일의 서점으로 달려간다.

도로 경계석에서 멀찍이 떨어져서, 커다란 운동용 가방을 메고 가다 그녀에게 추파를 던지는 탈모 초기의 아저씨를 무시하고, 자전거 한 대를 끌고 가는 두 소년도 지나쳐 급히 내달린다. 그녀가 도착하기 전에 인터뷰가 시작되지 않기를 빌다가, 문득 하우이 말도나도의 하루뿐인 여생에는 더 중요한 이해관계들이 존재한다는 사실이 떠오른다.

빈 피어스
오후 12시 55분

빈 피어스는 오전 12시 2분에 데스캐스트로부터 전화를 받아 오늘 죽는다는 소식을 들었는데, 그다지 놀라운 소식은 아니었다.

빈은 자길 무시한 총천연색 머리칼의 미인 아가씨한테 화가 나고, 영영 결혼을 못 하는 것도 분하고, 새벽 내내 네크로에서 자길 거절한 여자들 모두한테 열이 받는다. 꿈을 방해한 전 코치한테 분노가 치밀고, 그가 작정한 파괴의 길을 방해하는 두 꼬맹이한테도 화딱지가 난다. 자전거 선수처럼 입은 녀석은 왜 그렇게 느린지! 자전거를 '끌면서' 걷느라 인도의 공간을 다 차지한다. 아니, 자전거란 타라고 있는 건데! 손수레처럼 질질 끌고 다니는 게 아니란 말이다. 빈은 앞뒤 잴 것 없이 그냥 돌진해 녀석의 어깨를 제 어깨로 밀친다.

녀석은 입술을 일그러뜨리며 욕을 내뱉으려 하지만, 같이 있던 다른 꼬맹이가 녀석의 팔을 잡고 말린다.

상대가 겁먹으면 빈은 기분이 좋다. 바깥세상에서 남을 위협하는 것도 즐겁지만, 사각 링 안에서 그럴 때가 가장 짜릿하다. 빈 본인은 약해졌다는 사실을 인정하지 않았지만 4개월 전부터 근육통을 느끼기 시작했다. 역기 들기가 힘에 부치고 성적도 신통치 않았다. 한 세트에 스무 번씩 거뜬히 해내던 턱걸이도 세트당 네 번으로 줄었는데, 이것도 그나마 몸 상태가 괜찮을 때의 얘기였다. 급기야 코치는 경기를 뛰는 게 불가능하다며 그의 출전을 무기한 정지시켰다. 병사는 가족력이다. 아버지는 몇 년 전 다발성경화증 진단을 받고서 돌아가셨으며, 고모는 파열성 자궁외임신으로 세상을 떴고, 그 밖에도 여러 친척이 이런저런 병으로 죽었다. 그렇지만 빈은 그들보다 더 낫고 강하다는 확신이 있었다. 세계 챔피언들이나 억 소리 나는 부자들처럼 자기도 위대한 인물이 될 운명임을 믿어 의심치 않았었다. 그러나 만성 근육 질환에 발목을 잡혀 그는 전부를 잃었다.

차세대 헤비급 세계 챔피언을 꿈꾸며 7년을 쏟아부은 체육관에 들어서자, 땀 냄새와 더러운 운동화들이 무수한 기억을 불러일으킨다. 지금 중요한 기억은 오직 하나, 코치가 개인 보관함을 비우라고 하면서 다른 길을 찾아보라고, 이를테면 링사이드 해설가나 코치로 전향하라고 제안했던 기억뿐이다.

그건 모욕이었다.

빈은 아무도 몰래 발전실로 숨어 들어가 운동 가방에 넣어

온 사제 폭탄을 꺼낸다.

　빈은 현재의 그를 만든 곳에서 죽을 것이다. 단, 혼자 죽지
는 않는다.

마테오

오후 12시 58분

서점을 지나다 진열창을 들여다보니 고전 소설과 신간 도서가 아동용 의자에 놓여 있는 게 마치 책들이 대기실에 모여 앉아 누군가에게 팔리고 읽히길 기다리는 듯하다. 운동 가방을 멘 아저씨하고 시비가 붙을 뻔하고서 분위기가 무거워졌으니 가볍게 기분 전환용으로 둘러봐도 괜찮지 않을까.

루퍼스가 진열창 사진을 찍는다.

"들어가 볼까?"

난 다짐한다.

"길어도 20분은 넘기지 않을게."

우리는 '열린 서점'으로 들어간다. 희망적인 서점 이름이 마음에 쏙 든다.

여길 들어올 생각을 하다니 최고로 최악이다. 이 많은 책 중 단 한 권도 제대로 읽을 시간이 없지 않은가. 하지만 이 서점에는 생전 처음 와 봤다. 책은 대부분 택배로 받거나 학교 도서관에서 빌린다. 어쩌면 책 선반이 무너지면서 내가 책에 깔려 죽도록 예정돼 있는지도 모른다. 고통스럽겠지만, 최악의 죽음은 아닐 거다.

책장 꼭대기에 얹힌 골동품 시계에 한눈을 팔면서 걷다가 허리 높이의 탁자에 부딪히는 바람에 거기 진열돼 있던 신학기 도서들이 와르르 넘어진다. 내가 얼른 사과하자 서점 주인(명찰을 보니 이름이 '조엘'이다)은 괜찮다면서 나를 도와 책들을 다시 세워 놓는다.

루퍼스는 자전거를 서점 앞에 세워 두고 나를 따라 다닌다. 나는 직원 추천사를 읽는다. 온갖 분야의 찬사가 온갖 손 글씨체로 적혀 있는데, 몇몇 글씨체는 유독 가독성이 좋다. 슬픈 내용은 피하고 싶지만, 두 권이 내 눈길을 끈다. 하나는 논란을 일으킨 캐서린 에버렛-헤이스팅이 쓴 전기 《안녕, 내 오랜 친구 데보라》이고, 나머지 하나는 화제의 베스트셀러 안내서 《뜻밖의 죽음을 앞둔 당신과 나누는 죽음에 대한 대화》인데 저자가 아직도 살아 있다. 나로서는 이해가 되지 않는다.

스릴러와 청소년 소설 분야에는 내가 좋아하는 책이 많다.

로맨스 소설 진열대도 구경한다. 열 권 남짓한 책이 '책과의 소개팅'이라 도장 찍힌 갈색 종이로 포장돼 있다. 책마다 독자의 관심을 끌 만한 최소한의 단서만 노출돼 있다. 온라인에서 마주치는 누군가의 프로필처럼. 라스트 프렌드 앱처럼 말이다.

"소개팅 해 본 적 있어?"

루퍼스가 묻는다.

뻔히 알면서. 그래도 궁금한 척하는 아량을 베푸는 거다.

"아니. 기회가 없었어. 다음 생에는 가능하려나."

짝사랑은 여러 번 해 봤다. 책이나 TV 드라마 속 인물이었다고 고백하자니 너무 창피해서 그렇지.

"아마도."

왠지 더 할 말이 있는 것 같다. 섹스와 사랑은 별개가 아니니 네크로에 가입해서 총각 귀신이 되지 말라는 둥 실없는 농담을 하고 싶은지도. 그러나 루퍼스는 아무 말도 하지 않는다.

내가 잘못 알았나.

"너는 에이미가 첫 여자친구였어?"

가볍게 질문을 던지면서, 종이로 감싼 책을 한 권 집어 든다. 겉면에 달아나는 범죄자 그림이 있는데, 범죄자가 들고 있는 터무니없이 큰 에이스 하트 카드에 '마음 도둑'이라 적혀 있다.

루퍼스는 뉴욕 그림엽서가 꽂힌 회전 진열대를 만지작거리며 대답한다.

"정식으로 사귄 건 걔가 처음이었지. 전에 다니던 학교에서도 같은 반 친구들을 좋아한 적은 있어. 걔들하곤 잘 안 됐지만 난 노력했다고. 넌 누군가랑 아주 가까워진 적 있어?"

그는 회전 진열대에서 브루클린 다리 엽서를 뽑는다.

"그 친구들한테 엽서 한 장씩 보내도 괜찮겠네."

엽서라.

난 빙긋 미소 지으며 하나, 둘, 넷, 여섯, 열두 장을 고른다.

"이런, 완전 사랑꾼이었네."

루퍼스가 놀리듯 말한다.

난 계산대로 향한다. 이번에도 조엘이 날 맞이한다.

"엽서 부쳐야 하잖아? 플루토 식구들, 반 친구들……."

난 일부러 모호하게 말한다. 계산대 앞에 선 손님이 열일곱, 열여덟 살에 죽는다는 사실을 조엘에게 굳이 알리고 싶진 않다. 괜히 이 사람의 하루를 망치지는 않으련다.

루퍼스가 말한다.

"걔네 주소도 모르는데."

"학교로 보내. 졸업생들 주소는 다 있을걸."

이건 내가 하고 싶은 일이다. 난 미스터리 소설책 한 권과 엽서들을 사고 조엘에게 고맙다고 인사한 뒤 서점을 나선다. 루퍼스는 말을 거는 것이 인간관계의 핵심이라고 했다. 물론 엽서로 할 수도 있지만, 또한 나는 목소리를 이용해야 한다.

나는 다시 한번 엽서들을, 여기 살면서 한 번도 가 본 적 없는 장소들을 눈으로 훑는다.

"아홉 살 때, 아빠한테 사랑이 어디에 있느냐고 귀찮게 물어봤어. 내 손이 닿지 않은 소파 밑이나 옷장 위에 있는 건가 했지. 아빠는 '사랑은 네 안에 있다'거나 '어디에나 있다'고는 하지 않았어."

루퍼스는 자전거를 타고서, 나는 걸어서 나란히 어느 체육관 앞을 지나간다.

"그거 혹하네. 뭐라고 하셨는데?"

"사랑은 초능력인데, 누구에게나 있지만 아무나 제어할 수는 없다고 했어. 특히 나이가 들수록 제어하기 어려워진다고. 간혹 그게 제멋대로 날뛰는 경우가 있는데, 혹여 전혀 예상하지 않았던 사람한테 꽂힌다 해도 두려워하면 안 된댔어."

얼굴이 화끈거린다. 이런 얘길 입 밖에 내선 안 되는 건데. 어째서 내겐 상식이라는 초능력이 없는 걸까.

"바보 같은 얘기였지. 미안."

루퍼스는 자전거를 멈추더니 싱긋 웃는다.

"아냐, 난 좋았어. 재미있는 얘기 고맙다, 초능력 마테오."

"실은 메가 마스터 마테오 맨이야. 보조라면 똑바로 알아야지."

엽서에서 눈을 떼고 루퍼스를 쳐다본다. 눈이 정말 마음에 든다. 갈색 눈동자, 얼마간 쉬었다 해도 여전히 피로해 보이는 눈빛까지.

"루퍼스, 사랑이 사랑인 건 어떻게 알아?"

"난······."

유리창이 산산이 깨지고 우린 뒤로 날아간다. 불길이 울부짖는 군중을 향해 뻗어 간다.

'이거구나.'

내 몸이 어느 차의 조수석 바깥 면과 세게 부딪히면서 어깨가 사이드미러를 박살 낸다. 눈앞이 점차 흐려지고⋯⋯. 어둠, 불길, 어둠, 불길. 고개를 돌리니 목에서 우두둑 소리가 난다. 루퍼스가 옆에 있다. 멋진 갈색 눈이 눈꺼풀에 덮여 있다. 그의 주변엔 내가 산 엽서들이, 브루클린 다리, 자유의 여신상, 유니언 스퀘어, 엠파이어 스테이트 빌딩이 흩어져 있다. 난 그에게로 기어가 잔뜩 긴장한 채 손을 뻗는다. 가만히 손목을 대보니 심장 박동이 느껴진다. 그의 심장도 내 심장처럼 끈질기게, 더구나 이런 혼돈 속에 멎기는 싫다는 듯 필사적으로 뛰고 있다. 둘 다 호흡이 불규칙하고 불안하며 겁먹고 놀랐다. 도대체 무슨 일이 벌어진 걸까. 루퍼스는 눈을 뜨려 안간힘을 쓰는 것 같다. 사람들은 비명을 질러 댄다. 그러나 모두가 아우성인 건 아니다. 얼굴을 시멘트 바닥에 대고 널브러진 채 미동도 없는 사람들이 있다. 힘겹게 몸을 일으키는 총천연색 머리의 어느 아가씨 옆에 또 다른 아가씨가 보인다. 다만 그 아가씨의 눈은 하늘을 바라보고 그녀가 흘리는 피가 빗물 웅덩이를 벌겋게 물들인다.

루퍼스

오후 1시 14분

요! 열두 시간 좀 더 전에 데스캐스트 알리미라는 작자가 내게 내일을 맞이할 가망이 없다고 선언했다. 지금 난 우리 가족이 다 죽었을 때 구급차 뒤 칸에서 그랬던 것처럼 도로 경계석에 무릎을 끌어안고서 앉아 있다. 여름철 블록버스터 영화에서나 볼 법한 폭발 사고를 겪다니, 그야말로 살 떨리는 일이다. 경찰차며 구급차 사이렌이 요란하게 울려 대고, 소방관들은 체육관을 휘감은 불길을 잡으려 분투 중이지만, 어떤 사람들에겐 다 때늦은 노력일 뿐이다. 데커들은 특수한 옷깃을 달든지 특수한 재킷을 입든지, 하여간 티를 내서 한곳에 많이 몰리지 않도록 해야 한다. 1~2분만 느렸어도 나와 마테오가 당했을지 모를 일이다. 어쩌면 그렇게 죽어 버렸을 수도 있다. 아닐 수도 있지만. 하지만 이것만은 확실히 안다. 그러니까 난 열두 시간 좀 더 전에 내가 오늘 죽는다고 예고하는 전화를 받았고 내 딴에는 그 소식을 의연하게 받아들였다고 생각했지만, 지금 이후엔 또 무슨 일을 겪을지 내 평생 이보다 더 무서운 적이 없었다.

마테오

오후 1시 28분

불길은 잡혔다.

내 배는 먹을 것을 넣어 달라고 20분째 아우성이다. '최후의 날'을 잠시 정지시키고 귀중한 시간을 낭비할 필요 없이 또 한 번 식사를 할 수 있을 것처럼. 다른 데커들을 끝장낸 폭발 사고로 루퍼스와 나도 죽을 뻔하지 않았던 것처럼.

목격자들이 경찰에 한창 진술을 하고 있는데, 대체 저들이 무슨 말을 할 수 있을까 싶다. 체육관을 날려 버린 폭발은 그야말로 난데없이 일어났는데.

루퍼스, 자전거, 서점 쇼핑백 옆에 앉는다. 주변에 마구 흩어져 버린 엽서들은 그냥 땅바닥에 붙어 있게 내버려 두자. 자루 안에 들어가 시체 안치소로 이동 중인 데커들이 있는 마당에 엽서고 자시고 뭘 쓰고 싶은 생각도 쏙 들어갔다.

난 오늘을 신뢰할 수 없다.

루퍼스

움직여야겠다.

지금 가장 하고 싶은 일은 플루토 애들과 마주 앉아 시답잖은 얘기나 나누는 것이지만, 이 기분을 벗어 던지기에 그다음으로 좋은 일은 자전거 타기다. 부모님과 누나를 먼저 보내고서, 에이미한테 차이고서, 오늘 새벽에 펙을 두드려 패다 예고 전화를 받고 나서도 자전거를 탔다. 일단 혼돈의 현장을 벗어난 다음 자전거에 올라 브레이크를 잡는다. 마테오는 내 시선을 피한다.

"타라, 제발."

프로레슬링 선수처럼 허공에 내던져진 이후 처음으로 입을 뗀 거다.

마테오는 여전하다.

"싫어. 미안하지만 위험해서 안 돼."

"마테오."

"루퍼스."

"야, 마테오."

"아, 싫다니까."

"진짜 부탁이다. 자전거를 타야 불안감이 덜할 텐데 널 두고 가긴 싫단 말이야. 우린 살아야 하잖아, 그치? 이게 우리 둘 다 한테 어떤 결과를 안길지 모르지만, 나중에 돌이켜볼 때 시간을 허비했다며 후회할 일은 없으면 좋겠어. 이건 언젠가 깨어 나면 그만인 꿈이 아니니까."

달리 뭘 할 수 있을까. 무릎 꿇고 빌기라도 할까? 내키지 않지만, 녀석의 마음을 움직일 수 있다면 무릎이라도 꿇을 용의가 있다.

마테오는 멀미라도 나는 듯 창백하다.

"천천히 가, 알았지? 내리막길은 피하고 물웅덩이 가운데로 가지도 마."

"약속할게."

마테오는 마다하지만, 난 억지로 헬멧을 떠안긴다. 자전거 위에서라면 누가 뭐래도 나보다 얘가 더 위험하니까. 마테오는 헬멧을 쓰고 끈을 조인 뒤 서점 쇼핑백을 자전거 손잡이에 걸고 본인은 뒷바퀴 발 받침을 딛고 올라 내 어깨를 붙잡는다.

"너무 꽉 잡았나? 혹시라도 떨어질까 봐, 헬멧이 있건 없건 간에."

"아냐, 괜찮아."

"좋아."

"간다?"

"가."

난 천천히 페달을 밟는다. 두 사람을 움직이려니 종아리가 터질 지경이다. 꼭 언덕길을 오르는 것 같다. 하지만 이내 적정한 흐름을 찾아내고, 우린 경찰들과 시체들과 무너진 체육관을 뒤로한다.

데어드레 클레이턴
오후 1시 50분

데어드레 클레이턴은 오늘 죽지 않으므로 데스캐스트로부터 전화가 오지 않았지만, 그녀는 데스캐스트가 틀렸다는 사실을 증명해 보일 작정이다.

데어드레는 8층 아파트 건물 옥상의 난간 턱에 올라선다. 그녀를 지켜보는 두 명의 배달원이 있다. 마침 이 건물로 배달할 물건이 소파이니 그녀를 밑에서 받으면 어떨까 따져 보고 있거나, 그녀가 데커인지 아닌지 내기를 하고 있거나. 도로를 물들일 피와 부러진 뼈들이 그들의 내기에 결론을 내려 줄 것이다.

전에도 데어드레는 세상보다 높은 곳에 서 본 적이 있다. 7년 전, 그녀가 고등학생이었고 데스캐스트 서비스가 일반 대중에까지 확대된 지 몇 달이 지났던 때였다. 데어드레는 방과 후에 좀 보자는 메시지를 받았다. 물론 싸우자는 얘기였고, 샬럿 시먼스와 바람잡이들, 데어드레를 '고아 레즈비언'으로만 아는

304

다른 학생들이 약속 장소에 속속 모여들 때, 정작 그녀는 옥상에 있었다. 자신의 사랑법이 어째서 그토록 남들의 증오를 불러일으키는지 데어드레는 도무지 이해할 수 없었고, 모두에게 미움 받으면서 사랑을 찾아야 하는 삶에도 미련이 없었다. 그래도 그때는 어릴 적부터 친하게 지낸 친구가 이만 내려오라고 설득해 주었다.

하지만 오늘은 혼자다. 다리가 후들거리고 눈물도 난다. 더 나은 날이 올 거라 믿고 싶은데, 직업이 직업인지라 그런 믿음이 생기지 않는다. 데어드레는 메이크어모멘트에서 데커들에게 스릴감과 가짜 경험, 가짜 '추억'을 안겨 주는 일을 한다. 데커라는 사람들이 왜 집에서 사랑하는 사람들과 함께 있지 않는지 그녀는 도무지 이해할 수 없다. 특히 오늘 온 십 대 소년 둘은 가상현실이 얼마나 시시한지 얘기하며 나가던데. 그러게 그런 시간 낭비를 왜 하느냔 말이다.

데어드레는 근무 중 한가할 때 시간 때우기로 글을 쓰는데, 아까 그 두 소년은 그녀가 오늘 오전에 탈고한 단편소설을 상기시켰다. 소설 속 무대는 데스캐스트의 계열사 '라이프캐스트'가 있는 가상의 세계로, 라이프캐스트는 데커들에게 환생하는 시기를 알려줘서 가족과 친구들이 찾을 수 있게 하는 서비스다. 소설 주인공은 열다섯 살 쌍둥이 자매 에인절과 스카일러. 둘은 스카일러가 곧 죽는다는 사실에 충격을 받고 즉시 라이프캐스트를 찾아 스카일러가 언제 환생하는지 알아본다. 스카일러는 7년 후 호주에서 남자아이로 태어날 예정이며, 에인절은 그때까지 스카일러와 헤어져 지내야 한다는 사실에 마음 아파한다. 스카일러는 쌍둥이 동생의 목숨을 구하다 죽고, 망연자실한 에인절이 돈을 모아 7년 후 비록 갓 태어난 남자아기일지라도 환생한 쌍둥이 언니를 만나러 가려고 100달러 지폐를 낡은 돼지저금통에 넣으며 소설은 끝난다.

원래 데어드레는 이야기를 이어 가려 했지만 이제 생각이 달라졌다. 라이프캐스트는 존재하지 않고, 데스캐스트로부터 죽을 때를 통보받기까지 멀뚱히 기다리진 않겠다. 폭력과 공포가 난무하고 제대로 살아 보지도 못한 아이들이 죽어 나가는 이 세상의 일부가 되기는 싫다.

뛰어내리긴 너무나 쉬울 테니…….

한 발을 올리고 한 발로 선다. 이제 정말로 굴러떨어지기 직전이라는 확신에, 온몸이 덜덜 떨린다. 언젠가 메이크어모멘트의 가상 파쿠르 방에서 옥상에 올라가 본 적이 있지만 그건 진짜가 아니었다.

데어드레라는, 스스로 목숨을 끊은 아일랜드 신화 속 영웅과 똑같은 이름을 받은 순간부터 죽음은 예정돼 있었다.

드디어 뛰어내릴 각오로 아래를 내려다보는데, 자전거를 탄 두 소년이 모퉁이를 돌아 나온다. 아까 봤던 두 소년과 비슷해 보인다.

데어드레는 자신의 깊숙한 내면에 도달한다. 거짓과 절망이 쉽게 찾아오는 곳을 지나 훨씬 더 안쪽, 심지어 이 옥상에서 날아내릴 때 느낄 충격적 안도감에도 괜찮다는 매우 솔직한 진실마저 넘어 맨 밑바닥까지. 두 소년이 살아 있음을 알고 나자, 내면이 죽은 듯한 기분이 한결 덜하다.

의지만 가지고 실제로 죽기엔 역부족일지도 모른다는 사실을, 그녀는 추한 세상에서 깨어난 무수한 아침을 통해 알고 있었다. 그러나 데스캐스트가 틀렸음을 증명할 기회를 마주한 지금, 데어드레는 옳은 결정을 내리고 목숨을 지킨다.

마테오
오후 1시 52분

이 자전거는 그렇게까지 최악은 아니다. 갑자기 자전거가 왼쪽으로 홱 돌아가기에 난 루퍼스의 어깨를 으스러져라 꽉 움켜쥔다. 자전거는 아파트 건물 앞에서 안으로 들어가는 대신 하늘을 올려다보고 있는 소파 배달원들을 가까스로 피한 뒤 계속해서 도로를 따라 달린다.

이 자전거에 오르고 처음에는 멀미가 날 것처럼 어지러웠는데, 속도가 제법 붙고 거침없이 달리다 보니 루퍼스한테 우리의 안전을 맡기길 잘했다는 생각이 든다.

자유로운 기분이다.

지금보다 더 빨라지길 기대하지는 않지만, 메이크어모멘트에서 경험한 스카이다이빙보다 이게 더 신난다. 그렇다, 자전거 타기는 이른바 '비행기에서 뛰어내리기'보다 더 스릴감 넘치는 활동이다.

내가 구제 불능의 겁쟁이이자 데커가 아니었다면 루퍼스에게 몸을 기대고서 두 팔을 벌린 채 눈을 감아 봤을 텐데. 하지만 너무 위험하기에 난 루퍼스의 어깨에서 손을 뗄 수 없고, 물론 나에겐 이 정도로도 효과가 있다. 그래도 목적지에 도착하면 소소하게나마 용기를 내 봐야지.

루퍼스

오후 2시 12분

앨시아 공원에 들어가며 속도를 늦춘다. 내 어깨를 붙잡았던
마테오의 손이 미끄러져 떨어지고 돌연 자전거가 가벼워진다.
난 브레이크를 잡는다. 헬멧이 무색하게 머리통이 깨졌거나
얼굴뼈가 부러진 건 아닌지. 불안한 마음으로 돌아보지만, 그
는 내 쪽으로 슬렁슬렁 달려오다 나를 보고 씩 웃는다. 다친 데
도 없다.

"설마 뛰어내렸어?"

"어!"

마테오가 헬멧을 벗는다.

"내가 자전거 모는 것도 반대하던 사람이 뭐야, 이젠 달리는
자전거에서 스스로 뛰어내렸다고?"

"이때다 싶더라고."

내 덕이라고 생색내고 싶지만, 마테오는 이걸 내내 마음에
품고 있었을 터다. 가슴 뛰는 일을 해 보겠다는 마음은 늘 있었

다. 두려움이 큰 나머지 밖으로 나와 실행하지 못했을 뿐.

마테오가 묻는다.

"기분은 좀 나아졌어?"

"어, 조금."

나도 자전거에서 내려 텅 빈 운동장으로 절뚝거리며 걸어간다. 근처 경기장에서 대학생으로 보이는 남자들의 핸드볼 경기가 한창인데, 패스가 어긋날 때마다 다들 진흙탕 물을 튀겨가며 공 쪽으로 몰려간다. 내 농구 반바지는 이미 묘지에서 흠뻑 젖고 더러워졌다. 마테오의 청바지도 마찬가지. 벤치에 빗물이 잔뜩 맺혀 있지만 우리는 아무렇지 않게 앉는다.

"그런 일을 겪다니 정말 싫다."

내 말에 마테오도 맞장구를 친다.

"내 말이. 생판 모르는 남이라도 사람이 죽는 순간을 목격하고 싶은 사람이 어디 있겠어."

"정신이 바짝 들더라고. 무슨 일이 닥쳐오건 난 준비돼 있다는 말은 완전 헛소리야. 실은 무서워서 지릴 지경인걸. 당장 30초 안에 악당의 총격으로 우리 둘 다 죽은 목숨이 될 수도 있는 거잖아. 너무 싫어. 여긴 내가 무섭고 불안해서 미칠 것 같을 때마다 오는 데야. 꼭 여기로 오게 되더라고."

"하지만 좋은 일로 왔던 때도 있잖아. 처음으로 마라톤을 완주했을 때라든지……"

마테오는 잠시 말을 끊고 심호흡을 한다.

"……첫 키스도 여기서 했다며."

"그렇지."

하, 키스 얘기가 마음에 걸렸군그래. 역시 내 감이 맞았나 보다. 난 나무를 오르내리는 다람쥐들과 서로의 발치를 좇는 새들만 쳐다보며 아무 말 없이 꽤 긴 시간을 흘려보내다 이윽고 다시 입을 연다.

"'글래디에이터' 해 본 적 있어?"

"알기는 알아."

"좋아. 해 본 적은 있어?"

"딴 애들이 하는 걸 본 적은 있어."

"그럼 해 본 적 없다는 거네."

"응."

벤치에서 일어나, 마테오의 손목을 잡아끌어 구름다리로 데려간다.

"너에게 글래디에이터 결투를 신청한다."

"어어, 거절할 수 없는 거지?"

"물론이지."

"우리 방금 폭발 사고로 죽다 살았어."

"조금 더 아픈 게 무슨 대수야?"

구름다리 글래디에이터는 목숨이 걸린 고대의 콜로세움 검투 경기가 아니지만, 학교 친구들이 이 놀이를 하다 다치는 걸 본 적은 있다. 그래 뭐, 내가 다치게 한 애들도 몇 명 된다. 두 사람이 구름다리에 매달려 발로 상대방을 떨어뜨리는 놀이인데, 애들 놀이치고는 상당히 거칠지만 진짜 환장하게 재미있다. 우리 둘 다 키는 작지 않으니 그냥 까치발을 하고서 사다리 봉을 잡으면 되는데, 나는 턱걸이를 하듯 살짝 뛰어 상체를 봉 위로 밀어 올린다. 마테오도 폴짝 뛰며 봉을 잡지만 상체 힘이라곤 전혀 없는지라 10초 만에 떨어지고 만다. 그리고 또 한번 풀쩍 뛰어 이번엔 어찌어찌 버텨 낸다. 내가 "셋, 둘, 하나, 시작!"을 외치고, 우리는 몸을 앞뒤로 크게 흔들며 점점 거리를 좁힌다. 내가 발로 차자 마테오는 떨어질 듯이 옆으로 휘청인다. 난 다리를 더 높이 쳐들어 마테오의 몸통 쪽으로 두 발을 날린다. 내가 두 다리로 그의 몸통을 조이며 흔들어 대자 그가 몸부림치지만 어림도 없다. 나도 슬슬 손이 아파 와서, 결국 그가 웃으며 포기하는 순간, 나도 덩달아 손을 놓는다. 바닥 깔개에 세게 부딪히면서 그 충격의 파동이 내 몸을 관통하며 쫙 퍼지지만, 많이 아플 뿐 죽지는 않는다. 우리는 나란히 누워, 욱신거리는 팔꿈치와 다리를 문지르며 한바탕 웃는다. 그렇지 않아도 축축했던 등이 더 젖어서, 일어나려 해도 자꾸만 미끄러진다. 바보들. 먼저 몸을 추스른 마테오가 나를 부축해 일으킨다.

"내가 이겼지, 마테오?"

"비긴 것 같은데."

"한 판 더?"

"사양할래. 떨어질 때 분명 내 인생이 눈앞을 스쳐 지나갔거든."

난 미소를 짓는다.

"진짜 너를 알게 해 줘, 마테오."

얘 말고 딴 사람이 같이 있는 것도 아닌데 자꾸 굳이 이름을 부르게 된다. '마테오.' 그냥 멋진 이름이니까. 농담이 아니다.

"지난 몇 달은 정말 잔혹한 시간이었어. 예고가 아니었어도 내 인생은 이미 끝장난 기분이었다고. 데스캐스트도 틀린다는 걸 증명할 수 있다고, 자전거로 강물에 뛰어들면 된다고 믿었던 나날도 있었어. 하지만 이젠 죽는 게 너무 무서운 것도 모자라 견딜 수 없이 화가 나기도 해. 죽을 때까지 가질 수 없는 게 너무 많아서. 시간도 그렇고…… 다른 것들, 이를테면……."

"그렇다고 오늘 정신 줄 놓지는 않을 거지, 응?"

마테오가 묻는다.

"정신 줄 꼭 붙들고 있겠다고 약속할게. 전부 다 끝나는 건 싫거든. 너도 나보다 먼저 죽지 않겠다고 약속해 줘. 잘 모르겠어서 그래."

"너도 똑같이 약속하면."

"둘 다 약속해 버리면 지키는 게 불가능하잖아."

"그럼 나도 약속하지 않을래. 나 죽는 걸 보게 하기는 싫지만 네가 죽는 걸 보기도 싫어."

"아, 복잡하다. 너도 데커면서 다른 데커의 마지막 소원을 들어주겠다는 약속을 진정 거부하겠다는 거야?"

"아무리 그래도, 네 죽음을 지켜보겠다는 약속은 도저히 못하겠어. 넌 내 '마지막 친구'잖아. 난 견디지 못할 거야."

"넌 죽으면 안 돼, 마테오."

"죽어도 되는 사람이 어디 있냐."

"연쇄 살인범."

대꾸가 없다. 그의 생각은 나와 다른 모양이다. 하지만 그게 역시 내 생각이 옳다는 증거다. 즉, 마테오는 죽으면 안 된다.

빗나간 핸드볼 공이 바닥을 퉁 찍고 우리를 앞질러 튀어 가자 마테오가 쪼르르 쫓아간다. 경기하던 청년이 공을 뒤쫓지만 마테오가 먼저 잡아 던져 준다.

"고맙습니다."

거의 집에만 틀어박혀 사는 사람처럼 낯빛이 몹시도 창백하다. 나와서 놀기엔 참으로 사나운 날이요 험악한 날씨다. 열아홉이나 스무 살인 것 같지만 우리랑 또래일 가능성도 없지 않다.

마테오가 공손히 답한다.

"아닙니다."

돌아가려던 창백한 청년이 내 자전거를 발견한다.

"오, 쩐다! 이거 트렉(Trek, 세계적인 자전거 브랜드—옮긴이)이에요?"

"네. 오프로드 경주용. 그쪽도 트렉 소유주?"

"내 건 쓰레기. 브레이크 케이블은 고장 나고 안장 쬠쇠도 엄청 헐겁고. 시간당 8달러보다 더 쳐 주는 일을 구하면 새로 한 대 장만하려고요."

"내 거 가져요."

안 될 거 없지. 혹독한 경주를 함께했고 내가 가고 싶은 곳은 어디든 데려다 줬던 이 자전거를, 나는 오늘 처음 본 청년에게로 가져간다.

"농담 아니고, 오늘 그쪽 운이 좋네. 친구가 하도 말리는 통에 내가 자전거를 몰 수가 없어요. 그러니까 그쪽이 몰아."

"진짜로?"

"괜찮겠어?"

마테오의 물음에 난 고개를 끄덕이고는 핸드볼 청년에게 말한다.

"그쪽 거예요. 가져가요. 난 곧 이사를 갈 건데 어차피 그건 못 가져가거든."

청년은 얼른 돌아오라고 소리치는 친구들에게 공을 휙 던져 주고 자전거에 올라 변속 레버를 만지작거린다.

"잠깐. 혹시 이거 훔친 건 아니죠?"

"아니에요."

"어디 고장 난 데도 없고? 그래서 버리려는 거 아니고?"

"고장 난 데 없어요. 저기, 가지기 싫어요? 싫음 말고."

"아니, 아녜요. 근데 자전거 값은 어떻게 치르죠?"

난 고개를 젓는다.

"됐어요. 필요 없어요."

마테오가 헬멧을 건네지만 청년은 쓰지 않은 채 자전거를 타고 친구들에게 돌아간다. 난 휴대전화를 꺼내 내 자전거를 타고 가는 그의 모습, 선 채로 페달을 밟아 핸드볼 경기를 하는 친구들에게로 향하는 뒷모습을 사진에 담는다. 그야말로 '젊은 이의 초상'이다. 따지지 마라. 나보다 조금 형들이지만 그렇다고 노인네들은 아니지 않은가. 아무튼 데스캐스트 예고 같은 씨발 것을 걱정하기엔 너무 젊은 청춘들이다. 저들은 오늘의 끝도 여느 날과 다름없을 것을 안다.

"잘했어, 루퍼스."

"마지막으로 실컷 탔어. 미련은 없다."

난 사진을 몇 방 더 찍는다. 한창 진행 중인 핸드볼 경기 장면, 좀 전에 글래디에이터 놀이를 했던 구름다리, 길게 뻗은 노란색 미끄럼틀, 그네까지.

"가자."

얼핏 자전거를 찾다가, 방금 남에게 줬다는 사실을 기억해 낸다. 한결 가벼워진 기분이다. 마치 내 그림자가 사직서를 내고 손가락으로 V를 그려 보이며 떠나간 것 같다. 마테오가 나를 따라 그네 쪽으로 온다.

"아버지랑 자주 같이 왔다고 했지? 구름 이름을 말하면서 말이야, 맞지? 우리 그네 타자."

마테오는 그네에 앉는다. 온 힘을 다해 그넷줄을 붙잡고는
—말해 무엇하랴—몇 발짝 뒷걸음질했다가 발을 굴러 앞으로
오면서, 건물 위 허공을 향해 발차기라도 하려는 모양새로 두
다리를 쭉 뻗어 올린다. 그 모습을 사진 찍은 뒤 나도 그네에
오르고, 쇠사슬로 된 그넷줄을 두 팔로 둘러 안고서 사진을 몇
장 더 찍는다. 나와 내 휴대전화를 위험에 빠뜨리는 자세이지
만—다시, 말해 무엇하랴—흔들린 사진 네 방에 한 방꼴로 괜
찮은 사진을 건지는 데 성공한다. 마테오가 가리키는 시커먼
비구름을 올려다보며, 난 죽으면 안 되는 사람과 함께 이 순간
을 살고 있다는 사실에 진심으로 감탄한다.

곧 또 한차례 비바람이 일겠지만, 지금 이 순간 우리는 그저
앞뒤로 흔들릴 뿐이다. 마테오는 불안하지 않을까. 두 데커가
나란히 그네를 타고 있으니 그네 틀이 무너져 둘 다 죽을지도
모른다. 또는 그네를 너무 높이 띄우다가 그만 몸이 날아가 떨
어져 죽을 수도 있고. 하지만 난 어쩐지 안전한 느낌이다.

그네 속도를 늦추며 소리친다.

"플루토 애들이 날 여기다 뿌려 줬음 좋겠어!"

마테오는 뒤로 날아가며 덩달아 소리친다.

"변화의 장소! 오늘 또 다른 큰 변화라도? 누가 봐도 명백한
그거 말고!"

"있지!"

"뭔데?"

난 그네를 멎게 하고는 마테오에게 함박웃음을 지어 보인다.

"자전거를 포기했잖아."

마테오의 의도를 알지만 미끼를 물지는 않겠다. 그가 스스로 움직여야 한다. 그건 너무나 큰일이므로 내가 그 순간을 빼앗아서는 안 된다. 그가 일어설 때까지도 난 그대로 앉아 있는다.

"기분이 묘하다. 이 공원에 오는 것도…… 심장이 뛰는 이 몸뚱이로 오는 건 이게 마지막이라니."

마테오는 주변을 둘러본다. 그에게도 이번이 마지막이다.

"나무가 된 데커들 얘기 들어 봤어? 알아, 동화 같지. '리빙 언(Living Urn, 살아 있는 유골함)'이라고, 나무 씨앗이 들어 있는 생분해성 유골함이 있어. 망자의 뼛가루가 씨앗의 영양분이 되는 거래. 나도 그저 판타지인 줄 알았는데, 아니야. 과학이더라고."

"지나가던 똥개가 똥을 싸지를지도 모를 땅바닥에 흩뿌려지는 대신 나무로 다시 태어날 수 있다?"

"응. 그러면 그 시대의 청소년들이 내 몸통에 하트를 새길 테지. 맞다, 산소를 만들 수도 있네. 두루두루 이롭겠다."

빗방울이 떨어지기 시작해 그네에서 내려오자 뒤에서 그르렁 쇠사슬 부딪히는 소리가 난다.

"어이, 괴짜 친구, 비 피할 데나 좀 찾아봅시다."

나무로 환생한다니, 다시 앨시아 공원에서 자란다니 생각만 해도 끝내준다. 그렇다고 굳이 말로 인정할 건 아니지만. 왜냐

면, 요, 나무가 되고 싶다고 말하고 다니면 누가 진지하게 받아
들여 주겠는가.

데이미언 리바스
오후 2시 22분

데이미언 리바스는 오늘 죽지 않으므로 데스캐스트로부터 전화가 오지 않았다. 정작 본인은 전화가 오지 않은 게 오히려 서운한데, 그 이유는 최근 삶이 딱히 인상적이지 않았기 때문이다. 데이미언은 언제나 아드레날린을 갈구했다. 매년 여름 더이상 키 제한에 걸리지 않게 된 새로운 롤러코스터를 탔고, 드러그스토어에서 사탕을, 아버지 지갑에서 현금을 훔쳤으며, 다비드처럼 작은 체구로 골리앗 같은 덩치들과 싸우길 즐겼다. 급기야 폭력 조직까지 만들었다.

상대도 없이 혼자서 하는 다트 게임은 그다지 재미가 없다.

펙과의 통화도 재미없기는 마찬가지.

데이미언은 전화기를 스피커폰 모드로 돌려놓고 큰소리로 말한다.

"경찰에 신고하는 건 좆만 한 새끼들이나 하는 짓이야. 나더러 경찰에 신고하라는 건 내 신념을 저버리라는 뜻이라고."

"알아. 넌 그쪽이 아쉬워서 연락이 올 때에만 경찰하고 통한다는 거."

데이미언은 펙이 볼 수 있기라도 한 듯 고개를 주억거린다.

"그런 일은 우리 선에서 처리했어야지."

"그러게. 심지어 루퍼스를 체포하지도 않더라고. 데커라고 봐줄 셈인가 봐."

"그러니 우리가 정의를 실현하자."

흥분과 목적의식이 데이미언을 휘감는다. 여름 내내 벼랑 근처에도 못 갔는데 이제야 세상에서 가장 좋아하는 장소로 조금씩 다가가고 있다.

다트 과녁에 루퍼스의 얼굴이 겹쳐 보인다. 그는 다트 촉을 던져 정중앙을, 루퍼스의 미간을 정확히 맞힌다.

마테오

오후 2시 34분

비가 다시, 아까 묘지에서보다 더 세차게 내린다. 난 어릴 적에 돌봤던 아기 새, 비에 두드려 맞던 그 새가 된 기분이다. 준비가 되기 전에 둥지를 떠났던 그 아기 새.

"루퍼스, 어디 안으로 들어가야겠어."

"왜, 감기 걸릴까 봐 무서워?"

"번개에 맞아 죽을 확률 안에 들어갈까 봐 무섭다."

우린 어느 애완동물 가게의 처마 밑에서 비를 피한다. 다음으로 갈 곳을 정해야 하는데 진열창 안의 강아지들을 구경하느라 바쁘다.

"네 탐험가 기질을 존중하는 뜻에서 아이디어 하나 낼게. 전철로 왕복하기 어때? 이 도시에 살면서도 가보지 못한 데가 무척 많거든. 어쩌면 되게 멋진 장소를 우연히 발견하게 될지도 모르잖아. 아니다, 잊어버려, 바보 같은 생각이야."

"하나도 바보 같지 않은데. 네 말뜻이 뭔지 정확히 알겠어!"

루퍼스는 앞장서서 근처 지하철역으로 향한다.

"뉴욕은 어마어마하게 큰 도시야. 평생 여기서 살아도 골목 골목 구석구석 다 가 보긴 어렵지. 언젠가 꿈에서, 자전거 타이어에 야광 페인트를 칠하고 빡세게 돌아다닌 적이 있어. 자정까지 도시를 환히 밝히겠다는 야심 찬 포부를 안고서 말이야."

미소가 절로 나온다. 그야말로 시간과의 싸움, 박진감 넘치는 꿈이었겠다.

"그래서, 성공했어?"

"아니. 그러다 야한 꿈으로 넘어가서 깬 것 같아."

아마 루퍼스는 성관계 경험이 있겠지. 내가 상관할 일이 아니니 물어볼 필요도 없지만.

우리는 남쪽 방향으로 돌아간다. 얼마나 갈지는 모른다. 지하철 종착역에서 버스로 갈아타고 더 멀리 갈 수도 있다. 어쩌면 아예 주 경계선을 넘어 이를테면 뉴저지까지 갈지도 모른다.

열차가 도착해 문이 열린다. 폴짝 뛰어 들어가니 구석 자리가 비어 있다.

"마테오, 우리 게임하자."

"글래디에이터는 싫어."

루퍼스는 고개를 젓는다.

"그거 아냐. '여행자'라고, 누나랑 자주 했던 게임이 있어. 다른 승객을 한 명 찍어서, 그 사람이 누군지, 어디로 가는지 이야기를 짓는 거야."

루퍼스는 상체를 내 쪽으로 기울이면서 조심스럽게 어떤 여성을 가리킨다. 재킷 안에 푸른 수술복을 입었고, 손에는 쇼핑백을 들고 있다.

"오늘은 저 여자가 9일 만에 처음 쉬는 날이야. 그래서 낮잠을 자러 집에 가는 길이지. 잠에서 깬 다음에는 팝 음악을 크게 틀어 놓고 외출 준비를 할 거야. 아직은 모르는데, 저 여자가 즐겨 가는 술집이 하필 오늘은 개보수 공사로 문을 열지 않아."

"뭐야, 안됐다."

내가 끼어들자 루퍼스는 나를 돌아보곤 손목을 빙글빙글 돌린다. 나더러 이야기를 이어 가라는 뜻이다.

"아! 집에 도착했더니 케이블 방송에서 좋아하는 영화가 나와. 그래서 보다가, 광고 시간에 친구들한테 안부 이메일을 보내."

루퍼스가 실실 쪼갠다.

"왜?"

"저녁에 꽤나 거하게 놀 작정이신가 봐? 벌써 시작이네?"

"낮잠 잘 건데?"

"밤새 놀 에너지를 비축하려는 거지!"

"음, 난 저분이 친구들 소식을 궁금해할 것 같았어. 사람들 목숨을 살리고 아기를 받느라 너무 바빠서 문자메시지나 전화를 받지 못하는 경우가 많거든. 이렇게 한 번씩 연락 돌릴 필요가 있을 거야, 장담해."

난 이번엔 다른 여자를 턱으로 슬쩍 가리킨다. 주먹보다 큰 헤드폰을 쓰고 머리는 은백색으로 염색한 젊은 아가씨다. 태블릿에다 전자 펜으로 뭔가 알록달록한 것을 그리고 있다.

"저분은 지난주에 생일선물로 태블릿을 받았어. 원래는 친구들이랑 화상 채팅을 하거나 게임을 할 생각으로 저걸 갖고 싶어 했는데, 심심해서 이것저것 뒤져 보다 어떤 디자인 앱을 발견하고는 시험 삼아 한번 써 봤어. 그런데 거기에 푹 빠져 버린 거지."

"그거 괜찮네."

때마침 열차가 멎는다. 태블릿 아가씨는 그림이 박힌 토트백을 허겁지겁 챙기고는, 닫히는 열차 문틈으로 급히 뛰쳐나간다. 꼭 액션 영화의 한 장면 같다.

루퍼스가 이어 말한다.

"저 여자도 집에 가는 길이야. 친구들이랑 화상 채팅을 하기로 약속했거든. 그런데 태블릿 그림에서 마음에 들지 않는 부분을 고치느라 약속에 늦고 말 거야."

우린 계속해서 '여행자' 게임을 한다. 루퍼스가 여행 가방을 든 여자를 가리키며 도망 중인 것 같다고 하지만 난 고개를 젓는다. 사실 그녀는 언니와 대판 싸우고 가출했다가 돌아가는 길이며, 돌아가면 언니와 화해할 것이다. 그렇지 않은가, 눈이 있는 사람이라면 모를 수가 없다. 한편 저기 흠뻑 젖은 아저씨는 운전하던 밴이 고장 나서 길에다 버리고 올 수밖에 없었다.

아니야, 라고 루퍼스가 끼어들며 밴이 아니라 벤츠라고 정정한다. 저 부자 아저씨는 말하자면 '가난 체험'차 지하철을 타는 거라고. 뉴욕대 학생 몇 명이 우산을 들고 열차에 오른다. 아마 신입생 오리엔테이션을 마치고 오는 길인 듯하다. 앞길이 창창한 청년들을 보고 우리는 저들 각각의 미래를 점쳐 보는 막간 게임을 시작한다. 화가 집안 출신의 가정법원 판사, 교통 체증 농담이 먹히는 로스앤젤레스에서 활동하는 코미디언, 몇 년 동안 신통치 않지만 결국 빛을 보게 될 연예인 에이전트, 괴물들이 스포츠 선수로 뛰는 내용의 아동용 TV 프로그램 작가, 콧수염이 있어서 하강할 때마다 바람에 날려 웃는 것처럼 보일 스카이다이빙 강사.

만약 이 칸의 다른 누군가가 '여행자' 게임을 한다면 나와 루퍼스에겐 어떤 사연이 있다고 상상할까?

루퍼스가 내 어깨를 톡톡 치더니 열린 문을 가리킨다.

"야, 우리가 자발적으로 헬스장 회원이 된 그 역 아니냐?"

"뭐?"

"그래 맞네! 블리처스(Bleachers, 2014년에 데뷔한 미국의 인디 팝 밴드—옮긴이) 공연장에서 네가 어떤 놈이랑 부딪히고서 몸을 키우고 싶어 했잖아."

그리고 문이 닫힌다.

난 블리처스 공연을 본 적도 없지만 루퍼스의 놀이에 기꺼이 동참한다.

"그때가 아니야, 루퍼스. 그 자식이랑 부딪힌 건 펀(Fun, 2008년에 결성된 미국의 인디 팝 밴드—옮긴이) 공연장에서였지. 아, 여긴 우리가 문신 새긴 역이다."

"그러네. 그 문신 시술사 이름이 뭐더라, 바클리……."

"베이커. 기억나? 의대 중퇴했다던 시술사."

"어어어. 마침 그 양반 기분이 좋을 때여서 우린 원 플러스 원으로 시술받았잖아. 난 여기 팔뚝에 자전거 타이어를 새겼고 넌……."

"수컷 해마."

루퍼스는 어리둥절한 표정이다. 잠시 타임아웃을 외치고 지금 우리가 같은 게임을 하는 중인지 확인해야 하나 갈등하는 것 같다.

"어……. 네가 왜 그걸 새겼는지 까먹었네. 다시 알려 주라."

"아빠가 수컷 해마를 굉장히 좋아하니까. 아빠는 평생 홀로 나를 키워 주셨어, 기억하지? 믿을 수가 없네. 해마를 내 어깨에 새긴 의미를 어떻게 까먹을 수가 있냐? 아니다, 손목에. 그래, 손목에 새겼어. 그게 더 멋있어."

"믿을 수가 없네. 문신이 어디 있는지를 어떻게 까먹을 수가 있냐?"

다음 역에 도착하자 루퍼스가 불쑥 미래로 넘어간다.

"야, 여긴 내가 일하러 갈 때 내리는 역이다. 뭐, 사무실로 갈 때 말이야. 전 세계 휴양지 답사를 도느라 출장 중일 때가 더 많지만. 네가 설계하고 지은 건물이 내 일터라니 우리 진짜 멋있지 않냐?"

"너무 멋있다, 진짜."

난 손목의 해마 문신이 있어야 할 지점을 내려다본다.

미래의 루퍼스는 여행 전문 블로거, 난 건축가다. 우린 문신도 같이 새겼다. 루퍼스의 기억이 뒤섞일 정도로 공연장에도 워낙 많이 다녔다. 지금 이 순간 우리가 이토록 창의적인 게 난 서러울 지경이다. 우리가 함께한 가짜 추억이 너무나 굉장해서. 생각해 보라, 결코 살아 본 적 없던 삶을 다시 산다니.

난 벌떡 일어나 선언한다.

"우린 흔적을 남겨야 해."

"나가서 소화전에다 오줌이라도 갈길까?"

난 '소개팅' 책을 좌석에 얹어 둔다.

"누가 발견해 줄지 몰라도, 여기다 놔두면 누군가는 가져가서 읽겠지. 그거 멋지지 않냐?"

"어, 멋져. 여기가 최우등 좌석이 되는 거지."

루퍼스도 덩달아 일어난다.

열차가 멎고 문이 열린다. 미래를 상상하는 것만이 삶의 전부는 아니다. 그저 미래를 꿈꾸기만 할 순 없다. 위험을 무릅쓰고라도 스스로 만들어야 한다.

"루퍼스, 나 진짜 하고 싶은 일이 있어."

"내리자."

루퍼스는 두말 않고 빙긋 웃어 준다.

문이 닫히기 전에 얼른 내리려다 어떤 여자 둘과 거의 부딪힐 듯 스친다. 그래도 무사히 열차에서 내린다.

조 랜던

오후 2시 57분

조 랜던은 오전 12시 34분에 데스캐스트로부터 전화를 받아 오늘 죽는다는 소식을 들었다. 그녀는 외로웠다. 뉴욕으로 이사 온 지 겨우 8일째, '오늘'부터 뉴욕대학교에 다니기로 돼 있었는데. 짐도 거의 풀지 못한 마당에 친구 사귀기는 꿈도 꿀 수 없었다. 그러나 다행히 클릭 한 번으로 친구를 만날 수 있는 라스트 프렌드 앱이 있었다. 일단 마테오라는 남자애한테 첫 번째로 메시지를 보내 봤다. 응답이 없었다. 이미 죽었나 보다. 그저 그녀의 메시지를 무시한 것일 수도 있고. 어쩌면 '마지막 친구'를 만났는지도 모른다.

결국 조가 '마지막 친구'를 만났듯이.

조와 개브리엘라는 지하철 문이 닫히기 직전에 내리는 남자애 둘을 간신히 피해 열차로 뛰어든다. 구석에 빈자리가 있어 냉큼 앉으려 하다가 우뚝 멈춰 선다. 종이에 싸인 물건이 놓여 있다. 직사각형이다. 지하철역이며 열차 안에도, 수상한 물건을 발견하는 즉시 신고하라는 안내문이 여기저기에 붙어 있다. 그리고 지금 그녀의 눈앞에 놓인 물건이야말로 몹시 수상하다.

"이거 좋지 않은데. 다음 역에서 내려야겠다."

그러나 오늘 죽는다는 예고를 듣지 않았으므로 두려울 것도 없는 개브리엘라가 선뜻 물건을 집어 든다.

조는 움찔한다.

"책이네. 오오! '블라인드 북'이구나! 이 그림, 예술이다."

개브리엘라는 달아나는 범죄자 그림에 시선을 둔 채로 자리에 앉는다.

조도 그 옆에 앉는다. 그녀 눈에는 그림이 그저 귀여울 뿐이지만 개브리엘라의 식견을 존중하기로 한다.

개브리엘라가 말한다.

"이번엔 내가 비밀 얘기 해 줄 차례지. 네가 듣고 싶다면."

조는 오늘 개브리엘라에게 모든 비밀을 털어놓았다. 어린 시절 아무에게도 발설하지 않기로 새끼손가락 걸고 맹세까지 시키며 단짝 친구에게 털어놓았던 모든 비밀을. 차마 입 밖에 낼 수 없어 혼자만 간직했던 가슴 아픈 비밀도. 두 사람은 마치 평생 단짝 친구였던 것처럼 함께 웃고 울었다.

"네 비밀은 내가 무덤으로 가져갈게."

조도 개브리엘라도 웃지 않는다. 대신 조는 괜찮다는 표시로 개브리엘라의 손을 지그시 힘주어 잡는다. 본능 말고는 아무 근거도 없는 약속이다. 내세의 증거 따위 엿이나 먹으라지.

이윽고 개브리엘라가 입을 연다.

"대단한 비밀은 아니지만, 난 배트맨이야……. 맨해튼 그래 피티 세계에서 활동하지."

"아우, 그거 진짜 짜릿한 비밀인데요, 맨해튼 그래피티 세계 의 배트맨 씨."

"실은 라스트 프렌드 앱을 홍보하는 그래피티 전문이야. 메 뉴판이나 지하철 포스터 같은 건 매직펜으로 그리지만 진정 애정을 쏟는 건 역시 그래피티야. 그동안 만났던 마지막 친구 들을 위해 작품을 남겼어. 그릴 수 있는 데면 어디든지. 지난 주엔 맥도날드, 병원 두 군데, 수프 가게 한 군데 근처 벽에다 라스트 프렌드 앱의 귀여운 실루엣 로고를 그렸지.

아무튼. 난 예술이 좋아. 네 이름은 우편함 같은 데에다 그 릴까 해."

개브리엘라는 책을 손가락으로 토도독 두드린다. 손톱 주 변의 살이 알록달록 얼룩져 있다. 처음 봤을 때 조는 그게 매니 큐어를 잘못 칠해서인 줄 알았지만 이제는 진상을 안다.

"브로드웨이 거리 어딘가는 어떨까? 내 이름이 빛을 받을 일은 없겠지만 거기에 있다는 것만으로도 좋을 것 같아."

조는 자신의 요청이 이루어진 상상을 해 본다. 가슴이 벅차 오르는 동시에 텅 비는 기분이다.

신문을 보거나 휴대전화 게임을 하던 승객들이 눈을 들어

조를 힐끔거린다. 무심한 표정이 있는가 하면 안쓰러운 표정도 있다. 곱슬머리를 멋들어지게 촘촘히 땋은 한 흑인 아줌마의 얼굴엔 진심으로 슬픈 표정이 어린다.

"미리 조의를 표한다, 애야."

조는 고맙다고 인사한다.

흑인 아줌마는 다시 휴대전화를 들여다본다.

조는 개브리엘라에게 바투 붙고는 목소리를 한층 더 낮춰 속삭인다.

"나 때문에 분위기가 이상해진 것 같아."

"할 수 있을 때 실컷 떠들어."

조는 책이 궁금하다.

"무슨 책인지 한번 보자. 열어 봐."

개브리엘라는 조에게 책을 넘긴다.

"네가 열어 봐. 오늘은 네⋯⋯."

"내가 죽는 날이지 생일이 아니야. 선물은 필요 없고 딱히 책을 읽을 일도 없을 거야. 앞으로⋯⋯."

조는 손목시계를 확인하곤 문득 눈앞이 아득해진다. 앞으로 길어야 아홉 시간 남았다. 게다가 그녀는 책을 아주 느리게 읽는 편이다.

"누군가 남기고 간 이 선물을, 내가 너한테 주는 선물이라고 치자. 내 '마지막 친구'가 되어 줘서 고마워."

흑인 아줌마가 휘둥그레진 눈으로 다시 이쪽을 쳐다본다.

"참견해서 미안하지만, 둘이 '마지막 친구'라는 얘기를 들으니 너무 기뻐서 말이지. '최후의 날'을 함께할 친구를 찾아서 다행이구나."

그러고는 이번엔 개브리엘라에게 말을 건다.

"자넨 친구들이 알찬 하루를 보내도록 도와주는 모양이지? 참 아름다운 일을 하네."

개브리엘라는 조의 어깨에 팔을 두르고 꽉 안는다. 두 사람은 아줌마에게 인사한다.

오늘 만나는 뉴요커들이 전에 없이 상냥하고 친절한 건 물론 오늘이 조의 '최후의 날'이기 때문이다.

"그럼 같이 열어 보자."

개브리엘라가 다시 책을 들어 보인다.

"좋아."

조는 개브리엘라가 계속해서 데커들의 친구가 되어 주길 바란다.

인생은 혼자 사는 게 아니다. '최후의 날'에도 그러하다.

마테오

오후 3시 18분

리디아를 보는 건 큰 위험이 따르지만, 그 위험은 감수하고자 한다.

버스가 서고 우리는 정류장에 있던 다른 사람들이 모두 탈 때까지 기다렸다가 마지막으로 버스에 오른다. 내가 버스 기사에게 오늘 데스캐스트 예고를 받으셨냐고 묻자, 그는 고개를 젓는다. 이 버스는 안전해야만 한다. 뭐, 그래도 버스에서 죽을 수 있지만, 버스 완파 사고가 나서 딴 승객들은 중상을 입을지언정 죽지는 않고 우리 둘만 죽을 확률은 상당히 낮다고 본다.

난 루퍼스의 전화기를 빌린다. 내 것은 배터리가 30퍼센트밖에 남지 않았고, 만에 하나 아빠가 깨어났다고 병원에서 연락이 오면 꼭 받아야 하기에 아껴야 한다. 버스 맨 뒷좌석 근처의 다른 좌석으로 옮겨 앉아 리디아의 번호를 누른다.

벨이 울리자마자 전화를 받지만, 리디아는 크리스천이 죽은

336

뒤 몇 주 동안 그랬던 것처럼 한참 만에야 입을 연다.

"여보세요?"

"안녕."

"마테오!"

"미안, 나……."

"내 번호 차단했어, 너! 번호 차단하는 방법을 알려 준 사람이 난데!"

"어쩔 수 없……."

"어떻게 나한테 말을 하지 않을 수 있어?"

"난……."

"마테오, 난 씨발 너랑 제일 친한 친군데 씨발—페니, 귀 막아—네가 죽는단 얘기를 어떻게 씨발 나한테 하지 않냐고오!"

"너한테 걱정……."

"시끄러워. 너 괜찮아? 지금 뭐 해?"

항상 리디아가 공중에 던져진 동전 같다고 생각했다. 너무 화가 나서 등 돌린 채 돌아보지도 않는 상태가 뒷면, 가장 순수하게 바라봐 줄 때의 그녀는 앞면. 그래도 지금은 앞면인 것 같지만, 누가 알겠나.

"나 괜찮아, 리디아. 친구랑 같이 있어. 새로 사귄 친구."

"누군데? 어떻게 만났는데?"

"라스트 프렌드 앱으로. 이름은 루퍼스. 걔도 데커야."

"보고 싶어, 마테오."

"나도. 그래서 전화했어. 페니는 잠깐 어디에 맡기고 너만 세계여행 체험장으로 와 줄 수 있을까?"

"할머니가 와 계셔. 벌써 몇 시간 전에 내가 씨발 존나 식겁 해서 전화했지. 일하고 있는 할머니한테 제발 와 달라고 사정 했어. 지금 당장 체험장으로 갈 건데, 넌 제발 무사히 와라. 뛰 지 말고. 횡단보도 건널 때만 빼고 되도록 천천히 걸어. 길 건 널 때는 신호등 꼭 지키고, 주변에 차 없는 거 확인하고. 빨간 불이어서 멈춘 차, 갓길에 주차한 차, 다 조심해야 해. 있잖아, 그냥 움직이지 마라. 거기 어디야? 내가 갈게. 수상한 사람이 근처에서 얼쩡거리는 거 아니면 거기 꼼짝 말고 있어."

"이미 루퍼스랑 같이 버스 탔어."

"데커 둘이서 버스를 타? 둘 다 죽고 싶어서 환장한 거야? 마테오, 말도 안 되게 위험해. 그거 전복될 수 있다고."

얼굴이 은근히 뜨거워진다. 난 침착하게 말한다.

"죽고 싶어서 환장한 적 없어."

"미안. 닥칠게. 제발 조심해. 우리 꼭 만나야 해, 마지…….
아무튼 만나야 해, 알았지?"

"꼭 만날 거야. 약속해."

"전화 끊기 싫어."

"나도."

우린 끊지 않는다. 아마 내가 약속을 지키지 못할 경우를 대 비해 미리 사과하거나 우리의 추억을 되새기는 데 이 시간을 쓸 수 있고 써야만 하겠지만, 우린 페니가 커다란 장난감에 머리를 박아도 씩씩한 꼬마 병정답게 울지 않는다는 얘기를 나눈다. 새로운 추억을 공유하고 함께 웃으니 옛 추억을 반추하는 것만큼 좋은 것 같다. 더 나은 것 같기도 하다. 플루토 친구들한테서 연락이 올지도 모르니 루퍼스의 전화 배터리도 함부로 쓰면 안 되겠다 싶어, 리디아와 나는 동시에 전화를 끊기로 합의한다. '종료' 버튼을 누르는 순간, 기분이 착 가라앉으면서 세상이 다시 무겁게 느껴진다.

펙
오후 3시 21분

펙은 조직원을 다시 모으는 중이다.

이름하여 '이름 없는 갱단'.

펙(Peck, '새 따위가 쪼다'라는 뜻—옮긴이)이라는 별명은 주먹에 힘이 없어서 붙은 것이다. 한 방에 위력이 있기보다는 그야말로 새가 쪼아 대는 것처럼 짜증을 유발하는 주먹이다. 누굴 때려눕히고 싶다면 케이오 킹을 붙여 주면 된다. 펙은 이미 상대가 넘어져 있고 상황이 요구하는 경우에 발길질을 퍼붓는 데는 재주가 있지만, 데이미언과 켄드릭은 곁다리인 그를 주변에 두지 않는다. 그들에게 펙은 오직 '끝판왕' 무기를 손에 넣을 수 있다는 점에서만 가치가 있다.

펙은 뒤통수에 꽂히는 데이미언과 켄드릭의 시선을 느끼며 옷장으로 걸어간다. 이 옷장 안을 펙은 러시아의 마트료시카 같은 겹겹의 구조로 만들어 두었다. 옷장 문을 열며, 펙은 진정 자신이 그럴 깜냥이 되는지 자문한다. 문 안의 바구니 뚜껑을 열며, 다시는 에이미를 보지 못해도 괜찮을지 자문한다. 그가 한 짓을 알면 그녀는 결코 용서하지 않을 것이다. 마지막으로 바구니 안 신발 상자를 열며, 이번만큼은 기필코 체면을 세워야겠다고 작심한다.

그에게 망신을 준 놈에게 이 총알을 박아 줌으로써 체면을 세우고야 말리라.

"이제 뭘 하면 되지?"

데이미언이 묻는다.

펙은 인스타그램을 열어 루퍼스의 프로필로 간다. 최신 게시물에 에이미가 보고 싶다며 올린 댓글을 보니 속이 부글부글 끓는다. 그는 그 계정을 새로고침 한다. 계속 연이어서.

"기다려야지."

마테오

오후 3시 26분

30번 스트리트와 12번 애비뉴가 만나는 지점에 있는 세계여행 체험장 앞 버스 정류소에 도착할 무렵에는 빗줄기가 많이 가늘어졌다. 내가 먼저 버스에서 내리는데, 뒤에서 날아온 날카로운 마찰음에 이어 "어우씨!" 소리가 귓등을 때린다. 난 재빨리 뒤돌아 버스 출입문 계단 난간을 붙잡는다. 루퍼스가 미끄러져 얼굴부터 버스 밖으로 내팽개쳐지면, 그러다 나까지 덮쳐 같이 나동그라지면 둘 다 끝장이다. 약간 근육질인 루퍼스의 몸을 받치고 버티려니 내 어깨가 묵직하게 아프지만, 루퍼스가 이내 균형을 찾고 나도 부축해 세운다.

"바닥이 미끄러워서. 미안."

우린 여기에 있다.

우린 무사하다.

우린 서로의 뒤를 봐준다. 우린 오늘을 가능한 한 길게, 마치 하짓날처럼 최대한으로 늘릴 것이다.

세계여행 체험장 하면 왠지 늘 자연사 박물관이 덩달아 떠올랐다. 규모는 절반 정도이고 반구형 지붕 가장자리엔 만국기가 매달려 있지만. 두 구역 떨어진 거리에 허드슨강이 있는데 루퍼스에게 굳이 말해 줄 필요는 없을 것 같다. 체험장의 최대 수용 인원은 3천 명으로, 데커들과 동행인들, 불치병 환자들, 그 밖에 즐길 거리를 찾는 사람들까지 충분히 다 들어갈 수 있다.

우린 리디아를 기다리는 동안 표를 구하기로 한다.

안내원이 우릴 돕는다. 표를 사려는 대기자들은 긴급한 정도에 따라 세 줄로 나뉘었는데, 병자들, 우리처럼 오늘 미지의 힘에 의해 죽는 사람들, 심심한 방문객들로 구분된다. 우리 줄이 어딘지는 한눈에 알아볼 수 있다. 우리 오른쪽 줄의 사람들은 웃고 셀카를 찍고 문자메시지를 주고받는다. 왼쪽 줄에는 그러는 사람이 한 명도 없다. 스카프로 감싼 머리를 산소통에 기댄 아가씨가 있고, 나머지 사람들도 지독하게 쌕쌕댄다. 기형이거나 불구인 사람들, 심한 화상을 입은 사람들도 보인다. 난 슬퍼서 목이 멘다. 불치병 환자들 때문도, 심지어 나 때문도 아니다. 우리 앞에 줄 선 사람들, 안전한 삶에서 깨어나 앞으로 몇 시간, 어쩌면 몇 분 안에도 치명적인 위험으로 돌진하게 될 사람들 때문이다. 게다가 오늘 이 순간까지 오지도 못한 사람들을 생각하니 더더욱 가슴이 미어진다.

난 루퍼스에게 묻는다.

"어째서 우리한텐 기회가 없는 걸까?"

"무슨 기회?"

루퍼스는 두리번거리며 체험장과 대기 줄 사진을 찍느라 여
념이 없다.

"또 다른 기회를 맞이할 기회. 어째서 우리는 죽음의 문을
두드려 어떻게 해서든 목숨을 부지할 기회를 얻을 수 없는 거
냐고. 사정하든 협상하든 팔씨름이나 눈싸움을 하든 하여간
무슨 수라도 써 볼 수 있어야 할 거 아냐. 하다못해 어떻게 죽
을지 정할 기회라도 싸워서 얻을 수 있다면 난 최선을 다해 싸
울 거야. 난 잠든 채로 가고 싶어."

또한 나는 용감하게 살아 낸 뒤에야 잠을 청할 것이다. 누군
가 선뜻 팔을 두르고, 나아가 뺨을 비비거나 어깨를 맞대고, 그
저 우리가 함께 살아 있다는 것만으로 얼마나 행복한지 끝없
이 이야기 나눌 수 있는 그런 사람으로.

루퍼스가 전화기를 내리고는 내 눈을 똑바로 바라본다.

"설마 진짜로 팔씨름으로 죽음을 이길 수 있다고 생각하는
거야?"

난 웃음을 터뜨리고는, 그의 눈길에 왠지 얼굴이 뜨거워져
괜히 딴 데로 시선을 돌린다. 근처에서 택시가 서더니 뒷좌석
에서 리디아가 뛰쳐나와서는 나를 찾아 미친 듯이 두리번거린
다. 그녀의 '최후의 날'도 아닌데, 웬 자전거가 그녀를 칠 듯이
스쳐 지나갈 때는 내 가슴이 철렁 내려앉는다. 자전거에 치인

그녀가 의식을 잃고 쓰러져 아빠와 함께 중환자실에 입원하기라도 할 것처럼.

"리디아!"

내가 줄에서 나오자 리디아도 나를 발견한다. 마치 몇 년 만에 만난 듯 난 흥분에 겨워 그만 발을 헛디딘다. 그녀는 나를 얼싸안고 꽉 끌어당긴다. 가라앉는 차에서 나를 빼내는 것처럼, 또는 추락하는 비행기에서 낙하산으로 탈출한 나를 붙잡는 것처럼. 이 포옹이 모든 말을 대신한다. 고마워, 사랑해, 미안해까지 전부 다. 나도 고맙다는 말 대신으로, 내 사랑을 느끼게 하려고, 또한 사과하는 마음을 담아, 그리고 이런 범주 안팎의 모든 말까지 대신해 그녀를 힘껏 껴안는다. 리디아가 갓 태어난 페니를 내게 안겨 주었던 때 이후로 우리의 우정이 가장 아름답게 빛나는 순간······.

리디아가 뒤로 물러서더니 내 뺨을 세게 후려친다.

"나한테 한마디도 하지 않다니."

그러고는 다시 나를 끌어당겨 포옹한다.

뺨이 얼얼하지만 난 그녀의 어깨에 턱을 묻는다. 오늘 새벽에 봤을 때 입었던 헐렁한 티셔츠 차림 그대로인 걸 보니 지금 그녀에게서 나는 시나몬 향은 오늘 페니에게 먹인 이유식의 잔향인가 보다. 우린 부둥켜안은 채로 몸을 흔들흔들 움직인다. 아직 대기 줄에 서 있는 루퍼스를 보니 리디아의 손찌검에 상당히 놀란 표정이다. 이게 리디아의 본모습인데. 앞에서 언급했듯 그녀는 끊임없이 뒤집히는 동전 같은 사람인데. 그걸 모르고 어리둥절해하는 루퍼스를 보니 기분이 묘하다. 루퍼스를 안 지 만 하루도 되지 않았다는 게 오히려 이상하게 느껴진다.

난 리디아에게 말한다.

"그러게. 내가 미안해하는 거 알지? 널 보호하려고 그랬던 것도 알고."

리디아는 울먹인다.

"넌 영원히 내 곁에 있어야지. 페니가 처음으로 반한 상대를 집에 데려오면 네가 나쁜 경찰 노릇을 해 줘야 하잖아. 걔가 대학생이 되고 독립해 나가면 네가 내 카드 게임 상대가 돼 주고 따분한 마라톤 중계를 같이 봐 줘야 하는 거잖아. 지금도 고집이 장난 아닌 페니 고것이 나중엔 나라를 통치해야 직성이 풀릴 테니, 대통령 선거에 나가면 너도 한 표 찍어 줘야 한다고. 모르긴 해도 걘 세상을 지배할 수 있다면 영혼이라도 팔아 치울걸? 그러니 네가 나를 도와 파우스트의 거래(괴테의 희곡 《파우스트》에서 주인공인 노학자 파우스트가 악마 메피스토펠레스와 맺는 거래로, 소원 성취와 영혼을 맞바꾸는 거래를 일컫는다—옮긴이)를 막아야지."

뭐라 말해야 할지 모르겠다. 어떻게 반응해야 할지도 몰라서, 고개를 끄덕이는 것도 가로젓는 것도 아니고 어정쩡하게 흔들고 만다.

"미안해."

"네 잘못도 아닌걸."

리디아는 내 어깨를 더욱 힘주어 조인다.

"내 잘못일지도 몰라. 내가 숨어 지내지 않았다면 세상 물정에 훤해서 영리하게 처신할 수 있을지도 모르지. 자책하기엔 이르지만 어쩌면 내 잘못이 될 수도 있어, 리디아."

말하자면 오늘 나는 생존에 필요한 모든 물품과 함께 야생에 내던져졌지만 정작 불을 피울 줄도 모르는 얼뜨기인 셈이다.

리디아는 단호히 말한다.

"좀 닥쳐 줄래? 네 잘못 아니야. 우리가 너한테 잘못한 거지."

"너야말로 닥쳐 줄래?"

"오, 방금 그거, 네 평생 제일 무례한 말이었지?"

내가 못되게 굴 거라고 내내 다짐만 했다는 듯 리디아는 씩 웃으며 말한다.

"알아, 마테오. 이 세상이 그 어느 때보다 안전한 건 아니지. 크리스천을 비롯해 누구든 매일같이 사람들이 죽어 나가는 세상이니까. 그래도 어떤 위험은 감수할 가치가 있다는 걸 너한테 보여 줄 걸 그랬어."

때로는 다른 무엇보다도 사랑하는 아이가 뜻하지 않게 생기기도 한다. 그렇게 리디아는 이미 내게 보여 주었다.

"그렇지 않아도 오늘은 위험을 감수해 보려고. 너도 동참해 줬으면 해. 페니랑 같이 일상에서 벗어나 모험을 즐기기는 너무 어렵잖아. 늘 세상 구경을 하고 싶다고 했지? 이번 생에선 아무래도 장거리 여행을 떠날 기회가 없을 테니까, 지금 당장 우리가 함께 여행할 수 있다는 게 다행이지 뭐야."

난 그녀의 손을 잡고 머리로 루퍼스를 가리켜 보인다.

리디아는 나랑 같이 화장실에 앉아 임신 테스트기 결과를 기다리던 때와 똑같이 긴장한 얼굴로 루퍼스를 돌아본다. 그리고 역시 그때와 똑같이, 결과를 보려고 테스트기를 뒤집기 직전처럼, 작심한 듯 말한다.

"해 보자."

그녀는 맞잡은 손을 더 꽉 쥐고, 그런 우리를 루퍼스가 유심히 쳐다본다.

"어이, 안녕?"

루퍼스의 인사에 리디아가 답한다.

"안녕은 무슨. 기분 참 뭣 같다. 네 얘기도 들었어, 미안."

"그쪽이 미안할 일은 아니지."

리디아는 눈앞에 내가 있다는 사실이 아직도 놀랍다는 듯 내게서 눈을 떼지 못한다.

마침내 줄의 맨 앞에 도착한다. 경쾌한 노란색 조끼를 입은 매표원이 엄숙한 미소로 우릴 맞이한다.

"세계여행 체험장에 오신 걸 환영해요. 세 분께 조의를 표합니다."

"전 죽지 않아요."

리디아가 냉큼 고쳐 말한다.

"아! 동행인 요금은 100달러입니다. 데커 분들은 보통 기부금을 1달러씩 내고 입장하시고요."

내가 세 명분의 값을 치른다. 그리고 체험장이 아주아주 오랫동안 운영되길 바라는 마음을 담아 200달러를 추가로 기부한다. 체험장이 데커들에게 제공하는 서비스는 메이크어모멘트와 비할 수 없을 만큼 훌륭하다. 매표원이 후한 기부에 감사를 표하는데, 기부금 200달러 정도는 그다지 놀랍지 않은 눈치다. 하기야 데커들은 돈을 마구 뿌리고 다니니까. 루퍼스와 나는 건강한 데커의 표식인 노란 팔찌를, 리디아는 동행인 표식인 주황색 팔찌를 받는다.

우리는 서로 멀리 떨어지지 않고 붙어 다닌다. 정문 출입구엔 데커들과 동행인들이 몰려 조금 북적인다. 다들 여기서 방문 가능한 지역과 이용 가능한 패키지 관광 종류의 목록이 뜨는 거대한 전광판을 올려다보고 있다. 80분간의 세계 일주, 야생의 세계, 미국의 중앙으로 등등…….

루퍼스가 말한다.

"패키지 관광을 이용해 볼까? '너와 나와 깊고 푸른 바다'만 빼면 난 뭐든 괜찮은데."

"'80분간의 세계 일주'가 10분 후에 출발하네."

"어, 좋아!"

리디아가 내게 팔짱을 끼면서 반색하다 루퍼스의 난처한 얼굴을 보고는 멈칫한다.

"어머나 미안, 미안해. 진짜, 너희 둘이 하고 싶은 걸 해야지. 내가 끼어들 일이 아닌데. 미안."

"괜찮아. 루퍼스, 너도 괜찮지?"

"고고, 세계 일주, 요!"

우린 16호실을 찾아 2층짜리 트롤리에 다른 스무 명과 함께 탑승한다. 노란 팔찌를 찬 데커는 루퍼스와 나 둘뿐이다. 파란 팔찌를 찬 데커는 여섯 명이다. 불치병을 앓는 데커이면서 시간이 허락할 때까지 실제 여러 나라와 도시를 여행하는 사람들을 난 온라인에서 여럿 보았고 팔로우도 했었다. 그러나 그럴 여력이 없는 사람들은 우리처럼 차선책을 찾을 수밖에.

트롤리 기사가 통로에 서서 헤드셋 마이크에 대고 안내방송을 한다.

"안녕하세요. 80분간 세계를 여행하는 이 멋진 여행에 함께해 주셔서 고맙습니다. 여행 시간은 최대 10분 내에서 길어지거나 짧아질 수 있음을 미리 공지합니다. 제 이름은 레슬리고요, 전 여러분의 가이드입니다. 세계여행 체험장의 모두를 대신해 여러분과 여러분 가족께 심심한 조의를 표합니다. 오늘 저와 함께하는 여행이 여러분의 얼굴에 웃음을 안겨 주길, 함께 오신 분들에겐 멋진 추억으로 남기를 희망합니다.

어느 지역에서든 더 머무르고 싶으시다면 얼마든지 환영합니다만, 80분 이내로 세계 일주를 마치려면 부지런히 움직여야 한다는 사실을 참고해 주시면 고맙겠습니다. 자, 모두 안전띠를 매 주세요. 이제 출발합니다!"

모두 안전띠를 매고, 트롤리가 움직이기 시작한다. 지도에 대해 잘은 모르지만, 좌석 등받이 뒷면마다 지하철 노선도 비슷하게 그려진 경로 표시 선이 지리적으로 정확하지 않다는 건 알겠다. 그래도 믿을 수 없을 만큼 실제와 똑같이 복제해 놓은 세계 곳곳을 둘러보는 이 시간이 믿을 수 없을 만큼 황홀하다. 어느 정도냐면, 리디아가 독학으로 알게 된, 각 장소에 얽힌 재미있는 사실들에 대해 듣는 것보다도 더 좋다. 철길을 따라 움직이다 보니 데커들과 동행인들이 즐기는 모습을 구경할 수도 있다. 심지어 개중 몇몇은 여기에 관광객만 있는 게 아니라 자기들이 아는 사람이라도 있는 것처럼 손을 흔들기도 한다.

런던의 웨스트민스터 궁전은 거기서 죽는 게 불법이라는 속설이 있어 그냥 지나치지만 빅벤의 종소리를 듣는 건 비록 시계에 손을 얹는 순간 홀랑 깨기는 해도 정말 근사한 경험이다. 자메이카에선 '대왕제비나비'라는 거대한 나비 떼가 우리를 맞이하는 가운데, 현지인들이 아키 앤드 솔트피쉬(아키라는 과일과 염장 대구를 한데 볶은 것으로 자메이카의 국민 음식에 속한다―옮긴이) 같은 토속 음식을 바닥에 놓고 먹는다. 아프리카에는 말라위 호수에 서식하는 생물들을 옮겨다 놓은 거대한 수족관이 있다. 난 유유히 헤엄치는 파랗고 노란 생물들에게 넋을 빼앗긴

나머지, 목덜미를 물어 새끼를 옮기는 암사자에게 먹이를 주는 장면이 커다란 화면에 생중계되는 걸 하마터면 놓칠 뻔한다. 쿠바에서는 현지인 대 외지인의 도미노 시합과 각설탕을 사려고 길게 줄 선 사람들을 구경하는데, 루퍼스는 자신의 뿌리를 좀 더 알게 됐다며 무척이나 신이 났다. 호주에는 이국적인 꽃들, 연날리기 대회, 아이들에게만 무료로 제공되는 코알라 인형이 있다. 이라크에서는 아름다운 실크 스카프와 셔츠를 진열한 가판대 뒤로 보이지 않게 설치한 스피커에서 국조인 바위자고새 우짖는 소리가 흘러나온다. 리디아가 설명하듯 1년 내내 여름이라는 콜롬비아에서는 주스 노점상들이 색색의 음료로 우리를 유혹한다. 이집트에는 두 기뿐이지만 복제판 피라미드가 있고, 공간이 덥고 건조하므로 직원들이 '나일강'이라는 브랜드의 생수를 나눠 준다. 중국에 도착하자 리디아가 이 나라는 정부의 허가 없이는 환생도 금지라더라며 주위들은 우스갯소리를 전하지만, 난 그런 생각은 하고 싶지 않아서 불 밝힌 복제판 마천루와 탁구를 즐기는 사람들에 집중한다. 한국에서는 교실에서 쓰인다는 주황과 노랑이 섞인 '로봇 선생님' 두 대와 미용실에서 화장을 받는 데커들을 지켜본다. 푸에르토리코에선 트롤리가 40초간 정차한다. 루퍼스가 내 팔을 당기며 트롤리에서 내리고, 리디아도 따라나선다.

"무슨 일인데?"

난 거의 고함치듯 묻는다. 그렇게 하지 않으면 쪼끄만 청개구리 떼의 합창 소리에 묻힐 판이다. 여기에 진짜 청개구리 떼가 있는 건지 그냥 녹음한 소리인지 잘 모르겠다. 청개구리 소리 말고도 온갖 야생의 소리가 섞여 들리는데 사이렌이며 자동차 경적에만 익숙한 내 귀에 상당히 거슬린다. 그나마 럼주를 실은 수레 옆에서 사람들이 떠드는 소리를 들으니 좀 안정이 되는 듯하다.

루퍼스가 대답한다.

"기회가 생긴다면 짜릿함을 느낄 수 있는 여행을 해 보고 싶다고 했잖아. 아까 얘기했는데, 맞지? 여기서 그 기회가 생기지 않을까, 하고 내가 잘 살펴봤지. 그리고 짜잔!"

그는 어느 터널 옆의 표지판을 가리킨다. '열대우림 점프!'라 적혀 있다.

"뭔지 몰라도 가짜 스카이다이빙보단 확실히 나을걸?"

"스카이다이빙을 했다고?!"

리디아가 끼어든다. '둘 다 미쳤구나'와 '부러워 죽겠다'가 동시에 담긴 말투다. 그녀는 큰언니 콤플렉스가 있어 과보호에 집착하는 경향이 있다.

우리 셋은 진짜 모래가 흩뿌려진 베이지색 타일 길을 걸어 터널로 간다. 체험장 직원이 '엘 윤케 열대우림관' 안내서를 건네며 음성 해설과 함께하는 관광을 권한다. 하지만 그러면 이 지역의 자연이 들려주는 음악은 듣지 못한다고 하기에 우린 헤드폰을 넘겨주고 후텁지근한 터널로 들어간다.

빽빽한 나무숲이 이슬비를 막아 주고 두툼한 잎사귀들이 인공 햇빛을 가려 준다. 우린 사람들 발길로 다져진 길에서 벗어난다. 비틀린 나무줄기를 에돌아 청개구리 떼 소리가 나는 곳을 향해 걸어간다. 아빠가 내 나이였을 때 친구들과 앞다투어 나무에 올라 개구리를 잡아서는 그걸 키우고 싶어 하는 다른 아이들한테 팔았다는 얘기를 들려준 적이 있다. 때로는 굵은 나뭇가지에 홀로 앉아 생각에 잠겼다고도 했다. 더 깊이 들어가자 청개구리 소리는 점차 사람들과 폭포 소리로 바뀐다. 녹음된 소리인 줄 알았는데 아니다. 숲속 빈터를 지나쳐 가자 6미터 높이 낭떠러지에서 쏟아지는 물줄기가 보인다. 물줄기가 떨어지는 웅덩이에는 상의를 입지 않은 데커들과 안전 요원들이 있다. 앞서 표지판이 광고하던 열대우림 점프가 바로 이것인가 보다. 광고만 봤을 땐 왠지 시시할 것 같았는데. 왜 그랬는지 모르겠는데, 막연히 징검다리 건너듯 평지의 바위들을 폴짝폴짝 뛰어넘는 것인 줄 알았다.

이미 여기서 너무 많은 것을 봐서 그런지, 오늘의 끝에 대한 생각보다 이 체험장을 떠나야 한다는 사실이 더 깊이 폐부를 찌른다. 마치 평생을 기다렸던 꿈을 꾸다 갑자기 깨는 것처럼. 하지만 이건 꿈이 아니다. 난 깨어 있고, 해 볼 작정이다.

리디아가 루퍼스에게 말한다.

"내 딸은 비를 싫어해. 자기가 통제할 수 없는 건 뭐든 싫어하지."

난 말한다.

"걔도 생각이 바뀔걸."

우린 데커들이 뛰어내리는 곳, 벼랑 끝으로 간다. 머리를 스카프로 싸매고 파란 팔찌를 찬 왜소한 여자애가 팔 튜브를 끼고서 마지막 순간에, 마치 건물 옥상에서 누가 밀기라도 한 것처럼 뒤로 뛰어내리는 위험천만한 행동을 한다. 아래에서 한 안전 요원이 호루라기를 불고, 나머지 요원들까지 그녀가 첨벙 하고 떨어진 지점으로 모여든다. 그녀는 수면으로 올라와 깔깔깔 웃어 젖힌다. 안전 요원들이 뭐라고 나무라는 듯하지만 그녀는 전혀 개의치 않는다. 오늘 같은 날 누가 그러겠는가?

루퍼스
오후 4시 24분

그동안 내가 겁이 없다고 떠들고 다니긴 했지만, 이것만큼은 자신이 없다. 가족을 잃은 후로는 해변에 발을 딛거나 동네 수영장에도 들어가 본 적이 없다. 오늘 이전에 여기만큼 물이 많은 장소에 가장 가까이 간 건 에이미가 이스트강에서 낚시를 했을 때였고, 그날 밤 나는 허드슨강에 빠진 우리 가족의 차를 낚아 올렸더니 그들이 죽을 때 입었던 옷을 그대로 걸친 채 해골이 되어 있던 악몽을 꿨다. '가족'을 버리고 혼자만 살아남은 '나'를 또다시 떠올리게 했던 꿈이었다.

"마테오 넌 실컷 즐겨. 아무래도 난 거부권을 행사해야겠다."

리디아는 반대다.

"너도 뛰지 마. 여기서 내 말은 통하지 않는 거 알지만, 나야말로 거부권을 행사할래. 네가 뛰는 건 거부, 거부, 거부, 거부야."

이성을 상실한 덕인지 마테오는 아랑곳없이 줄을 선다. 내가 바라는 게 그거다. 더는 시끄러운 개구리 떼도 없고, 분명 내 말을 들었을 거다. 이 인간은 변했다. 물론 댁들도 관심을 기울이고 있겠지만, 좀 봐라. 마테오는 낭떠러지에서 뛰어내리려고 줄을 섰고, 내가 뭐든 걸고 장담하는데 이 인간은 수영할 줄도 모를 거다. 그는 우릴 돌아보며 거기가 롤러코스터 줄인 양 어서 오라고 손짓한다.

심지어 나와 시선까지 맞추며 재촉한다.

"어서 와. 아님 메이크어모멘트로 돌아가 가짜 수영장에서 수영할래? 네가 원하면 그렇게 하고. 내가 진심으로 하는 말인데, 너도 다시 물속으로 들어가 보면 전부 다 훨씬 나아질걸? 어…… 내가 널 뭔가로 이끌다니 이상하다, 그치?"

"그래 뭐, 뭔가 거꾸로 된 것 같긴 하네."

"짧게 말할게. 메이크어모멘트의 가상현실은 필요 없어. 바로 여기서 일생일대의 추억을 만들 수 있으니까."

난 짓궂은 미소를 날린다.

"바로 이 인공 열대우림에서?"

"난 이 장소가 진짜라고 말한 적 없다."

체험장 안내원이 마테오에게 다음 차례라고 알린다.

"친구들이랑 다 같이 뛰면 진짜 멋있겠죠?"

마테오의 물음에 안내원은 "물론이죠"라고 대답한다.

"난 뛰지 않아!"

리디아가 외치지만 마테오는 꿋꿋하다.

"아냐, 너도 뛸 거야. 안 뛰면 후회한다?"

난 마테오에게 말한다.

"내가 널 밀어 줘야 하는데. 하지만 하지 않으련다. 왜냐면 네 말이 맞거든."

두려움은 이겨 낼 수 있다. 특히 안전 요원들과 팔 튜브가 있는, 이렇게 통제된 환경에서는.

수영할 생각으로 체험장에 온 게 아니었던 터라 속옷만 빼고 다 벗었는데, 와, 마테오가 이렇게나 비쩍 마른 줄은 난 미처 몰랐다. 마테오는 웃기게도 내 쪽을 쳐다보지도 못하는 반면 리디아는 자기도 청바지에 브래지어 바람이면서 대놓고 날 위아래로 훑어본다.

우린 안내원들한테서 받은 장비를 팔에 낀다(팔 튜브를 '장비'라고 칭한 건 그래야 덜 귀엽게 들리기 때문이다). 아까 마테오와 대화한 안내원이 편할 때 뛰시라고, 그래도 뒤에서 기다리는 분들이 계시니 너무 오래 끌면 곤란하다고 말한다.

마테오가 묻는다.

"셋 셀까?"

"어."

"하나, 둘······."

난 마테오의 손을 잡고 깍지를 낀다. 그는 상기된 얼굴로 나를 돌아보고는 리디아의 손을 움켜잡는다.

"셋."

세 사람 모두 앞과 아래를 보고는, 뛴다. 허공에선 내가 조금 더 빨라서 마테오를 끌고 내려가는 느낌이다. 마테오가 소리를 지르고, 난 입수하기 몇 초 전부터 역시 환성을 내지르고, 리디아도 환호한다. 입수하는 순간에도 마테오는 내 곁에 있다. 물속에 머무르는 시간은 몇 초에 지나지 않지만, 난 눈을 뜨고 그가 있음을 확인한다. 당황하지 않는 그의 모습은 가라앉는 차에서 날 내보낸 뒤 안도하던 부모님의 표정을 연상시킨다. 리디아의 손은 놓쳤는지 이미 시야에서 사라졌다. 마테오와 나는 여전히 깍지를 낀 채 수면으로 떠오르고, 안전 요원들이 바로 옆으로 다가온다. 난 웃음을 터뜨리며 마테오에게 다가가 그가 내게 강요한 해방감에 대한 고마움의 표시로 그를 얼싸안는다. 마치 세례든 뭐든 받은 것 같은 기분이다. 분노와 슬픔과 원망과 좌절감을, 어딘지 알고 싶지도 않은 수면 아래 어딘가로 던져 버리고 나온 것 같다.

세찬 폭포수가 우리 근처의 수면으로 끊임없이 쏟아지고, 한 안전 요원이 우리를 기슭 쪽으로 인도한다.

마테오는 기슭에서 기다리던 안내원이 건넨 수건을 어깨에 두르고 덜덜 떨면서 묻는다.

"기분 어때?"

난 답한다.

"나쁘지 않네."

우리 둘 다 손깍지나 그 비슷한 무엇도 입에 올리지 않지만, 지금껏 그가 내게 품은 일말의 의심이라도 있었다면 바라건대 이제는 내 진심을 알았으면 좋겠다. 우린 수건으로 몸을 말리며 언덕으로 올라가서 옷가지를 되찾아 입는다. 나가는 길에 있는 기념품 가게에서 라디오를 틀어 놓았는데, 거기서 노래가 나오자 마테오가 따라서 흥얼거린다.

난 '안녕히!'라고 적힌 카드를 한 장 뽑아 드는 그를 구석으로 몰고 가 짐짓 을러댄다.

"날 뛰게 했으니 이제 네 차례다."

"나도 같이 뛰었잖아."

"내가 말하는 건 그게 아니야. 나랑 같이 지하의 댄스 클럽으로 가 줘야겠어. 데커들이 춤추고 노래하고 빈둥거리는 데지. 내려가는 거다?"

안드라지 경관
오후 4시 32분

아리엘 안드라지는 오늘 죽지 않으므로 데스캐스트로부터 전화가 오지 않았지만, 법 집행관인 그는 매일 밤 시계가 자정을 가리킬 때마다 전화가 올까 봐 두려움에 떤다. 특히 두 달 전에 파트너를 잃고 나서는 데스캐스트 전화가 그에게 가장 큰 두려움의 대상이 되었다. 그와 그레이엄은 2인조 경찰 영화를 찍어도 손색이 없을 만큼 완벽한 짝이었다. 업무 방식은 물론이고 같이 맥주를 홀짝이며 이른바 '아재 농담'을 주고받는 것도 그랬다.

그레이엄은 언제나 안드라지 경관의 마음속에 살아 있다. 자기네 형제 중에 데커가 있어 반항 지수가 최고조에 이른 위탁가정 아이들을 유치장에 가둔 오늘도 예외는 아니다. 꼭 DNA가 일치해야만 형제가 되는 건 아니라는 사실을 안드라지 경관은 아주 잘 안다. 꼭 같은 핏줄이 아니어도 누군가 죽었을 때 나의 일부도 함께 사라지는 것 또한 결코 불가능한 일이 아니다.

안드라지 경관이 잡기를 일찌감치 포기한 루퍼스 에메테리오라는 그 데커 녀석은 여태 살아 있을지 의문이긴 하지만 살아 있다 해도 특별히 말썽거리가 되지는 않을 것이다. 그에겐 생의 마지막 몇 시간 동안 소란을 일으키는 데커들을 알아보는 육감이 있다. 그레이엄을 죽음으로 몰아간 그 데커를 알아보았듯이.

그레이엄은 예고를 받은 '최후의 날'에도 근무를 하겠다고 고집을 피웠다. 사람들 목숨을 구하다 죽는 게 생애 마지막 섹스보다 더 낫다는 것이었다. 그들은 온라인 피드 경쟁 사이트 '뱅어스(Bangers)'에 가입한 어느 데커를 뒤쫓는 중이었다. 당시 뱅어스는 넉 달째 엄청난 일일 조회수와 내려받기 수를 기록한 인기 절정의 사이트였다. 사람들은 매시간 뱅어스에 들어와 가능한 한 가장 독특한 방법으로 자살하는, 즉 가장 충격적인 죽음을 맞이하는 데커들을 지켜본다. 최고 인기 죽음으로 등극한 데커의 가족들은 출처가 불분명한 상금을 받는데, 조회자들을 만족시킬 만큼 기발한 방법으로 자살하는 데커들은 사실 그리 많지 않다. 뭐, 여러 번 도전할 수도 없는 노릇이니까. 그레이엄은 오토바이를 타고 윌리엄스버그 다리에서 뛰어내리려는 어느 데커를 구하려다 도리어 자기만 죽고 말았다.

안드라지 경관은 무슨 수를 써서든 올해가 가기 전에 그 온라인 사이트를 없앨 작정이다. 이 과업을 완수하지 못하는 한

천국에서 그레이엄과 함께 맥주를 홀짝일 면목이 없다. 그는 철부지들 돌보기가 아니라 본업에 집중하고 싶다. 그래서 지금 그 녀석들 위탁 부모를 불러 석방에 필요한 서류들에 서명하게 하는 것이다. 그저 주의를 단단히 주고 녀석들을 집으로 돌려보낼 참이다. 그래야 녀석들도 눈 좀 붙일 수 있을 테니.

애도하면서.

만일 그 데커 친구가 아직 살아 있다면 재회할 수도 있겠고.

아주 친한 데커가 죽으면 그 무엇도 형언할 수 없는 상태가 거의 평생토록 이어진다. 그 사람이 아직 살아 있는 동안 1분 1초라도 더 함께 보내야 후회가 거의 남지 않는다.

패트릭 '펙' 개빈
오후 4시 59분

"어쩌면 이미 돼졌을지도 모르지."

루퍼스의 인스타그램에 새 게시글이 올라오면 알림이 울리도록 설정해 두었지만 펙은 손수 확인하길 멈추지 않는다.

"올라와라, 올라와. 어서, 어서……."

물론 펙은 루퍼스가 죽기를 바란다. 그러나 펙 자신이 그 죽음을 안기고 싶다.

루퍼스
오후 5시 1분

클린츠 그레이브야드 앞에 늘어선 줄은 간밤에 플루토로 돌아갈 때 봤던 것만큼 길지 않다. 다들 안에 들어가서인지 이미 죽어서인지 모르지만 궁금해하기도 싫다. 틀림없이 마테오에게는 최고의 클럽일 것이다. 만 열여덟 살이 되려면 아직 몇 주가 남았지만 나도 입장이 가능해야 할 거다.

리디아가 말한다.

"오후 5시에 클럽에 오다니. 이상하잖아."

휴대전화의 화상 통화 알림음이 요란하게 울리기에 에이미인 줄 알았는데 웬걸, 맬컴의 심각하게 못생긴 프로필 사진이 뜬다.

"플루토 애들이다! 어우씨."

"플루토?"

리디아의 물음에 마테오가 대답한다.

"얘의 절친들!"

절친이라는 단어로 이 친구들을 설명하기엔 턱없이 부족하지만, 마테오마저 눈물을 훔칠 정도로 감격스러운 순간이므로 그냥 넘어가기로 한다. 내가 장담하는데, 당장 마테오가 아빠의 전화를 받는다면 나 역시 똑같이 눈물을 흘릴 거다.

난 대기줄에서 벗어나 전화를 받는다. 내가 받을 줄 몰랐는지 화들짝 놀란 표정의 맬컴과 타고가 화면에 나타난다. 날 때려눕힌 2인조 레슬링 팀이라도 되는 듯 둘은 날 향해 의기양양한 미소를 날린다.

"루우프!"

"어우씨. 우와."

맬컴이 외친다.

"너 살아 있구나!"

"너흰 풀려났구나!"

타고가 맬컴과 자리다툼을 하며 끼어든다.

"우릴 가둬 둘 수 없었던 거지. 우리 보여?"

"다 필요 없어. 루프, 너 어디야?"

맬컴은 화면 속 내 뒤의 배경을 살피느라 눈을 찡그린다. 나 역시 애네가 어디에 있는지 전혀 모른다.

"클린츠야. 둘이 여기로 와 줄래? 되도록 빨리?"

좀 더 괜찮은 작별 인사를 할 수 있다. 녀석들을 껴안아 줘도 좋을 것이다. 오후 5시를 넘긴 건 존나 기적이지만 시간이 얼마 남지 않았음은 분명한 사실일 터. 마테오가 리디아의 손을 잡고 있듯이 나도 가장 소중한 친구들과 함께 있고 싶다. 그들 모두와 함께.

"에이미도 데려올 수 있을까? 빌어먹을 펙 새끼는 말고. 그 면상을 보면 또 때려눕힐 거야."

여기서 내가 어떤 교훈을 얻었어야 하는지도 모르지만, 난 그런 거 얻은 적 없다. 내 장례식을 망치고 친구들까지 갇히게 한 놈이니 또 사지로 몬다 해도 날 탓할 생각은 마라.

맬컴이 말한다.

"네가 아직 살아 있으니 놈한테 다행이네. 안 그랬음 우리가 오늘 밤새도록 놈을 잡아 족칠 셈이었으니까."

이어서 타고가 끼어든다.

"클린츠에 꼭 붙어 있어. 우린 20분 안에 도착해. 감방 냄새 좀 날 거야."

타고 녀석, 자기가 무슨 중범죄자라도 되는 양 구는 게 환장하게 웃긴다.

"아무 데도 가지 않아. 지금 어떤 친구랑 같이 있거든? 아무튼 빨리 와, 알았지?"

맬컴이 말한다.

"너 거기 없으면 죽는다, 루프."

녀석의 말뜻을 난 잘 안다. 죽지 말라는 당부다.

난 클린츠 그레이브야드 간판을 사진 찍어 원색 그대로 인스타그램에 올린다.

패트릭 '펙' 개빈
오후 5시 5분

"걸렸다."

펙은 침대를 박차고 나온다. 클린츠 그레이브야드. 그는 장
전된 권총을 배낭에 집어넣는다.

"서둘러야 해. 가자."

4

끝

죽고 싶은 사람은 아무도 없습니다.
천국에 가고 싶은 사람들조차
거기에 가려고 죽기를 원하지는 않지요.
그렇지만 죽음은 우리 모두의 최종 도착지입니다.
인류 역사상 예외가 없었어요. 원래 그래야 하는 것입니다.
왜냐하면 죽음은 아마도 삶이 만들어 낸
단연 최고의 발명품일 테니까요.
죽음은 삶의 변화를 이끕니다.
헌것을 비워 새것이 들어올 길을 내지요.

— 스티브 잡스

마테오

오후 5시 14분

오늘은 기적이 일어나는 날이다.

'라스트 프렌드'에서 루퍼스를 찾았다. 둘 다 '최후의 날'을 가장 소중한 친구들과 함께 보낼 수 있게 되었다. 우린 각자의 두려움을 극복했다. 그리고 지금 우리는 온라인 평점이 우수한 클린츠 그레이브야드에 있고, 앞으로 몇 분 안에 불안감을 벗어던질 수만 있다면 여긴 내게 완벽한 무대가 될 수도 있다.

내가 살면서 본 모든 영화 속 클럽들은 하나같이 완고하고 엄청나게 위압적인 기도들이 앞을 지키고 있었는데, 여기 클린츠에서는 야구 모자를 거꾸로 쓴 아가씨가 모두를 맞이한다.

기도 아가씨가 내게 신분증을 요구한다.

"널 잃게 된다니 유감이야, 마테오. 들어가서 재미있게 놀아요, 알았지?"

난 끄덕인다. 플라스틱 기부함에 얼마 넣고서 루퍼스도 입장료를 내길 기다린다. 그를 위아래로 훑는 기도 아가씨의 눈길에 내 얼굴이 다 화끈거린다. 하지만 루퍼스가 어쩔 줄 몰라 하는 날 보고 내 어깨를 두드리자 이번엔 다른 종류의 열이, 그러니까 낭떠러지 위에서 그가 내 손을 잡았을 때와 같은 종류의 열이 확 오른다.

문 너머에서 쿵쿵쿵 울리는 음악 소리가 둔탁하게 넘어오고, 우리는 리디아를 기다린다.

루퍼스가 묻는다.

"괜찮아?"

"긴장돼. 흥분도 되고. 대체로 긴장 쪽이야."

"그래서, 날 벼랑 끝에서 뛰어내리게 한 게 후회되냐?"

"넌 후회돼?"

"아니."

"그럼 나도 아니."

"들어가서 실컷 놀 거지?"

"압박하지 마."

벼랑 끝에서 뛰어내리는 것과 클럽에서 노는 것은 엄연히 다르다. 일단 벼랑에서 뛰어내리면 도중에 멈출 수 없고 되돌릴 수도 없다. 그러나 낯선 사람들 앞에서 부끄러움을 무릅쓰고 과감히 놀아 젖히려면 그야말로 특별한 용기가 필요하다.

"압박하는 거 아니야. 그저 이생에서 남은 몇 시간을 알차게 보내고 후회 없이 죽자는 거지. 다시 말하는데, 압박하는 거 아니다."

후회 없이 죽자. 지당한 말씀.

뒤에서 친구들이 지켜보는 가운데, 난 문을 당겨 열고 들어서자마자 후회한다. 밖에서 최대한 시간을 끌었어야 하는데. 파랗고 노랗고 하얀 섬광이 여기저기서 번쩍거린다. 벽에는 데커들과 그 친구들이 남긴 낙서가 가득하다. 때론 그것이 데커들이 남긴 마지막 흔적, 그들이란 존재를 영원히 살아 있게 할 무엇이기도 하다. 시기와 상관없이, 인간이라면 누구나 끝을 맞이한다. 영원히 사는 사람은 없지만, 우리가 남기고 간 것으로 인해 다른 누군가의 기억 속에서 우린 계속 살 수 있다. 이 공간을 메운 사람들, 데커들과 그 친구들을 보니, 모두 왕성히 살아 있다.

내 손을 감싸는 누군가의 손길이 느껴진다. 몇십 분 전 내 손을 잡았던 그 손은 아니다. 이건 역사가 담긴 손이다. 내 대녀가 태어났을 때, 그리고 크리스천이 세상을 뜨고 없는 숱한 아침과 저녁에 잡았던 손. 리디아와 함께한 세계 속 세계여행은 믿을 수 없을 만큼 굉장했고, 지금 이 순간, 돈으로 살 수 없는 이 시간, 그녀가 여기에 나와 함께 있다는 사실에 나는 한없이 우울해야 할 모든 이유에도 불구하고 더없이 행복하다.

루퍼스도 다가와 내 어깨에 팔을 두른다.

"플로어는 마음껏 써. 무대도, 생각 있으면 얼마든지."

"무대로 갈래."

그래, 난 가야 한다.

무대 위에선 목발을 짚은 한 십 대가 〈이 감정에 저항할 수 없어(Can't Fight This Feeling)〉를 부르는데, 루퍼스식으로 표현하면 '완전 죽여준다'. 그의 뒤에서 춤을 추는 두 사람이 있다. 친구 사이인지 서로 모르는 사이인지 누가 알겠으며 또 누가 상관하겠느냐마는, 그들이 내뿜는 기운이 날 들뜨게 한다. 이 기운을 자유라 불러도 괜찮지 않을까. 내일 이상한 눈초리로 날 쳐다볼 사람도 없을 테니. 박자감 꽝인 구린 녀석이 있더라며 친구들에게 문자메시지를 보낼 사람도 없고. 게다가 지금 이 순간, 남들 눈을 의식한 내가 얼마나 어리석었던가 하는 깨달음에 얼굴을 한 방 얻어맞은 것처럼 멍하기까지 하다.

엉뚱한 것들을 신경 쓰느라 시간을 허비하고 재미를 놓쳤다.

"생각해 둔 노래라도?"

"없어."

좋아하는 노래는 아주 많다. 빌리 조엘의 〈비엔나(Vienna)〉. 엘리엇 스미스의 〈내일, 내일(Tomorrow, Tomorrow)〉. 브루스 스프링스틴의 〈본 투 런(Born to Run)〉은 아빠가 좋아하는 노래고. 세 곡 다 내가 절대 낼 수 없는 고음이 들어가지만, 내가 망설이는 건 고음 때문이 아니다. 난 그저 노래를 '제대로' 부르고 싶을 뿐이다.

음료를 파는 카운터 위쪽의 메뉴판에는 해골과 X 모양으로 엇갈린 뼈 그림이 있는데, 해골이 웃는 모습인 게 퍽 인상적이다. '마지막으로 웃는 날'이란 문구도 적혀 있다. 음료는 전부

무알코올, 죽음을 앞두었다는 이유로 미성년자에게 술을 팔아서는 안 되니 이해할 만하다. 2년 전, 18세 이상인 데커에게 주류 구매를 허용해야 하는지 안 되는지를 두고 엄청난 격론이 벌어졌다. 법조인들이 십 대의 사망 원인 중 알코올 중독과 음주운전의 비율을 제시하자, 원래대로 유지해야 한다는 쪽으로 여론이 기울었다. 그러나 그건 어디까지나 법률상의 얘기고, 내가 아는 한 여전히 술을 구하기는 너무나 쉽다. 늘 그랬고 늘 그럴 것이다.

난 말한다.

"목 좀 축이자."

우린 빽빽이 서서 춤추는 사람들 틈바구니를 뚫고 간다. 디제이가 데이비드라는 이름의 턱수염 아저씨를 무대로 부른다. 데이비드는 몸을 굴려 무대에 오르더니 엘리엇 스미스의 〈다정한 작별 인사(A Fond Farewell)〉를 부르겠다고 한다. 본인이 데커인지 친구에게 불러 주는 건지 모르지만, 아름답다.

이윽고 카운터에 도착한다.

'그레이프야드(GrapeYard, 포도를 뜻하는 'grape'와 묘지를 뜻하는 'graveyard'를 조합해 만든 말―옮긴이)'라는 이름의 무알코올 칵테일은 당기지 않는다. '데스 스프링(Death Spring, 죽음의 샘)'은 더 싫다.

리디아는 루비처럼 새빨간 '터미네이터(Terminator, 종결자)'라는 칵테일을 주문한다. 음료는 금세 나온다. 그녀는 한 모금

마시더니 마치 식초를 한 컵 입에 털어 넣은 것처럼 오만상을 짓는다.

"마셔 볼래?"

"됐어."

"여기에 독한 약이라도 들어 있으면 좋겠다. 어떻게 맨정신으로 널 보내니."

루퍼스는 탄산수를 주문하고 나도 같은 걸 시킨다.

음료가 나오고, 난 잔을 높이 든다.

"할 수 있을 때 실컷 웃자!"

셋의 잔이 부딪치는 순간, 리디아는 떨리는 아랫입술을 꼭 깨물지만 루퍼스와 나는 활짝 웃는다.

루퍼스가 가운데로 치고 들어오면서 그의 어깨가 내 몸을 짓누를 정도로 밀착된다. 음악과 환성이 너무 커서 그는 내 귀에 입을 거의 대고 말한다.

"오늘은 네가 주인공이야, 마테오. 농담 아니다. 아까 아버지한테 노래를 불러 드리다가 내가 들어가는 바람에 그만뒀잖아. 너한테 뭐랄 사람은 아무도 없어. 널 막는 사람은 너 자신뿐이니까 네가 용기를 내야 해."

데이비드의 노래가 끝나자 모두가 열렬한 갈채를 보낸다. 심지어 호응을 꾸며 낸 것도 아니다. 누가 보면 여기서 전설의 록스타가 공연이라도 하는 줄 알 정도다.

"봤지? 다들 네가 즐기는 모습을, 생기를 발산하는 모습을 보고 싶어 할 뿐이야."

난 미소하며 그의 귓가로 입을 가져간다.

"너도 같이 불러. 곡은 네가 정하고."

루퍼스는 흔쾌히 끄덕하고는 내 쪽으로 머리를 기울인다.

"좋아. 〈아메리칸 파이(American Pie)〉. 가능할까?"

나도 정말 좋아하는 노래다.

"당연하지."

리디아에게 우리 음료를 지켜 달라고 부탁하고는 루퍼스와 함께 신청곡을 접수하러 달려간다. 우리가 디제이 앞에 도착하기 전, 재스민이라는 이름의 터키 여자애가 패티 스미스의 〈왜냐면 그 밤에(Because the Night)〉를 부르는데, 저렇게 자그마한 체구를 지닌 사람이 이토록 주목을 받고 이 정도의 열광을 이끌어 낼 수 있다니 정말 굉장하다. 흑갈색 머리의 여자애가 곧 죽을 사람이라고는 믿을 수 없을 만큼 환한 미소를 띠고서 노래를 신청한 뒤 물러난다. 뒤이어 내가 신청곡을 얘기하자 디제이 루아우는 곡 선택이 탁월하다며 칭찬한다. 난 재스민의 노래에 맞춰 몸을 살짝살짝 흔들다가 내킬 때는 머리도 까딱까딱한다. 그런 나를 보며 루퍼스가 빙그레 미소 짓고, 난 그만 창피해져 몸이 굳어 버린다.

그렇지만 어깨를 으쓱하고서 다시 몸을 흔든다.

지금만큼은 누군가의 눈에 띈다는 게 즐겁다.

"전성기야, 루퍼스. 나한테도 전성기라는 게 오는구나. 바로 지금."

"야, 나도야. 라스트 프렌드에서 나한테 메시지 보내 줘서 고맙다."

"커밍아웃 하지 않은 게이가 사귈 수 있는 최고의 '마지막 친구'가 되어 줘서 고맙다."

우리 직전에 신청곡을 낸 베키라는 여자애가 무대로 불려 올라가 오티스 레딩의 〈조금은 친절해지도록(Try a Little Tenderness)〉을 부른다. 우린 다음 차례이므로 무대로 올라가는 끈적끈적한 계단 옆에서 기다린다. 베키의 노래가 막바지에 이르자 드디어 긴장감이 몰려온다. 바로 다음이 내 차례라니.

그러나 그 긴장감도 디제이 루아우가 우릴 부르는 순간에 비할 바가 아니다.

"루퍼스와 매튜, 무대로 올라오세요."

그렇다, 내 이름을 잘못 불렀다. 데스캐스트의 안드레아가 그랬던 것처럼. 그 일이 일어났던 몇 시간 전은 마치 오늘이 아닌 것 같은 느낌이다. 오늘 하루 동안 평생을 살고 나서 지금 이 순간 앙코르 인생을 사는 것만 같다.

루퍼스가 계단을 뛰어 올라가고 나도 얼른 뒤쫓아 간다. 베키가 내게 더없이 다정한 미소를 날리며 행운을 빌어 준다. 베키는 데커일까. 아니면 좋겠다. 데커라면, 아무런 후회도 없이 떠나길. 난 "노래 좋았어요, 베키!"라고 소리쳐 답한 뒤 돌아선다. 루퍼스가 등받이 없는 의자 두 개를 무대 중앙으로 끌어 온다. 다행이다. 〈아메리칸 파이〉는 퍽 긴 노래고, 무대 위에 오르니 무릎이 마구 떨리고 조명 빛에 눈이 부신 데다 귀까지 윙윙대기 때문이다. 나와 루퍼스가 나란히 앉자 디제이 루아우가 누군가에게 손짓해 우리에게 마이크를 가져다주게 한다. 마이크를 받아 드니 아군이 전투에서 지고 있을 때 엑스칼리버를 손에 넣은 것처럼 전능한 투사가 된 기분이다.

노래가 시작되자 마치 우리가 유명한 원곡 가수인 양 모두가 환호성을 내지른다. 루퍼스가 내 손을 꼭 잡았다 놓는다.

시작은 루퍼스가 먼저다.

"오래전 그 시절 난 아직 그때를 기억해……."

나도 합류한다.

"그 음악이 날 얼마나 미소 짓게 했는지."

눈물이 솟는다. 얼굴이 더워진다…… 아니, 뜨거워진다. 좌우로 몸을 흔드는 리디아가 보인다. 이건 꿈일 수가 없다. 꿈은 이 순간의 강렬함을 결코 담아내지 못할 테니.

"……오늘이 내가 죽는 날이라고…… 오늘이 내가 죽는 날이라고……."

무대 주변의 공기가 사뭇 달라진다. 음정이 엉망진창인데도 내 자신감만은 하늘을 찌를 듯해서가 아니라, 이 노래가 여기에 있는 데커들 모두의 이야기이기 때문이다. 이 가사는 우리들 한 명 한 명의 가슴속으로, 꺼져 가는 반딧불처럼 아스라이 사라져 가지만 아직 분명히 존재하는 영혼 속까지 깊숙이 파고든다. 몇몇은 노래를 따라 부르는데, 여기선 라이터 소지가 금지여서 그렇지, 아니었으면 다들 라이터를 켜고 흔들면서 노래할 것 같은 분위기다. 눈물을 흘리는 이들이 있는가 하면, 바라건대 행복한 추억에 젖은 듯 두 눈을 감은 채 미소를 머금은 이들도 있다.

장장 8분에 걸쳐 루퍼스와 난 가시 면류관과 위스키, 방황하는 세대, 사탄의 저주, 블루스를 부르던 아가씨, 음악이 죽은 날, 기타 등등에 관한 노래를 부른다. 마침내 노래를 마치고 가쁜 숨을 몰아쉰다. 우레와 같은 박수와 환호성이, 청중의 사랑이 나를 흠뻑 적신다. 그 열렬한 반응에 힘을 얻은 나는 연신 허리 숙여 인사하는 루퍼스의 손을 꼭 움켜잡는다. 난 그의 손을 이끌어 무대 뒤편 장막을 젖히고 들어간다. 그의 눈을 바라보자, 그는 곧 무슨 일이 벌어질지 안다는 듯 미소 짓는다. 물론 그의 예감은 틀리지 않았다.

난 죽기로 예정된 날에 나를 삶으로 이끌어 준 남자에게 입맞춤한다.

"드디어!"

내가 입술을 떼고 숨 쉴 틈을 주자 루퍼스가 외치고, 이번엔 그가 내 입술을 덮친다.

"왜 이렇게 오래 걸렸어?"

"알아, 알아. 미안. 허비할 시간이 없는 걸 알면서도 내가 널 제대로 봤는지 확인해야만 했어. 죽게 되어 가장 좋은 게 너와의 우정이야."

이런 말을 전할 수 있는 상대를 살아생전에 찾아낼 줄은 꿈에도 몰랐다. 너무나 포괄적이면서도 매우 사적인 감정, 사생활이지만 모두에게 자랑하고 싶다. 이것이야말로 우리 모두가 추구하는 감정이 아닐까.

"설령 끝내 너와 키스하지 못했다 해도, 넌 내가 늘 원했던 삶을 내게 안겨 줬어."

"나도 너한테 신세 많이 졌지 뭐. 지난 몇 달간 난 지독하게 방황하던 차였어. 특히 지난밤은 절정이었고. 그 모든 의혹도, 견딜 수 없이 화가 나는 것도 싫었어. 넌 누굴 돕는 데는 정말이지 최고야. 네 도움이 없었다면 끝내 나 자신을 되찾을 수 없었을걸. 요, 네 덕에 내가 더 나은 사람이 되었다고."

또 한 번 그에게 키스하려 하는데 그의 눈길이 나를 떠나 무대 너머 관객 쪽으로 향한다. 그가 내 팔을 꽉 붙잡는다.

루퍼스의 미소가 한층 더 환해진다.

"플루토 애들이다."

하우이 말도나도

오후 5시 23분

하우이 말도나도는 오전 2시 37분에 데스캐스트로부터 전화를 받아 오늘 죽는다는 소식을 들었다.

2천 300만 명에 이르는 그의 트위터 팔로워들에게는 받아들이기 너무나 힘든 소식이다.

오늘 이 시각까지 하우이는 무장한 경호원 팀을 문밖에 두고서 대체로 호텔 방 안에서만 지냈다. 그에게 이런 삶을 안겨 준 유명세도 삶 자체를 이어 가게 해 주지는 못한다. 하우이의 호텔 방에 들어갈 수 있는 사람이라고는 유언장 작성을 돕는 법률 대리인단과 그가 거절하기 전에 얼른 다음 계약서에 서명을 받아야 하는 출판 기획자뿐이다. 아직 쓰지도 않은 책이 이미 쓴 책보다 더 전망이 밝다니 세상사란 참 재미있다. 하우이는 동료 연예인들, 삼촌의 성공을 등에 업고 학교의 인기인으로 군림 중인 조카, 또 다른 법률 대리인들, 그리고 부모님한테서 전화를 받았다.

하우이의 부모님은 아들이 일을 시작하자 고국인 푸에르토리코로 돌아가 쭉 살고 있다. 로스앤젤레스에서 부모님과 함께 살기를 간절히 원했던 하우이가 돈을 버는 족족 마지막 한 푼까지 드리겠으니 마음껏 펑펑 쓰시라고까지 제안했지만, 그들은 두 사람이 처음 만났던 산후안을 너무나 사랑했다. 자신이 없어도 부모님은 물론 아주 많이 슬퍼하겠지만 결국 서로 의지하며 그럭저럭 잘 살 거란 사실에 하우이는 어쩔 수 없이 서운한 마음이 든다. 사실 이미 두 분은 아들 없는 삶에 익숙해졌다. 아들의 삶을 멀리서 지켜만 본 지 오래다. 마치 오랜 팬처럼.

서로 만난 적 없는 사람들처럼.

지금 하우이와 함께 차 안에 있는 두 여성 또한 처음 만난 사람들이다. 그의 생애 마지막 인터뷰를 맡은 〈인피니트 위클리〉의 기자들. 이 인터뷰를 하는 건 오로지 팬들 때문이다. 하우이는 10년을 더 살지도 못할 테고, 그의 삶을 모조리 공개한대도 팬들을 만족시킬 날은 오지 않을 것이다. 홍보팀과 매니저들 말마따나, 팬들이란 '콘텐츠'에 굶주린 아귀 떼다. 하우이의 머리 모양, 잡지 표지 사진, 트위터 게시물까지 (오탈자 수와는 상관없이) 전부 다 콘텐츠가 된다.

어젯밤 하우이가 올린 트윗은 저녁으로 먹은 음식 사진이었다.

그는 이미 마지막 트윗도 올렸다. 웃는 얼굴의 셀피 한 장과 함께, '이번 생에 감사합니다'라고 썼다.

"누굴 만나러 가시는 길인가요?"

좀 더 나이 들어 보이는 기자가 묻는다. 이쪽이 샌디였던가. 그래, 샌디. 샐리는 그의 첫 번째 홍보 담당자였고. 이 사람은 샌디다.

하우이는 되묻는다.

"이것도 인터뷰의 일부입니까?"

건성으로 대답해도 되는 질문이 날아오면, 보통 그는 휴대전화를 꺼내어 트위터나 인스타그램을 둘러보곤 한다. 그런데 오늘은 스콜피어스 호손 시리즈의 저자가 보낸 메시지를 포함해 그에게 쏟아지는 사랑을 확인하기가 평소보다 열 배는 불가능하다.

샌디는 녹음기를 들어 보인다.

"그럴 수도 있겠죠. 원하시는 대로 할게요."

이럴 때 홍보 담당이 이 여자를 제지해야 하는데. 그러나 홍보 담당의 방에 거액의 수표를 보내고 마치 좀비 바이러스에 감염되기라도 한 듯 '나한테서 멀리 떨어지라'고 경고한 건 하우이 본인이다.

"넘어가죠."

그가 어린 시절의 절친이자 첫사랑인 리나를 만나러 가는 길인 건 남들이 알 바가 아니다. 리나도 그를 마지막으로 만나러 아칸소주에서 날아오는 중이다. 하우이가 주목받는 유명인의 삶을 살지 않았다면 아마 두 사람은 친구 이상의 관계로 발전했을 것이다. 그녀가 너무나 보고 싶은 나머지 하우이는 도시 곳곳에, 이를테면 공중전화기나 커피숍 탁자 같은 데에 익명으로 그녀의 이름만 적고 다닌 적도 있었다. 그러나 그녀는 남편과 함께하는 현재의 조용한 삶을 사랑한다.

과연 샌디는 노련하게 넘긴다.

"네, 그러죠. 그럼, 하우이 씨한테 가장 자랑스러운 업적은 뭔가요?"

"작품이죠."

하우이는 절로 눈알이 돌아가는 걸 최선을 다해 억누른다. 델릴라라는 다른 기자가 그를 가만히 응시하는데, 그의 건방진 겉모습 너머를 꿰뚫는 듯한 눈빛이다. 흡사 북극 오로라 같은 아름다운 머리 색과 마치 스콜피어스 호손의 것 같은 이마 쪽 상처에 붙인 반창고에 정신이 팔리지 않았다면 그 눈빛에 기가 눌렸을 것이다.

샌디가 이어 묻는다.

"드라콘족 마시 역할을 맡지 않았다면 하우이 씨는 어떻게 됐을까요?"

"문자 그대로요? 부모님과 함께 산후안으로 돌아갔겠죠. 직업적으로는…… 누가 알겠어요."

"더 나은 질문을 하죠."

델릴라가 끼어든다. 샌디가 눈살을 찌푸리지만 델릴라는

아랑곳하지 않고 목소리를 높인다.

"후회되는 일이 있나요?"

샌디가 막는다.

"대신 사과하죠. 이 친구 해고하고 다음번 정지 신호에서 내리게 할게요."

그러나 하우이는 델릴라의 질문에 대답한다.

"전 배우라는 직업이 무척 좋아요. 하지만 트위터 계정 속의 모습과 시리즈 영화의 악당을 빼고 나면 내가 누군지 모르겠어요."

"지금과 다른 삶을 살았다면 뭘 하셨을 것 같은데요?"

"대학생들 낚는 개똥 같은 영화는 아마 찍지 않았겠죠."

하우이는 싱긋 미소를 지으면서도, 생애 마지막 날에 농담을 하는 자신에게 내심 놀란다.

"저한테 의미가 있는 배역만 맡았을 거예요. 스콜피어스 시리즈 같은 거요. 각색이 독보적이잖아요. 하지만 그 행운을 저한테 아주 중요한 사람들, 그러니까 가족, 친구들과 시간을 보내는 데 쓸 걸 그랬어요. 이미지 변신에 너무 몰두한 게 탈이죠. 사악한 마법사 이미지를 벗고 다른 배역도 연기해 보고 싶었거든요. 제기랄, 제가 시내에 있는 건 쓰지도 않은 또 다른 책 계약 때문이라고요."

델릴라는 자신과 상사 사이에 놓인 하우이의 책을 흘깃 곁눈질한다.

전 상사인가? 확실하지 않다.

"무엇이 하우이 씨를 행복하게 했을까요?"

질문을 듣자마자 뜻밖에도 사랑이 떠올라, 하우이는 마른하늘에 날벼락을 맞은 듯한 충격에 휩싸인다. 언제든 온라인에 접속하면 메시지 홍수에 떠다니는 그이기에 지금껏 외롭다는 생각은 해 본 적이 없었다. 하지만 수백만 명의 애정과 특별한 단 한 명의 친밀감은 종류가 아예 다르다.

이미 포기한 다른 데커들과 달리 하우이는 자신의 삶이 아직 끝나지 않았다는 투로 말한다.

"제 삶은 양날의 검이에요. 제가 지금 이 위치에 있는 건 제 삶이 숨 가쁘게 흘러왔기 때문이죠. 그 역을 맡지 않았다면 누군가와 사랑을 주고받았을 수도 있겠죠. 어쩌면 부모님의 통장이 되어 드리는 것으로 충분하다고 여기기보다는 진정 아들다운 아들이 되었을 수도 있겠고요. 시간을 들여서라도 스페인어를 배워 엄마의 통역을 거치지 않고 할머니와 직접 대화할 수도 있었겠죠."

"그럼 배우로서 성공하진 못했어도 방금 말씀하신 모든 것을 이뤘다면, 그것으로 만족하셨을까요?"

델릴라는 좌석 끄트머리에 걸터앉아 있다.

"아마도 그렇……."

하우이의 말이 끊어지고 델릴라와 샌디의 눈이 커다래진다.

차가 확 젖혀지는 순간, 하우이는 눈을 감고 턱이 가슴에 닿도록 고개를 푹 숙인다. 롤러코스터를 탈 때마다 그러듯이. 롤러코스터가 돌아갈 수 없는 지점을 지나 점점 위로, 위로 올라가 마침내 가공할 속도로 하강할 때마다 그러듯이. 그러나 롤러코스터를 탈 때와 달리, 이번엔 안전하지 않음을 하우이는 알고 있다.

이름 없는 갱단

오후 5시 36분

이 조직에 몸담은 청년들은 오늘 죽지 않으므로 데스캐스트로부터 전화가 오지 않았고, 그들은 살아 있는 동안에 삶이 끝장날 수는 없다는 듯이 살고 있다. 그들은 질주해 오는 차도 이길 수 있고 법도 자기들을 건드리지 못한다는 듯이 도로건 인도건 막무가내로 달린다. 어느 차가 다른 차와 충돌해 통제 불능 상태로 빙빙 돌다 벽을 들이받자 조직원 둘이 웃음을 터뜨린다. 또 한 명의 조직원은 목표물에 다가가며 배낭에서 권총을 꺼내느라 여념이 없다.

델릴라 그레이
오후 5시 37분

델릴라는 아직 살아 있다. 하우이의 맥박은 확인해 볼 필요도 없다. 그의 머리가 강화 유리에 부딪히는 걸 봤고, 소름 끼치는 우두둑 소리도 들었다. 그녀로서는 죽어도 잊지 못할 장면이었다.

심장이 미친 듯이 뛴다. 단 하루 동안, 그것도 그녀가 오늘 죽을 거라 예고하는 전화를 받은 바로 그날, 델릴라는 서점 근처의 폭발 사고뿐 아니라 세 청년이 도로를 무단으로 질주하다 일으킨 교통사고에서도 살아남았다.

죽음이 그녀를 원했다면, 벌써 두 번의 기회를 날렸다.

델릴라와 죽음이 오늘 만날 일은 없으리라.

루퍼스

오후 5시 39분

마테오의 손을 놓기는 싫지만 내 똘마니 녀석들을 안아 줘야 한다. 무대 앞을 메운 데커들과 다른 이들을 헤치고 플루토 애들한테 다가간다. 우린 일제히 '일시 정지'가 되었다가, 초록불 신호를 받은 네 대의 차량처럼 또 일시에 '재생'이 된다. 네 명의 플루토가 얼싸안고 플루토 항성계를 이룬다. 바로 이거다. 내 망할 장례식장에서 도망쳐 나온 뒤로 열다섯 시간 넘게 바랐던 플루토 식구들의 단체 포옹.

"사랑한다, 이놈들아."

호모 새끼 어쩌고 하는 농담은 나오지 않는다. 그 단계는 지났다. 이 녀석들이 여기 있으면 안 되지만, 내가 오늘 온종일 플레이 중인 게임 제목이 바로 '위험 무릅쓰기'다.

"타고, 너한테서 감옥 냄새 안 나."

"네가 내 새 문신을 봐야 하는데. 우리 진짜 똥 밭에서 구르다 나왔다."

타고의 허세를 맬컴이 자른다.

"똥 밭은 아니었다."

내가 말한다.

"너흰 똥이 아니니까."

에이미가 끼어든다.

"가택 연금도 아니었으면서. 아, 쪽팔려."

포옹은 풀지만 우리 넷은 주위 사람들한테 밀리기라도 하는 듯이 서로 꼭 붙어 있다. 셋 다 나를 물끄러미 쳐다본다. 타고는 날 강아지처럼 토닥이고 싶어 하는 눈치다. 맬컴은 날 유령 보듯 한다. 에이미는 날 또 한 번 껴안고 싶은 모양이다. 난 타고의 반려견 노릇을 해 주거나 맬컴한테 "우우" 하는 소리를 내 주지는 않지만, 셋 가운데로 더 비집고 들어가 에이미를 격하게 껴안는다.

그리고 에이미의 얼굴을 보기 전까지 나 자신도 알지 못했던 사실을 털어놓는다.

"내가 잘못했어, 에이미. 그런 식으로 널 차단해 버린 거. 다른 날도 아니고 빌어먹을 '최후의 날'인데."

에이미도 사과한다.

"나도 미안해. 오직 한쪽만 소중한 걸 모르고 양쪽을 다 가지려고 했어. 우리가 함께한 시간은 충분함의 근처에도 가지 못하지만, 언제까지나 네가 더 중요해. 설령 네가……."

난 얼른 말한다.

"그렇게 말해 줘서 고마워."

"너무 당연한 말이었지. 미안. 그래도 꼭 해야 했거든."

"됐어. 피차 오해는 다 풀린 거야."

마테오가 삶다운 삶을 살도록 내가 도왔다는 건 알지만, 마테오도 내가 삶다운 삶을 되찾게 도와주었다. 난 잘못을 일삼았던 최근의 머저리가 아니라 지금 이 순간의 나로 기억되고 싶다. 돌아보니, 어느새 마테오와 리디아도 곁에 와 나란히 서 있다. 난 마테오의 팔꿈치를 끌어당긴다.

"앤 내 '마지막 친구' 마테오야. 앤 마테오의 넘버원 친구, 리디아."

플루토 애들과 마테오, 리디아가 악수를 나눈다. 두 항성계가 만나 합쳐지는 순간이다.

에이미가 우리 둘에게 묻는다.

"무서워?"

난 마테오의 손을 잡고 끄덕인다.

"결국엔 게임 끝이겠지만, 그보다 먼저 우리가 이겼어."

맬컴이 말한다.

"우리 친구를 잘 돌봐 줘서 고맙다."

타고도 거든다.

"너희 둘 다 명예 플루토다. 배지라도 달아 줘야 하는데."

난 플루토 애들한테 오늘 내가 한 일을 거의 분 단위로 쪼개어 이야기하고, 내 인스타그램의 일상이 색채를 띠게 된 경위도 털어놓는다.

시아의 〈고무 심장(Elastic Heart)〉이 거의 끝나 간다.

에이미가 플로어 쪽으로 고갯짓한다.

"얘들아, 우리 춤추자."

"가자!"

내가 입을 떼기도 전에 마테오가 외친다.

마테오

오후 5시 48분

내가 루퍼스의 손을 잡고 플로어로 향하는 동안 크리스라는 흑인 청년이 무대에 선다. 크리스는 〈끝(The End)〉이라는 자작곡을 부르겠다고 하더니, 최후의 작별 인사, 깨고 싶은 악몽, 피할 수 없는 죽음의 압박에 관한 랩을 쏟아 낸다. 루퍼스가, 그리고 우리에게 소중한 사람들이 여기 함께 있지 않았다면 난 한없이 우울해졌을 것이다. 그러나 우린 신나게 몸을 흔들어 댄다. 나도 무아지경에 빠진다. 다른 건 생각해 본 적도 없다는 듯이. 그냥 춤을 추는 게 아니라, 내가 삶이라는 도전을 떠안을 수 있게 독려해 준 누군가와 함께 춤추게 될 운명이었다는 듯이.

쿵쿵대는 비트가 내 몸을 관통해 흐르고, 난 남들을 따라 머리를 흔들고 어깨를 들썩인다. 루퍼스는 온라인에서 대유행하는 '할렘 셰이크' 춤을 흉내 낸다. 멋있어 보이려는 건지 웃기려는 건지 모르겠지만, 좌우지간 자신감 넘치는 모습만큼은 빛이 나고 감탄스러워 내 눈엔 멋있으면서 웃기다. 루퍼스와 나는 서로 가까이 붙는다. 손은 각자의 옆구리에 있거나 허공을 찔러 대지만 우린 함께 춤추고 있다. 모든 동작이 똑같지는 않지만, 아무렴 어떠랴. 더 많은 사람이 플로어로 몰려와도 우린 서로에게 붙어 있다. 어제의 마테오라면 폐소 공포에 사로잡혔을 테지만, 지금의 마테오는? 딴 데로 데려갈 생각일랑 꿈도 꾸지 마라.

이어 나오는 노래는 굉장히 빠른 곡이다. 루퍼스가 돌연 내 엉덩이에 손을 얹고 바짝 끌어당긴다.

"나랑 춤춰."

이미 같이 춤추고 있는 거 아니었나.

"내가 뭐 잘못했어?"

"아니, 너무 잘하고 있어. 블루스 추자고."

음악은 빨라졌지만 우린 서로의 어깨와 허리를 감싼다. 내 손가락이 그의 몸을 살짝 파고든다. 이런 식으로 누군가를 만지는 건 태어나 처음이다. 우린 천천히 우리만의 박자를 탄다. 난 오늘을 살았던 내 방식에서 완전히 벗어나, 루퍼스의 시선을 똑바로, 열심히 맞받는다. 살면서 경험해 본 중 가장 열렬하며 친밀한 관계에 이토록 쉽게 빠져들 수 있다니. 그의 입술이 내 귓가로 다가오자, 그의 시선에서 놓여난 것에 안도하면서도 그의 눈동자와 나 자체로 충분히 괜찮다는 눈빛이 그새 그리운 묘한 감정이 밀려든다.

루퍼스가 속삭인다.

"시간이 더 있다면……. 텅 빈 거리를 자전거로 쏘다니다 쇼핑몰에서 100달러를 쓰고 스테이튼 아일랜드 페리에 올라 내가 좋아하는 스노콘(snow cone, 시럽 섞은 빙수를 아이스크림콘에 담은 것─옮긴이)을 너한테도 맛보게 해 주고 싶어."

나도 그의 귀에 대고 말한다.

"난 존스비치에 가서 너랑 파도까지 달리기 시합을 하고 빗속에서 친구들과 다 같이 놀고 싶어. 하지만 오붓한 밤을 보내고 싶기도 해. 형편없는 영화를 보면서 말도 안 되는 수다를 떠는 거지."

우리에게 역사가 있으면 좋겠다. 실제로 함께 보낸 짧디짧은 한 조각보다 더 긴 과거사가, 그리고 그보다 더 긴 미래사가 있으면 좋겠다. 그러나 여기 있는 누구도 직시하고 싶어 하지 않는 중대한 현실이, 죽음의 무게가 내 바람을 깔아뭉갠다. 난 그의 이마에 내 이마를 맞댄다. 그의 이마에도 내 이마처럼 땀이 송골송골 맺혀 있다.

"리디아한테 얘기해야 해."

난 다시 루퍼스에게 입맞춤하고 그에게서 떨어진다. 그는 뒤에서 내 손을 잡고, 사람들을 비집고 나아가는 나를 뒤따른다.

리디아의 시선이 우리가 맞잡은 손에 꽂히자 루퍼스가 얼른 내 손을 놓는다. 난 리디아의 손을 붙잡고 좀 덜 시끄러운 화장실로 끌고 간다.

"때리지 마. 근데 나 아무래도 루퍼스한테 반한 것 같아. 루퍼스도 내가 좋대. 루퍼스 같은 사람이 내 취향이라고 미리 말하지 못한 건 미안해. 그게, 이런 감정이 추하다거나 잘못됐다는 생각이 전혀 들지 않는데도, 나 자신을 받아들이는 데는 시간이 더 필요한 것만 같았어. 이제 와 보니 여태 기다리기만 한게 다 이유가 있었나 봐. 어떤 선언이든 감행할 만큼 아름답고 경이로운 누군가가 오길 기다린 거지. 그 사람이 바로 루퍼스야."

리디아가 손을 올린다.

"그래도 한 대 치고 싶다, 마테오 토레즈."

그러나 그녀는 대신 두 팔 벌려 날 얼싸안는다.

"루퍼스 같은 사람이 어떤 사람인지 모르겠고, 고작 하루 만에 쟤를 얼마나 파악했을지도 의문이지만, 그렇지만⋯⋯."

"나도 애의 과거를 자세히 알지는 못해. 하지만 내 평생 받아 마땅한 수준을 넘는 과분한 대접을 단 하루 동안 애한테서 받았어. 그렇다면 이해가 될지 모르겠지만."

"너 없이 난 어떡하니?"

이 무거운 질문이 바로, 내가 곧 죽는다는 사실을 아무에게도 알리고 싶지 않았던 이유였다. 내가 답할 수 없는 질문들이 있다. 나 없이 네가 어떻게 살아갈지 나도 모른다. 날 어떻게 애도할지도 알려 줄 수 없다. 내 기일을 잊어도 자책하지 말라고, 내 생각을 하지 않은 채 며칠이나 몇 주 혹은 몇 달을 보냈다는 사실을 깨달아도 죄책감을 느끼지 말라고 설득할 수도 없다.

난 그저 네가 살길 바랄 뿐이다.

벽에는 여러 색깔 매직펜이 고무줄에 매달려 있다. 대부분은 말라서 나오지 않지만, 난 두껍게 써지는 주황색 매직펜을 찾아내어 까치발을 하고서 빈 공간에 몇 자 적는다.

'마테오가 여기 있었고 리디아도 곁에 있었다, 언제나 그랬듯이.'

난 리디아를 껴안는다.

"괜찮을 거라고 약속해 줘."

"그건 새빨간 거짓말일 텐데."

"거짓말이라도 좋아. 어서, 그냥 아주 잘 살 거라고 말해 줘. 페니한텐 백 퍼센트의 엄마가 필요해. 나한텐 우리의 차세대 글로벌 리더를 잘 키워 낼 만큼 네가 강하다는 확신이 필요하고."

"집어치워, 난 못……."

"어, 저거 뭐야?"

심장이 요동친다. 웬 남자 셋이 에이미 뒤편을 향해 고함을 쳐 대는데, 에이미 뒤편에 다름 아닌 루퍼스와 플루토 친구들이 있다. 리디아는 내가 저 싸움에 휘말려 뭔 사달이 나기 전에 물러서게 하려는 듯이 내 손을 부여잡아 당긴다. 내가 죽는 걸 봐야 할까 봐 두려운 것이다. 나도 마찬가지다. 별안간 멍투성이 얼굴의 작달막한 남자가 권총을 꺼내어 든다. 도대체 누가 루퍼스를 이런 식으로 죽이고 싶어 한단 말인가?

권총을 든 남자가 발을 구른다.

모두가 권총을 발견하고 클럽 안은 아수라장으로 돌변한다. 난 루퍼스 쪽으로 달려가지만 문 쪽으로 몰려가는 인파에 휩쓸리다 누군가에게 떠밀려 넘어지고 사람들 발길에 짓밟힌다. 이렇게 죽으려나 보다. 아마 1분쯤 뒤, 아니 어쩌면 1분도 채 지나지 않아 루퍼스도 총에 맞아 죽겠지. 돌연 리디아의 새된 비명이 울려 퍼지며 이 혼란을 압도한다. 모두가 멈칫하고 물러서자 그녀가 날 부축해 일으킨다. 아직 총성은 울리지 않았으나, 모두 권총 패거리를 피해 달아나기 바쁘다. 이 난리판을 뚫고 루퍼스에게로 가는 건 불가능하다. 난 죽기 전의 그를 다시 만질 수 없을 것이다.

루퍼스
오후 5시 59분

일부러 그랬건 아니건 간에 에이미가 놈을 달고 온 거다. 한바탕 욕을 퍼붓고 싶지만 얘가 지금 나와 권총 사이에 서 있다. 에이미가 오늘 죽지 않는다는 건 알지만 그렇다고 얘가 방탄소녀는 아니지 않은가. 펙이 어떻게 내가 있는 곳을 알고 저 깡패 친구들이랑 권총까지 챙겨 왔는지 모르겠지만 바로 이게 나의 끝이다.

멍청하게 굴면 안 된다. 영웅 놀이는 금지다.

이런 죽음으로 평안을 얻고 싶지 않다. 마테오를 만나고 플루토 애들을 다시 만나기 전에 누군가 내게 총부리를 들이댔다면 그래, 아무렴 어때, 당겨, 그랬을 거다. 하지만 지금 내 삶은 한 단계 성장해 나아가는 중이다.

"지금은 입도 뻥끗 못 하네, 어?"

말은 저렇게 해도 펙 자식, 여기서도 보일 정도로 손이 덜덜 떨린다.

에이미가 호소한다.

"이러지 마. 제발. 이러면 네 인생도 끝장난다고."

"저 새끼 살리려고 빌기까지 하네? 역시 내 생각은 눈곱만큼도 하지 않아."

"끝까지 내 말 듣지 않으면 진짜로 너 따위는 내 인생에서 지워 버릴 거야."

에이미야말로 순전히 놈을 진정시킬 요량으로 마음에도 없는 말을 내뱉은 게 아니어야 할 것이다. 둘이 끝까지 헤어지지 않는다면 내가 귀신이 되어서 영원히 쫓아다니며 괴롭힐 테니까. 아주 잠깐 맬컴 뒤에 숨었다가 펙한테 달려들어 제압하길 시도해 볼까. 아니다, 그러다 내가 먼저 당할 것이다.

마테오.

펙 뒤에서 다가오는 그를 보고 고개를 살짝 젓는데, 그게 펙의 눈에도 띈다. 마테오의 목숨이 위험하다. 놈이 뒤돌아보는 순간, 난 달려든다. 그런데 뻔히 보면서도 믿을 수 없는 장면이 펼쳐진다. 마테오의 주먹이 펙의 얼굴을 후려친다! 그렇다고 펙이 나가떨어지거나 하진 않지만, 덕분에 우리 쪽에 기회가 생겼다. 펙이 데려온 놈이 마테오의 머리통을 날려 버릴 기세로 주먹을 힘껏 휘두르다가, 마지막 순간에 멈칫하더니 이내 물러선다. 그의 얼굴을 알아본 듯한 눈치인데 잘은 모르겠고, 이윽고 마테오도 주춤주춤 뒷걸음질한다. 펙이 마테오를 공격하려 들기에 내가 급히 덤벼들지만 맬컴이 선수를 친다. 이 덩치 녀석이, 펙과 그 옆의 놈까지 한꺼번에 멱살을 잡고 들어 올려 벽에다 내동댕이친다. 그 결에 펙은 권총을 놓치고 만다.

총알은 나가지 않고, 우린 모두 무사하다.

펙 패거리의 나머지 한 놈이 총을 주우려 하지만 내가 놈의 얼굴을 발로 차 버리고 타고는 나동그라진 그의 몸을 타고 누른다. 내가 권총을 주워 든다. 이거면 펙 놈을 영원히 골로 보내고 놈한테서 에이미를 지킬 수 있다. 내가 놈에게 총구를 겨누자 맬컴이 펄쩍 물러선다. 날 보는 마테오의 눈빛은 나한테서 도망치던 그를 내가 따라잡았을 때와 똑같다. 위험한 괴물을 보는 듯한 눈빛.

마침내 총성이 울린다.

권총 안의 총알들이 전부 다 벽에 가 박힌다.

난 마테오의 손을 붙잡는다. 이심전심, 우린 그길로 뛴다. 살인을 꾀하고 온 펙 패거리가 여기 있으니까. 목에 칼침을 맞거나 머리에 총알이 박힐 가능성이 가장 많은 사람은 바로 우리니까.

오늘은 나한테 더럽게 인색하다. 제대로 작별 인사할 기회가 또 날아갔다.

달마 영
오후 6시 20분

달마 영은 오늘 죽지 않으므로 데스캐스트로부터 전화가 오지 않았지만, 전화를 받았다면 그녀는 의붓동생과 함께 하루를 보낼 것이다. 어쩌면 '마지막 친구'도 함께일 수 있겠다. 어쨌든 '라스트 프렌드' 앱을 만든 사람이 바로 그녀이므로.

횡단보도를 건너며 달마는 의붓동생의 팔짱을 낀다.

"장담하는데, 넌 내 밑에서 일하기 싫을걸? 나도 내 밑에서 일하기 싫단 말이야. 이 일이란 게 그야말로 '일'이 돼 버렸어."

달리아가 대꾸한다.

"하지만 이 수습제라는 게 말이 안 되잖아. 기술직으로 이만큼 열심히 일해야 하는 거면, 지금 봉급의 세 배는 받아야 마땅하지."

달리아는 뉴욕에서 가장 성미 급한 스무 살 아가씨다. 느리게 살기를 거부하며 언제든 삶의 다음 단계로 넘어갈 준비가 돼 있다. 바로 전번 여자친구랑은 막 사귀기 시작했는데 일주일 안에 결혼하자는 얘기까지 꺼냈을 정도다. 현재 그녀는 기술직 수습사원에서 라스트 프렌드 직원으로 신분을 바꾸고 싶다.

"어쨌든. 회의는 어떻게 됐어? 마크 저커버그('페이스북' 창업자—옮긴이)는 만났어?"

"회의는 아주 잘됐어. 트위터는 이르면 다음 달에도 그 기능을 공개할 수 있을 것 같아. 페이스북은 시간이 좀 더 필요할 것 같고."

요즘 달마는 트위터와 페이스북 두 곳의 개발자들과 협업 중이다. 오늘 오전에는, 온라인에 이를테면 흔하디흔한 영화 감상평이나 어디서 퍼 온 누군가의 반려견 동영상보다 의미 있는 발자취를 남길 수 있도록 각 사용자가 마지막 게시물을 미리 준비할 수 있게 하는 '라스트 메시지(Last Message)'라는 새로운 기능을 소개했다.

달리아가 묻는다.

"언니의 '마지막 메시지'는 뭐일 것 같아? 내 건 아마 영화 〈물랑 루즈〉의 대사를 인용한 게시물이 될 거야. 세상에서 가장 위대한 일은 사랑하고 사랑받는 것이고 어쩌고저쩌고하는 그거."

"그래, 너 진짜 그 대사에 제대로 꽂혔구나."

달마도 물론 곰곰이 생각해 봤다. 겨우 프로토타입 단계일 뿐인 라스트 프렌드가 지난 2년간 거둔 활약이야 놀라울 정도지만, 지난여름 이 앱을 통해 벌어진 무려 열한 건의 연쇄 살인

사건은 그녀에게 영원한 공포로 남을 것이다. 한때는 앱을 팔아 버리고 피 묻은 손을 씻어 내고픈 마음도 있었다. 그러나 라스트 프렌드가 아름답게 사용된 예도 아주 많다. 오늘 오후에만 해도, 지하철에서 달마는 앱을 통해 만난 두 젊은 여성의 대화를 우연히 엿들었다. 한 여성이 라스트 프렌드 앱으로 메시지를 보낸 게 얼마나 다행인지 모른다고 하면서 미소 짓자 상대도 미소로 답하면서 자기는 이 앱의 취지가 너무 좋아 도시 곳곳에 그래피티를 그려 널리 알리는 중이라고 밝혔다.

그런 앱을 만든 사람이 다름 아닌 그녀다.

달마가 뭐라 답하기도 전에, 십 대 소년 둘이 그녀 곁을 후다닥 지나쳐 달려간다. 한 명은 그녀의 머리 색보다 밝은 갈색 머리를 아주 짧게 밀었고, 나머지 한 명은 달리아처럼 옅게 그을린 피부색에 긴 갈색 머리이고 안경을 썼다. 짧은 머리 소년이 발을 곱디뎌 휘청하자 안경 소년이 얼른 부축하고, 둘은 어딜 가는지 몰라도 다시 발길을 재촉한다. 저 둘도 달마와 달리아처럼 엄마만 같은 이부형제인가. 어쩌면 끊임없이 못된 장난을 치고 끊임없이 서로를 일으켜 세워 주는 죽마고우인지도 모르겠다.

어쩌면 방금 만난 사이인지도 모르고.

달마는 멀어지는 두 소년을 멀거니 지켜본다.

"내 마지막 메시지는 이거야. '소중한 사람을 만나세요. 매일을 평생처럼 여기시고요.'"

마테오

오후 6시 24분

일단 위기는 벗어났다. 리디아네 집에서 도망 나온 뒤 내가 감정을 추스르지 못했을 때처럼, 우린 또 벽에 기댄 채 앉아 있다. 솔직히 난 누구든 루퍼스를 노릴 수 있는 이런 바깥보다 안전한 곳, 잠긴 방 안 같은 데에 있고 싶다. 루퍼스가 내 손을 잡고 내 어깨에 팔을 둘러 나를 바투 끌어당긴다.

"오오, 펙한테 주먹을 날리다니."

"누굴 때린 건 태어나서 처음이었어."

태어나 처음 경험해 보는 것들이 뭐 이리 많은지. 사람들 많은 데서 노래하기, 루퍼스에게 키스하기, 춤추기, 주먹 날리기, 지척에서 총소리 듣기까지. 충격에서 헤어날 수가 없다.

"그래도 그렇지, 어떻게 총 가진 사람을 공격할 생각을 했냐. 그러다 죽을 수도 있었다고."

난 멍하니 거리를 응시한다. 아직도 숨이 차다.

"네 목숨을 구한 방법이 잘못됐다고 나무라는 거냐, 지금?"

"내가 돌아서기라도 했어 봐, 넌 죽었을 거야. 그럼 내가 어떻게 견디냐."

난 후회하지 않는다. 시간을 거슬러 그때 내가 조금만 더 늦었더라면 어찌됐을지 상상해 본다. 발을 삐끗하기라도 해서 귀중한 시간을 허비한 탓에 총알이 내 소중한 친구의 아름다운 심장을 찢어 버렸다면, 그래서 그를 잃고 말았다면……

하마터면 루퍼스를 잃을 뻔했다. 우리에게 남은 생은 길어야 여섯 시간, 그런데 그가 먼저 간다면 난 머리가 참수대에 놓였음을 멀쩡히 인지하는 좀비가 될 것이다. 새벽 3시에 처음 루퍼스를 만났을 때에는 이런 관계가 될 줄 전혀 몰랐는데.

오늘은 상상을 초월할 정도로 보람찬데 동시에 너무나, 너무나 싫다.

눈물이 나는데 거기서 멈추지 않는다. 난 기어이 울음을 터뜨리고 만다. 더 많은 아침을 맞이하고 싶어서.

"다들 보고 싶어. 리디아. 플루토 친구들도."

"나도. 하지만 친구들 목숨을 다시 위험에 빠뜨릴 순 없어."

난 끄덕인다.

"불안감에 숨이 막혀서 죽겠어. 이렇게 밖에서는 도저히 못 견뎌."

가슴이 답답하다. 마침내 나도 용감히 살기에 성공했지만, 두려워할 대상이 있음을 알면서 바깥세상에서 살기란 아예 차원이 다른 문제다.

"집에 가고 싶다고 하면 내가 싫어질까? 안전한 내 방 침대에 눕고 싶어. 너도 같이, 이번엔 집 안으로 들어오면 좋겠어. 평생 거기서 숨어 지냈지만 오늘만큼은 최선을 다해 제대로 살아 봤잖아. 나한테 소중한 그곳을 이젠 너랑 나누고 싶어."

루퍼스가 내 손을 꽉 쥔다.

"네 집으로 데려가 줘, 마테오."

플루토
오후 6시 33분

플루토 아이들 셋은 오늘 죽지 않으므로 데스캐스트 전화가 오지 않았지만, 나머지 한 명이 예고 전화를 받아 모두를 비탄에 빠뜨렸다. 세 플루토는 네 번째 플루토이자 그들의 절친인 루퍼스의 죽음을 목격할 뻔했다. 권총이 루퍼스를 겨눈 절체절명의 순간, 난데없이 그의 '마지막 친구'가 슈퍼히어로처럼 나타나 펙의 면상에 주먹을 날려 루퍼스의 목숨을—적어도 당장 죽지는 않게끔—구했다. 세 플루토는 루퍼스가 오늘을 넘기지 못할 것을 알지만, 원한을 품은 누군가의 폭력 행위로 그를 잃지는 않았다.

플루토들이 클린츠 그레이브야드 바깥 인도에 모여 서 있는 동안 이름 없는 갱단을 실은 경찰차가 출발한다.

두 소년은 환호하며 갱단 놈들이 오늘 자기들이 갇혀 있던 시간보다 더 오래 철창신세를 지길 기원한다.

플루토 소녀는 이 모든 사달의 원인을 제공한 죄책감에 얼굴을 들 수 없다. 하지만 불안정하고 질투심 많은 남자친구가 결국 살인을 저지르지는 않았으니 얼마나 다행인지 모른다.

아, 이제는 전 남자친구다.

본인들이 죽음에 직면한 건 아니지만 플루토 아이들에게 내일은 오늘까지와 다른 세상이다. 그들은 낯선 세상에 적응해야 할 것이다. 대부분의 또래 아이들보다 복잡하고 사연 많은 어린 시절을 보냈기에 삶을 재건하는 데도 익숙한 아이들이다. 그럼에도 친구의 죽음은, 아직 일어나지 않은 일이지만, 그들에게 영원히 잊지 못할 악몽이 될 것이다. 삶 전체가 교훈은 아니지만, 삶 안에 교훈이 있다.

가정이라는 울타리 안에서 태어났더라도 삶의 어느 단계에서는 우정을 경험하기 마련이다. 어떤 우정은 과거지사가 되어 기억에서 잊히지만, 또 어떤 우정은 그 어떤 위험도 무릅쓰고 지킬 가치를 갖는다.

세 친구는 얼싸안는다. 플루토 항성계에서 행성 하나가 빠질 참이다. 그러나 그 행성은 영원히 기억되리라.

루퍼스

오후 7시 17분

오늘 새벽에 마테오가 새를 묻어 준 지점을 다시 지나간다. 그때 마테오에게 나는 자전거를 몰고 다니는 낯선 이에 불과했는데. 이젠 정말, 오래된 고기처럼 금방 가게 생겼으니 겁에 잔뜩 질려야 하는데, 마테오 곁에서 내 마음은 매우 차분하고 그역시 침착해 보인다.

마테오가 앞장서서 자기 집 건물 출입구로 향한다.

"루프 네가 달리 하고 싶은 일이 없다면, 아빠를 다시 찾아가 보고 싶은데."

"뭐, '루프'라고?"

마테오는 끄덕이며, 재미없는 농담을 던진 사람처럼 우스꽝스럽게 얼굴을 찡그려 보인다.

"한번 그렇게 불러 보고 싶었어. 그래도 돼?"

"말이라고 해? 아버지 뵈러 가는 것도 좋아. 좀 쉬었다가 병원까지 뛰어가야지."

412

마테오가 집으로 날 초대하는 건 어쩌면 섹스를 원해서인지도 모른다는 생각도 들지만, 그의 뇌에 섹스라는 단어는 없다고 보는 게 아마 정답일 것이다.

승강기 버튼을 누르려던 마테오가 승강기를 피해야 한다는 사실을 기억해 내곤 멈칫한다. 더구나 우리의 생존 게임이 막바지를 향해 가는 이런 시점에 승강기를 탄다니, 더더욱 안 될 말이다. 그는 비상구 문을 열고 조심스레 위쪽을 살핀다. 우리 둘 다 입을 꾹 다문 채, 무겁게 한 걸음 한 걸음 계단을 오른다. 존스비치에서 나와 달리기 시합을 하고 싶다던 마테오의 말이 떠오른다. 그렇게 그의 집이 있는 4층까지 누가 먼저 닿느냐 하는 시합을 제안하고 싶지만, 그거야말로 그의 집까지 결코 닿지 못할 가장 확실한 방법이리라.

"그리워……."

마테오가 3층에서 우뚝 멈춰 선다. 아버지 또는 리디아 얘기를 꺼내려나 보다.

"죽음이 무서운 줄 몰랐던 어린 시절이. 아니, 어제마저 그리울 지경이야. 편집증에 시달렸어도 실제로 죽는 날은 아니었잖아."

난 그를 안는다. 뭐라 말할 수 없을 때 모든 걸 말하는 방법이다. 그도 나를 꼭 껴안고서 놓아주고, 우린 마지막 한 층을 마저 오른다.

마테오가 잠가 둔 현관문을 연다.

"남자애를 집에 데려오기도 태어나 처음이네. 여기서 네가 달리 만날 사람이 있는 것도 아니고 말이야. 진짜 놀랍다, 오늘."

막상 안에 들어갔더니 그의 아버지가 소파에 앉아 기다리고 계신다면 얼마나 놀라울까? 그야말로 기절초풍할 일이겠지?

우린 안으로 들어서고, 우릴 기다리는 사람은 아무도 없다.

없기를 바란다.

난 거실을 둘러본다. 티를 내지는 않을 테지만, 좀 긴장이 된다. 만에 하나, 마테오의 아버지가 혼수상태인 점을 이용해 옛 친척이나 친구가 이 집을 차지하려고 몰래 숨어들었을지도 모를 일이다. 뭐, 일단 다 괜찮아 보인다. 마테오네 반 단체 사진이 눈에 띈다. 안경을 쓰지 않은 그의 사진도 잔뜩 있다.

"안경은 언제부터 썼어?"

"4학년 때부터. 일주일쯤 놀림 받고 끝이었으니 운이 좋았지."

마테오는 사각모와 가운 차림의 졸업 사진을 멍하니 쳐다본다. 거울을 보다 공상과학의 평행우주 속 자신을 발견한 것 같은 표정이다. 인상적인 장면이라 카메라에 담아야겠는데, 그 표정을 보니 그를 다시 껴안고 싶어질 뿐이다.

"내가 온라인 대학교에 등록한 걸 알았다면 아빠는 틀림없이 실망하셨을 거야. 내 졸업식 때 무척 자랑스러워하셨거든. 분명 내가 마음을 바꿔먹길 바라셨을 거야. 인터넷 같은 건 그

만두고 남들처럼 전형적인 캠퍼스 생활을 경험하길 기대하셨
겠지."

"오늘 네가 한 일을 전부 다 말씀드려."

여기서 오래 머무르지는 않을 것이다. 아버지를 다시 뵙는
건 마테오에게 큰 의미가 있을 테니.

마테오는 끄덕이더니 따라오라고 한다.

그를 따라 짧은 복도 끝 그의 방으로 간다.

"그래, 네가 날 피해 숨었던 데가 바로 여기로군."

금방 도둑이라도 든 것처럼 바닥에 책들이 마구 널브러져
있다. 그렇지만 정작 마테오는 이 난장판을 보고도 질겁하지
않는다.

그는 쭈그려 앉아 책들을 차곡차곡 쌓는다.

"널 피해 숨은 건 아니야. 새벽엔 공황 발작이 와서. 아빠가
돌아오셔서 내가 겁에 질렸었다는 건 모르셨으면 해. 내가 내
내 용감했다고 믿으셨으면 좋겠어."

나도 무릎을 꿇고 앉아 책을 한 권 집어 든다.

"무슨 책은 어디에 꽂고, 그런 거 있어?"

"이젠 없어."

우린 책을 책장에 꽂고 바닥에 흩어진 자질구레한 물건들을
줍는다.

"네가 겁에 질렸다고 생각하니 나도 싫다."

"그렇게까지 최악은 아니었어. 예전의 나는 걱정할 것 없어."

난 그의 방을 둘러본다. 엑스박스 인피니티, 피아노, 스피커, 바닥에 떨어진 지도가 있다. 지도를 주워 주먹으로 펴면서, 오늘 마테오와 함께 갔던 멋진 나라들과 도시들을 되짚어 보다가, 옷장과 침대 사이 바닥에 떨어진 루이지 모자를 포착한다. 모자를 집어 그의 머리에 씌워 주자 그가 벙긋 웃는다.

"오늘 새벽에 나한테 다가온 그 남자가 여기 있네."

"루이지?"

마테오의 농담에 난 웃음을 터뜨리며 휴대전화기를 꺼낸다. 카메라가 아닌 나를 보고 미소 짓는 그의 모습이란. 이렇게 나도 썩 괜찮은 놈이라는 느낌을 안겨 주는 사람은 에이미 이후 마테오가 처음이다.

"본격적인 촬영 시간! 침대로 뛰어들든 뭘 하든 좀 해 봐."

마테오는 침대로 달려가 얼굴부터 뛰어든다. 벌떡 일어나 침대 위에서 방방 뛰면서도, 불가사의한 사고로 투석기 돌처럼 튕겨 나갈 수도 있다는 듯 재빨리 창문을 바라보는 쪽으로 몸을 돌린다.

이토록 근사하고 몰라보게 변한 마테오를 난 한없이 찍고 또 찍는다.

마테오

오후 7시 34분

평소의 나를 벗어 버렸더니 루퍼스가 무척이나 좋아한다. 나도 참 좋다.

방방 뛰길 멈추고 침대 끄트머리에 걸터앉아 숨을 고른다. 루퍼스가 곁에 앉아 내 손을 잡는다.

"루프 널 위해 노래 한 곡 뽑아 볼게."

그의 손을 놓기 싫지만 어쩔 수 없다. 대신 두 손 모두 알차게 사용하리라 다짐한다.

난 키보드 앞에 앉는다.

"긴장해. 이건 평생 단 한 번뿐인 공연이야."

어깨 너머로 그를 살핀다.

"특별대접 받는 기분이지?"

루퍼스는 짐짓 심드렁한 척한다.

"기분은 괜찮네. 사실 좀 피곤하기도 하고."

"음, 정신 차리고 특별한 기분을 느껴 봐. 예전에 아빠가 엄마한테 자주 불러 주시던 노래래. 아빠 목소리가 나보다 훨씬 낫긴 하지만."

클린츠 그레이브야드에서만큼 얼굴이 뜨거워지진 않지만, 두근대는 가슴을 안고 엘튼 존의 〈당신의 노래(Your Song)〉 전주를 친다. 루퍼스한테 특별한 기분을 느껴 보라고 말한 건 농담이 아니다. 음 이탈이 나도 그의 앞이므로 상관없다.

난 유랑극단에서 묘약을 만드는 사람, 내가 준비한 선물은 내가 만든 노래, 지붕 위에 앉아, 따사로운 태양이 지지 않게, 내가 본 가장 아름다운 눈동자, 등등을 노래한다. 가사가 비는 잠깐의 틈에 슬쩍 돌아보니 루퍼스가 휴대전화로 동영상을 찍고 있다. 난 미소를 보낸다. 그가 다가와 내 이마에 입을 맞추고, 난 그를 옆에 둔 채로 노래한다.

"부담은 갖지 마, 내 이런 가사를 넣었다고 부담 주는 건 아니니……. 당신이 세상에 있는 지금 인생이란 얼마나 멋진지……."

노래가 끝난다. 루퍼스의 미소가 최고의 보상이다. 그의 눈에 눈물이 맺힌다.

"넌 나를 피해 숨은 게 맞아, 마테오. 너 같은 사람을 만나길 항상 바랐는데 고작 앱 따위로 널 찾아냈다니. 이게 뭐냐."

그가 감상에 젖은 건 이해하지만, 루퍼스와 나를 이어 준 매체를 바꾸고 싶지는 않다.

"난 라스트 프렌드 앱이 좋아. 함께할 사람을 찾으려고 가입해서, 난 너를 넌 나를 찾아냈고, 우린 육감만 믿고 만나 보기로 했지. 어느 시점에서 달라질 수 있었겠어? 나 혼자서 여길 벗어났다거나 우리 동선이 교차했을 거라 장담할 수 없잖아. 여생이 하루뿐인 상황에서는. 그래 뭐, 그랬다면 근사한 이야기가 만들어졌겠지만, 네가 거기 있었던 건 다름 아닌 앱 때문이라고 생각해, 난. 내가 그 앱에 가입했다는 건 외로워서 누군가와 연결되길 바랐다는 뜻이고. 그저 처음엔 너와의 관계에 큰 기대를 걸지 않았을 뿐이지."

"네, 네, 지당한 말씀입니다, 마테오 토레즈 씨."

"이따금 그럴 때가 있지요, 루퍼스 에메테리오 씨."

그의 성까지 붙여 말하기는 처음이다. 발음이 틀리지 않았어야 할 텐데.

주방으로 가서 먹을 것을 좀 챙겨 온다. 유치하지만 우린 소꿉놀이를 시작한다. 루퍼스에게 알레르기가 없다는 걸 확인한 뒤 난 크래커에 땅콩버터를 발라 아이스티 한 잔과 함께 건넨다.

"오늘 하루 어땠어, 루퍼스?"

"최고였어."

"나도."

루퍼스가 침대 끝을 톡톡 두드린다.

"이리 와."

난 그의 곁에 앉는다. 우린 팔다리를 맞대고서 각자의 과거이야기를 나눈다. 루퍼스의 부모님은 그가 성질을 부릴 때마다 당신들과 함께 방 한가운데에 억지로 앉게 하셨다는데, 비슷한 상황에서 내 아빠라면 나한테 샤워를 하면서 마음을 다스리라고 했을 것이다. 그리고 그는 내게 올리비아 누나 얘기를, 난 그에게 리디아 얘기를 한다.

마침내 대화의 주제가 과거에서 현재로 넘어온다.

루퍼스가 손가락으로 우리를 에워싸는 원을 그린다.

"여긴 우리의 안전지대, 우리만의 작은 섬이야. 우린 이 안에만 머무를 거야. 가만히 있으면 죽을 수도 없어. 무슨 말인지 알겠어?"

"서로 숨 막혀 죽을지도 몰라."

"이 섬 밖에서 죽는 것보단 낫겠지."

난 심호흡을 한다.

"하지만 만약 어떤 이유로든 이 계획이 실패한다면, 우린 다음 생에서 서로를 찾기로 약속하자. 사후세계란 건 반드시 있어야 해, 루프. 그래야 이렇게 일찍 죽는 게 덜 억울하지."

루퍼스도 끄덕인다.

"식은 죽 먹기로 날 찾을 수 있게 해 줄게. 네온사인. 마칭 밴드(marching band, 행진을 하면서 연주하는 악대—옮긴이)."

"좋아, 거긴 안경이 없을 것 같은데 잘됐네. 안경도 같이 저 세상으로 가는 건지 잘 모르겠어서 말이야."

"사후세계에 영화관이 있다고 믿으면서 안경은 잘 모르겠다고? 야, 아무래도 네 사후세계는 뭔가 어설픈데?"

루퍼스는 내 안경을 벗겨 자기가 써 본다.

"우와. 시력이 엉망이구먼."

시야가 흐릿하다. 그의 특징은 하나도 보이지 않고 피부색만 식별할 수 있을 정도다.

"안경을 가져가면 난 어떡하냐? 너도 멍청해 보일걸?"

"사진 좀 찍고. 아니다, 너도 같이 찍자. 이리 와서 기대 봐."

아무것도 보이지 않지만 정면을 바라본다. 눈을 가늘게 뜨고, 웃는다. 그가 내 얼굴에 도로 안경을 씌워 준다. 사진을 확인해 본다. 난 자다가 막 일어난 사람 같고, 내 안경을 쓴 루퍼스는 다정하고 친근해 보인다. 사진 속의 우리는 워낙 오랫동안 알고 지내서 이런 식의 실없는 짓이 자연스러운 사이 같다. 정말이지, 이런 관계는 기대조차 하지 않았는데.

"시간이 더 있었다면 널 사랑했을 거야."

지금 이 순간 그렇게 느끼기 때문이다. 몇 초 전, 몇 분 전, 몇 시간 전에도 그렇게 느꼈다.

"어쩌면 이미 그런지도 몰라. 이 말을 뱉어 버리면 네가 싫어할지도 모르고 그러지 않기를 바라지만, 난 행복한걸.

이 말을 할 수 있는 자격을 얻기 위해 얼마나 오랜 시간을 알고 지내야 하는지 사람마다 기준이 있겠지. 우리가 함께한 시간은 거의 없다시피 하지만 난 거짓말하지 않겠어. 사람들은 때를 기다리느라 시간을 허비하지만 우리한테 그건 사치야. 우리가 오랜 세월을 더 산다면 아마 넌 사랑한다는 말이 지긋지긋해질 거야. 나한테서 귀가 따갑도록 듣게 될 테니까. 우린 그렇게 될 거라고 난 매우 확신해. 하지만 우린 곧 죽으니까, 난 할 수 있을 때 실컷 말할래. 사랑해, 사랑해, 사랑해, 사랑해."

루퍼스
오후 7시 54분

"요. 나도 사랑해. 말하지 않아도 잘 알겠지만. 이거 널 어떻게 해 보려고 하는 말 아니다? 나 그런 놈 아닌 거 알지?"

와, 어찌나 진심인지 가슴이 다 아리다. 나를 부활시킨 그에게 다시 입을 맞추고 싶지만 난 꼼짝할 수 없다. 내가 몰상식한 놈이라면, 나다움을 지키려 이토록 이 악물고 애쓰지 않는다면, 너무 화가 나 또다시 이성을 잃고 멍청하게 주먹질을 할 것만 같다.

"세상이 진짜 환장하게 잔인하다. 전 여자친구랑 사귄다는 이유로 사람을 죽도록 패다가 '최후의 날'을 맞이했는데, 지금은 만난 지 24시간도 안 된 멋진 남자랑 한 침대에 있고……. 이거 좆 같네. 혹시 넌……."

"혹시 난 뭐?"

열두 시간 전의 마테오였다면 나한테 뭘 묻기조차 불안했을 것이다. 물었더라도 눈은 딴 데를 봤을 것이다. 지금의 그는 내 시선을 피하지 않는다.

묻기 싫지만, 그의 마음에도 걸리적대는 의문일지 모르니.

"우리가 서로를 만났기 때문에 죽는 거라고 생각해?"

"죽기로 예정된 건 우리가 만나기도 전인데?"

"알아. 하지만 바위나 별자리나 뭐 그런 데 꼭 그런 식의 예언이 새겨져 있잖아. '두 인간이 만난다. 서로에게 빠진다. 그리고 죽는다.'"

진정 이것이 우리에게 예정된 운명이라면, 난 내키는 대로 아무 벽에나 주먹을 날릴 것이다. 날 말릴 생각은 마라.

마테오가 내 손을 꼭 쥔다.

"그건 우리 얘기가 아니야. 우린 사랑 때문에 죽지 않아. 이러거나 저러거나 죽을 운명이었어. 넌 내 목숨만 살린 게 아니라 나한테 삶다운 삶을 안겨 줬어."

그는 내 무릎 사이로 비집고 들어와 나를 세게 당겨 안는다. 고동치는 그의 심장 박동이 내 가슴에 전해진다. 그에게도 내 심장이 느껴지겠지. 그가 속삭인다.

"두 인간이 만났다. 사랑에 빠졌다. 그리고 살았다. 이게 우리 이야기야."

"이게 낫네. 끝부분은 아직 좀 더 손봐야겠지만."

마테오는 가슴을 떼고 내 눈을 들여다본다.

"끝에 대한 건 잊어버려. 이 세상에 기적을 기대할 분위기는 아닌 것 같으니, 행복한 결말을 바라지도 말아야지. 난 우리가 오늘을 살면서 끝낸 것들만 생각할래. 예컨대 오늘 나는 바깥 세상과 그 세상에 사는 사람들을 무서워하는 겁쟁이이길 그만 뒀지."

"난 내가 싫어하는 인간이길 그만뒀고. 그러지 않았음 너도 날 좋아하지 않았을 거야."

마테오는 눈물이 그렁그렁한 채 미소 짓는다.

"너도 내가 용감해지길 기다려 주지 않았을 테고. 어쩌면 평생을 잘못 사느니 하루를 제대로 살고 행복해지는 게 더 나은지도 몰라."

정말이지 마테오는 옳은 말만 한다.

우린 그의 베개에 함께 머리를 누인다. 이대로 둘 다 잠든 채 죽으면 좋겠다. 어차피 갈 거라면 그게 가장 좋은 방법인 것 같다.

난 나의 '마지막 친구'에게 키스한다. 우리를 만나게 해 준 세상이 우리의 적일 리 없으므로.

마테오

오후 8시 41분

잠에서 깬다. 불사신이라도 된 기분이다. 이 불굴의 정신이 깨져 버릴세라 시간도 확인하지 않는다. 생각 같아선 이미 다음 날이다. 사상 최초로 데스캐스트의 예고를 물먹인 사람이 되었다. 안경을 찾아 쓰고 루퍼스의 이마에 입맞춘다. 곤히 잠든 그를 지켜보다가, 불현듯 긴장이 돼 그의 가슴에 손을 얹어 보고서야 안심한다. 그의 심장도 여전히 뛰고 있다. 그 역시 불사신이다.

우리만의 안전한 섬을 떠나다 들키면 루퍼스 손에 죽을 테지만, 그를 아빠한테 소개해 주고 싶다. 난 루퍼스를 조심히 타고 넘어 침대를 빠져나온다. 방에서 나와 찻물을 끓이러 주방으로 향한다. 가스레인지에 주전자를 올리고 찬장에 있는 찻잎들을 살펴본다. 페퍼민트가 좋겠다.

가스레인지 불을 켜는 순간, 막심한 후회로 심장이 쿵 내려앉는다. 죽음이 임박했음을 내내 알고 있었으면서도, 막상 닥쳐온 죽음은 갑작스럽기만 하다.

루퍼스

오후 8시 47분

연기에 숨이 막혀 잠에서 깬다. 귀청을 찢을 듯이 울려 대는 화재경보기 소리 때문에 도무지 정신을 차릴 수가 없다. 영문을 모르겠지만 마침내 때가 왔다는 건 알겠다. 마테오를 깨우려 손을 뻗지만 온통 캄캄한 가운데 손에 닿는 건 휴대전화뿐이라 일단 주머니에 넣는다.

"마테오!"

아무리 울부짖어도 시끄러운 화재경보음에 묻혀 버리고 숨조차 잘 쉬어지지 않지만, 그래도 외쳐 부른다. 시야를 밝혀 주는 것이라곤 창문으로 비쳐드는 침침한 달빛뿐이다. 내 스웨터를 주워 얼굴을 감싸고서 바닥을 기어 다니며 마테오를 찾아본다. 여기 어딘가에 있어야만 한다. 연기가 일어나는 곳 근처가 아니라. 난 머리를 세차게 흔든다. 마테오가 불에 탄다는 생각을 떨쳐 버려야 한다. 아니다, 그런 일은 없다. 있을 수 없는 일이다.

현관문을 찾아 열자 그리로 검은 연기가 빠져나간다. 난 연방 기침을 하고 캑캑댄다. 신선한 공기가 필요한데 공황이 최고조에 이른 탓에 꼼짝없이 사지로 몰리는 기분이다. 숨을 쉬기가 씨발 존나 힘들다. 이웃 사람들이 나와 있다. 마테오한테서 이웃 얘기는 들은 적이 없다. 마테오한테서 듣지 못한 이야기가 너무나도 많다. 괜찮다, 아직 몇 시간쯤은 더 함께할 수 있으니. 그를 찾기만 하면 된다.

한 아줌마가 말한다.

"소방서엔 이미 연락했단다."

어떤 아저씨는 계속 캑캑대는 내 등을 두드려 준다.

"누가 얘한테 물 좀 가져다주지?"

또 다른 아저씨가 말한다.

"아까 마테오한테서 쪽지를 받았거든. 자긴 곧 죽는다면서 이제 가스레인지는 신경 쓰지 말라고……. 언제 돌아온 거야? 아까 문 두드렸을 때는 없었는데!"

난 사력을 다해 내 몸에서 기침을 몰아낸다. 본래 내 힘을 넘어서는 괴력으로 그 아저씨를 떼밀어 버리고, 불타는 집 안으로 다시 뛰어 들어가 시뻘건 화염이 이글거리는 주방으로 직행한다. 그 안에서는 엄청난 열기가 휘몰아치고 있었는데, 이 정도로 뜨거운 공기를 난 이제껏 경험한 적이 없었다. 쿠바의 바라데로 해변으로 가족여행을 갔을 때가 그나마 가장 비슷한 경험이랄까. 마테오가 왜 침대를 벗어났는지 모르겠다.

젠장, 우린 합의하지 않았던가. 가스레인지에 뭔 문제가 있었는지는 모르지만, 내가 아는 마테오가 맞는다면, 물론 맞을 테고, 그는 우리 둘에게 이로운 일을 하고자 했을 것이다. 그게 어떤 일이었건 그의 목숨과 맞바꿀 만큼 가치 있을 리 없다.

불길 속으로 난 들어간다.

주방으로 뛰어 들어가려는데 발에 뭔가 단단한 것이 걸린다. 난 무릎을 꿇고 그것을 붙잡는다. 내가 잠에서 깼을 때 날 감싸고 있었어야 할 팔이다. 난 마테오를 붙잡는다. 내 손가락이 지글지글 끓는 피부를 깊이 파고든다. 난 미친 듯이 울부짖으며 마테오의 다른 팔을 찾아 그를 화염과 연기로부터 멀어지게, 문간에서 고함만 쳐 대지 안으로 들어와 두 젊은이를 구해 낼 용기는 없는 쪼다들 쪽으로 끌어낸다.

복도 조명이 마테오를 비춘다. 등이 심하게 탔다. 그를 돌리자 거의 절반은 알아볼 수 없을 만큼 타고 나머지 반은 검붉게 그을어 버린 얼굴이 드러난다. 난 그의 목을 그러안고 아기 어르듯 앞뒤로 흔든다.

"일어나, 마테오, 일어나, 일어나."

난 애원한다.

"왜 그랬어……. 우리, 우리 침대에만 있기로 약속했는데……."

왜 침대를 벗어났을까. 화염과 연기에 휩싸인 저 집에서 왜 내 곁을 떠난 걸까.

소방관들이 도착한다. 날 마테오한테서 떼어 놓으려 드는 이웃들을 향해 난 주먹을 휘두른다. 한 명만 내 주먹에 맞아도 다 같이 꺼져 버렸으면 좋겠다. 마테오의 집을 집어삼킨 불구 덩이 속으로 죄다 처넣고 싶다. 뺨을 때려서라도 마테오를 정 신 차리게 하고 싶은데, 이미 화염에 처참하게 얻어맞은 이 얼 굴을 차마 또 때릴 수가 없다. 바보 같은 마테오, 어째서 깨어 날 생각을 않느냐 말이다, 젠장.

한 소방관이 내 옆으로 와 한쪽 무릎을 꿇는다.

"이 친구를 구급차에 싣게 해 줘."

결국 난 물러서며 지푸라기라도 잡는 심정으로 거짓말을 한다.

"애한텐 오늘 예고 전화도 없었어요. 빨리 병원에 데려가 주 세요. 부탁합니다."

마테오가 들것에 실려 승강기로 1층까지 내려가고 로비를 통과해 구급차 쪽으로 이동할 때까지 내내 나도 곁에 붙어 간 다. 구급차 근처에서 대기 중이던 구급대원이 마테오의 맥박 을 확인하더니 동정 가득한 표정으로 날 바라본다. 저 얼굴을 뭉개 버리고 싶다.

"빨리 병원에 가야죠, 안 보여요? 빨리요! 씨발 꾸물댈 시간 이 없어! 가자고!"

"죄송합니다. 이미 사망하셨어요."

"헛소리 집어치우고 씨발 당장 병원으로 데려가라고!"

다른 구급대원이 구급차 뒷문을 열지만, 마테오를 싣지는 않는다. 그 대신 큼직한 자루를 끄집어낸다.

헐, 무슨 짓이지.

난 그의 손에서 자루를 홱 낚아채 떨기나무 덤불에다 던져 버린다. 저 자루의 용도는 시체는 담는 것인데 마테오는 죽지 않았으니까. 난 끅끅대고 오열하며, 죽을 것 같은 심정으로 마테오 곁으로 돌아간다.

"왜 이래, 마테오. 나야, 루프. 내 말 들리지, 응? 루프라니까. 이제 일어나. 제발 일어나라고."

오후 9시 16분
난 도로 경계석에 앉아 있다. 구급대원들이 마테오 토레즈를 자루에 넣는다.

오후 9시 24분
스트라우스 메모리얼로 향하는 구급차 뒤편에서 응급처치를 받는 중이다. 여기 앉아 있으니 가족이 한꺼번에 죽어 가던 때의 기억이 또다시 되살아난다. 심장이 타는 듯하다. 나보다 먼저 죽은 마테오가 원망스러워 견딜 수가 없다. 여기 있기 싫다. 숨 쉴 때마다 폐가 찢어지는 것 같아도, 자전거 대여점을 찾아보거나 마구 달리고 싶다. 하지만 마테오를 이렇게 두고 떠나 버릴 수는 없다.

자루 속 소년에게 우리가 함께 할 모든 것을 이야기하지만, 그는 들을 수 없다.

병원에 도착하자 그들이 우릴 갈라놓는다. 나는 중환자실로 가고 마테오는 관찰을 위해 영안실로 보내진다.

심장이 타는 듯하다.

오후 9시 37분

병원 침상에 누워 산소마스크로 질 좋은 공기를 마시면서, 인스타그램에 플루토 애들이 눌러 준 '좋아요'와 댓글들을 하나씩 확인한다. 우는 얼굴의 이모티콘 따위는 없다. 내가 싫어하는 걸 걔들은 안다. 마테오와 함께 찍은 마지막 사진에 달린 댓글이 특히 감동적이다.

> @tagoeaway: 널 위해 열심히 살게, 루프! #Plutos4Life #플루토만세
> @manthony012: 사랑한다, 짜식. 다음 레벨에서 딱 기다려라.
> #Plutos4Life
> @aimee_dubois: 사랑해. 매일 찾아갈게. #플루토_성좌

물정 모르는 애들은 아니라 무사하길 바란다거나 하는 얘기는 없지만, 날 응원하는 마음을 여실히 느낄 수 있다.

녀석들은 사진마다 빠짐없이 댓글을 달았다. 자기들도 우리랑 같이 다녔더라면 얼마나 좋았을까, 란다. 세계여행 체험

장에, 메이크어모멘트에, 묘지에. 어디든.

플루토 채팅방을 열고 가슴이 미어지는 메시지를 보낸다.

'마테오가 죽었어.'

엄청난 속도로 애도 문자가 날아들어, 순간 눈앞이 어질할 지경이다. 자세한 건 묻지 않는데, 보나 마나 타고는 어찌된 일이냐고 묻고 싶은 걸 꾹꾹 눌러 참느라 안간힘을 쓰고 있을 것이다. 어쨌든 캐묻지 않으니 나로선 다행이다.

잠시 눈 좀 붙여야겠다. 오래 자진 못할 거다. 그럴 시간도 없고. 하지만 합병중 등의 피치 못할 사정으로 다시는 눈을 뜨지 못하게 될 경우를 대비해, 플루토 애들한테 마지막 문자를 쓴다.

'무슨 일이 생기거든, 날 앨시아 공원에 뿌려 줘. 서로의 주변을 공전해라, 존나게 열심히. 사랑한다.'

오후 10시 2분

악몽을 꾸다 퍼뜩 깬다. 온몸에 불꽃을 휘감은 마테오가 나타나, 날 만나지 않았다면 죽지 않았을 거라며 나를 탓하는 꿈이었다. 마테오의 독기 어린 원망이 내 가슴을 뜨겁게 파고들지만, 난 그저 악몽일 뿐이라며 애써 떨쳐낸다. 마테오는 무슨 일이 생겨도, 아무도 원망하지 않는 사람이니까.

마테오는 죽었다.

빠져나올 길은 없었다. 누군가를 구하려다 그리되었을 것이다. 자기보다 남을 위하는 사람이니까. 아니, 영웅 노릇을 하다 죽지 않았다 해도, 그는 영웅으로서 죽었다.

마테오 토레즈는 날 살렸다.

리디아 바르가스

오후 10시 10분

리디아는 위안거리인 사탕을 입에 물고서 소파에 앉아 있다. 페니를 재우지도 않는다. 할머니는 페니를 돌보느라 고단해져 이미 주무신다. 페니는 얌전하다. 보채거나 징징대지도 않는 게, 마치 뭘 알고서 엄마한테 쉴 시간을 주는 것 같다.

리디아의 전화벨이 울린다. 아까 마테오가 걸었던 번호, 루퍼스의 전화번호다.

냉큼 전화를 받는다.

"마테오!"

페니가 문 쪽을 돌아보지만, 마테오는 거기 없다.

리디아가 기다리는 목소리도 넘어오지 않는다.

"……루퍼스?"

심장이 마구 두근거린다. 리디아는 눈을 질끈 감는다.

"어."

올 게 왔구나.

리디아는 소파에다 전화기를 떨어뜨리고 쿠션을 팡팡 때려 페니를 놀라게 한다. 어떻게 그리됐는지 알고 싶지 않다. 오늘은 싫다. 이미 무너진 가슴, 가루가 되도록 산산이 부수고 짓이겨 무엇 하겠는가. 아주 작은 손이 리디아의 얼굴을 덮은 손을 잡고 당긴다. 아까도 그랬듯이, 엄마가 울자 페니의 눈에도 덩달아 눈물이 그렁그렁 맺힌다.

"엄마."

이 한마디가 모든 말을 대변한다. 실컷 슬퍼해도 돼요, 대신 곧 원래의 엄마로 돌아와 줘요. 엄마 자신을 위해 그럴 수 없다면 딸을 위해서라도.

리디아는 페니의 이마에 입맞춤하고 다시 전화기를 집어든다.

"아직 있어, 루퍼스?"

"어. 상심이 크지?"

"너도 마찬가지지 뭐. 어디야?"

"걔 아버지 계신 데랑 같은 병원."

너는 괜찮으냐고 묻고 싶지만, 루퍼스의 시간도 얼마 남지 않았음을 리디아는 알고 있다.

루퍼스가 말한다.

"뵈러 갈까 해. 마테오는 아버지께 밝히고 싶어 했는데…… 그럴 수 없게 됐지. 내가 대신 말씀드려야 할까? 내가 그러는 건 이상한가? 걔에 대해선 네가 제일 잘 알잖아."

"너도 나 못지않게 잘 아는걸. 네가 못 하겠으면 내가 할게."

"듣지 못하신다는 건 알지만, 당신 아들이 얼마나 용감했는지 말씀드리고 싶어."

용감'했는지'. 마테오는 이제 '그랬던' 사람이구나.

리디아는 말한다.

"난 들을 수 있어. 나한테 먼저 얘기해 줘."

리디아는 페니를 무릎에 앉히고서 루퍼스의 이야기를 듣는다. 마테오가 오늘 밤 직접 들려줄 수는 없게 된 그 모든 이야기를. 내일은 마테오가 페니 것이라며 사다 준 책장을 조립하고 페니의 방 안 여기저기에 그의 사진을 붙여야지.

리디아는 그녀가 할 수 있는 유일한 방법으로 마테오를 계속 살게 할 것이다.

델릴라 그레이
오후 10시 12분

델릴라는 잘리지 않았고, 인터뷰를 토대로 부고 기사를 작성하는 중이다. 하우이 말도나도는 다른 삶을 살고 싶어 했던 것 같지만, 델릴라는 그의 삶에서 중요한 교훈을 얻었다. 즉, 삶은 균형이라는 것. 원그래프 안에 삶의 모든 영역이 균일한 조각으로 들어가야 행복을 극대화할 수 있다는 것.

델릴라는 오늘 죽음을 맞지 않으리라 확신했었다. 그러나 어쩌면 죽음은 그녀에게 다른 계획이 있는지도 모른다. 얼마 후면 자정이 된다. 두 시간이 조금 못 되는 그 시간 안에, 그녀는 잇달아 밀려드는 파도처럼 쉴 새 없이 자신을 이리저리 휩쓸었던 오늘의 모든 일들이 그저 우연이었는지 파국의 전조였는지 확인할 수 있을 것이다.

델릴라는 건너편 공원과 같은 이름인 '앨시아' 식당에 있다. 어긴 그녀와 빅터가 처음 만난 곳이다. 살아생전 마지막일지도 모를 이 몇 시간 동안 사랑하는 남자를 직접 만나기보다 대

438

체로 멀리서만 알았던 남자의 부고 기사를 쓰는 것도 부질없게 느껴진다.

노트북을 옆으로 밀고, 그렇게 비운 자리에 어젯밤 빅터가 돌려받길 거부했던 반지를 놓는다. 운명을 점쳐 볼 셈이다. 에메랄드가 그녀를 가리키면, 더 고집 피우지 않고 그에게 전화할 것이다. 테가 그녀를 가리키면, 부고 기사를 완성하고 집으로 돌아가 단잠을 잔 뒤 내일 다음 단계를 모색할 것이다.

반지를 돌린다. 반지의 회전이 느려지다 멎는 순간, 에메랄드는 정확히 그녀를 가리키고 있다. 그녀의 어깨나 다른 손님 쪽으로 한 치도 기울지 않고.

델릴라는 잽싸게 전화기를 꺼내 빅터에게, 그가 터무니없는 장난을 치는 것이길 간절히 바라며 전화를 건다. 어쩌면 데스캐스트의 수많은 비밀 중 하나는 그들이 죽을 사람을 정한다는 것인지도 모른다. 누구도 당첨되길 바라지 않는 복권처럼 말이다. 어쩌면 빅터가 출근을 해서는 간부급 실무자 씨의 책상에 그녀의 이름을 슬쩍 밀어 넣고 "데려가세요"라고 말했는지도 모른다.

어쩌면 실연이 사람을 죽게도 하나 보다.

빅터 갤러허
오후 10시 13분

빅터 갤러허는 오늘 죽지 않으므로 데스캐스트로부터 전화가 오지 않았다. 직원에게 '최후의 날'을 알리는 절차에는 '회의'를 핑계로 해당 데커를 관리자 사무실로 호출하는 단계가 포함된다. 다른 직원들로선 그 사람이 죽는 건지 잘리는 건지 알 길이 없다. 일단 불려 가면 돌아오지 않으니까. 그러나 빅터는 오늘 죽지 않으므로 별다른 걱정은 하지 않는다.

오늘은 평소보다 더 우울한 날이었다. 그의 약혼녀가—할머니의 반지가 아직 델릴라에게 있으니 그녀는 여전히 그의 약혼녀—어젯밤 이별을 고했기 때문이다. 그녀는 더 이상 그와 같은 마음이 아니라는 핑계를 댔지만, 실은 요즘 들어 그가 이상하게 굴었기 때문임을 그는 알고 있다. 아닌 게 아니라 석 달 전 데스캐스트에 입사한 뒤 그는 줄곧—더 강한 표현을 찾기 어려워서 말인데—등신처럼 굴었다. 지금 그는 전 직원을 대상으로 운영되는 사내 심리상담소로 가는 길이다. 델릴라가 둘의 관계를 끝내자고 한 건 둘째 치고, 업무의 중압감에 정말 죽을 것 같아서다. 그 어떤 호소에도 응할 수 없고, 그 어떤 질문에도 답할 수 없다. 무엇보다도, 업무 자체가 사람 피를 말리는 듯하다. 그러나 수입이 우라지게 좋고 건강보험 혜택도 우라지게 괜찮으니 약혼녀와 함께 삶이 다시 우라지게 좋아지길 바랄 뿐이다.

빅터는 위치가 당연히 대외비인 회사 건물로 걸어 들어간다. 때마침 동료 직원인 안드레아 도나휴도 같이 들어가는데, 그녀는 노란 벽에 죽 걸린 빅토리아 시대 사람들 및 전직 대통령들 초상화에 대고 일일이 감탄사를 연발한다. 데스캐스트 내부의 꾸밈새는 사람들이 상상하는 것과 다르다. 암울하거나 진중한 분위기가 전혀 아니다. 탁 트인 공간 구성으로 유치원처럼 덜 사무적이고 보다 밝은 분위기를 꾀해, 알리미들이 좁아 터진 칸막이 안에서 '최후의 날' 예고 전화를 돌리다 정신 줄을 놓아 버릴 가능성을 확 낮췄다.

"안녕하세요, 안드레아."

빅터는 인사를 건네며 승강기 버튼을 누른다.

안드레아는 데스캐스트 설립 당시부터 여기서 일했다. 우라지게 좋은 수입으로 아이들의 치솟는 사교육비를 감당하고 우라지게 괜찮은 건강보험 혜택으로 다친 다리를 치료해야 하므로 그녀로선 싫어도 꾸역꾸역 다녀야 하는 직장임을 빅터도 알고 있다.

그녀도 인사한다.

"안녕하세요."

"고양이는 요즘 어때요?"

데스캐스트 관리부는 직원들에게 교대 전후로 가벼운 잡담을 나누라고 권고한다. 내일이 있는 사람들과 관계를 맺는 작은 기회라는 것이다.

"요즘도 고양이죠."

"그렇군요."

승강기가 도착한다. 빅터는 본인과 안드레아가 타자마자 곧바로 '닫힘' 버튼을 누른다. 기본적으로 누군가의 삶을 끝장내러 가는 길에 연예인들 소문이나 재미없는 TV 프로그램 같은 시답잖은 얘기를 줄줄 늘어놓는 동료 직원들을 더 만나고 싶지 않다. 빅터와 델릴라는 그들을 '스위치'라고 부른다. 그들은 그런 사람들이 존재한다는 사실을 혐오한다.

주머니 안에서 전화기가 진동한다. 빅터는 델릴라의 전화일 거라 지레짐작하는 망상에 빠지지 않으려 애쓰지만, 발신자 번호를 보고는 심장이 미친 듯이 벌렁거린다.

"그 사람이네요."

마치 안드레아도 사정을 다 아는 것처럼 빅터는 그녀에게 말한다. 설령 안드레아가 빅터의 사생활에 관심이 있다 해도 빅터가 그녀의 새 고양이한테 관심이 있는 만큼에 지나지 않을 텐데 말이다. 그는 반갑게 전화를 받는다.

"델릴라! 안녕."

조금 안달하는 티가 나지만, 이런 게 소위 말하는 사랑 아니겠는가.

"빅터 당신이 그랬어?"

"뭘?"

"장난하지 마."

"무슨 소릴 하는 거야?"

"'최후의 날' 예고. 당신이 화가 나서 누굴 시켜 날 괴롭힌 거 아냐? 그랬다 해도 고발하진 않을게. 이제 그냥 솔직히 말해. 듣고 잊어버릴 테니."

승강기가 10층에 이르지만 빅터는 의욕을 상실한다.

"예고를 받았다고?"

내리려던 안드레아가 그대로 머무른다. 걱정스러워서인지 호기심 때문인지 모르겠지만 아무래도 상관없다. 델릴라가 장난을 치는 게 아님을 빅터는 알고 있다. 빅터는 말투만으로도 그녀의 거짓말을 알아챌 수 있는데, 지금 그녀는 실제로 위협을 느끼고 그를 다그치고 있다. 그녀의 짐작이 사실로 밝혀진다면 틀림없이 그를 고발할 것이다.

"델릴라."

수화기 저편이 잠잠하다.

"델릴라, 당신 어디야?"

"앨시아."

두 사람이 처음 만났던 식당이다. 역시 그녀는 여전히 그를 사랑한다. 그런 줄 알았다니까.

"거기 꼭 붙어 있어, 알았지? 내가 금방 갈게."

그는 다시 '닫힘' 버튼을 누른다. 얼결에 안드레아를 가둔 셈이지만 그런 걸 따질 겨를이 없다. 로비 버튼을 한 서른 번쯤, 승강기가 이미 내려가고 있는데도 계속 두드린다.

델릴라는 울먹이기 시작한다.

"어떡해, 하루를 버렸어. 난 그저 장난인 줄 알고…… 어쩜 이렇게 멍청하지? 멍청이 멍텅구리야, 난. 하루를 그냥 날려 버렸어."

"멍청하지 않아. 당신은 무사할 거야."

오늘 이전에는 한 번도 데커에게 거짓말을 해 본 적이 없다. 오 맙소사, 델릴라가 데커라니. 승강기가 2층에 서자 그는 쏜살같이 튀어 나가 아래층으로 날듯이 내려가고, 그사이 통화가 끊어진다. 그는 로비를 가로질러 내달린다. 델릴라 당신을 얼마나 사랑하는지 몰라, 지금 가는 길이야, 거기서 기다려……. 시계를 확인해 본다. 약 두 시간 남았지만, 그가 아는 한 단 2분 만에 다 끝나 버릴 수도 있다.

빅터는 차에 올라 앨시아로 출발한다.

루퍼스

오후 10시 14분

마지막으로 인스타그램에 올리는 게시물은 나와 '마지막 친구'가 함께 찍은 사진이다. 배경은 그의 방, 난 그의 안경을 썼고 그는 눈을 찡그렸으며 우린 환히 웃고 있다. 그를 잃기 전, 우리가 행복했던 순간이었다. 스크롤을 내려 내가 올린 사진들을 쭉 보다 보니, 우리의 '최후의 날'에 마테오가 내게 선사한 톡톡 튀는 색채의 향연이 눈물 나게 고맙다.

간호사는 나더러 가만히 누워 있으라 하지만, 데커로서 나에겐 간호 거부권이 있을 뿐 아니라, 마테오의 아버지를 뵈러 가야 하는 이때에 여기서 뭉개다니 절대 있을 수 없는 일이다.

내 남은 생은 두 시간이 채 되지 않고, 아버지를 만나고 싶다는 마테오의 마지막 요청을 들어주는 것보다 그 시간을 더 보람차게 보낼 방법은 떠오르지 않는다. 이번엔 진짜다. 마테오를 내가 만 하루도 안 되어 사랑하게 된 남자로 키워 준 사람을 꼭 만나야겠다.

난 무작정 8층으로 내려가는데 간호사가 기어이 따라온다. 그래, 선한 의도로 날 돕고 싶은 건 알겠다. 다만 나는 몸이 많이 불편한 환자가 아니다. 병실 앞에서 난 망설이지도 않는다. 당당히 문을 열고 들어간다.

마테오의 아버지는 내가 그려 본 미래의 마테오와 똑같지는 않아도 제법 많이 닮았다. 깨어나도 집에서 맞이해 줄 아들이 더 이상 없다는 사실을 까맣게 모르는 채 여전히 죽은 듯 잠들어 계신다. 집에 뭐가 남아 있기나 한지도 모르겠다. 불길이 더 번지기 전에 잡혔기를 바랄 뿐이다.

난 아저씨 곁에 앉는다. 새벽에 마테오가 앉아 노래를 불렀던 바로 그 의자에.

"안녕하세요, 아저씨. 제 이름은 루퍼스고요, 마테오의 '마지막 친구'였어요. 걔가 말씀드렸는지 모르겠는데, 걜 집에서 데리고 나온 게 바로 저랍니다. 그 친구 정말 용감했어요."

주머니에서 전화기를 꺼낸다. 전원이 꺼지지 않아 다행이다.

"아저씨도 아들 녀석이 되게 기특하시죠? 사실 처음부터 줄곧 용기를 품은 사람인 걸 아저씨도 알고 계셨을 거예요. 만난 지 하루도 안 된 저도 그 친구가 무척 자랑스러운걸요. 본인이 늘 되고자 했던 사람으로 성장하는 걸 곁에서 지켜봤거든요."

난 오늘 찍어 올린 사진을 처음부터 내려가며 아저씨께 보여 드린다. 마테오를 만나기 전에 찍은 것들은 넘어가고 원색으로 올린 첫 사진부터 시작한다.

"우린 오늘 참 많은 삶을 살았어요."

난 사진을 한 장 한 장 넘기며 간단한 설명을 곁들인다. 이건 '이상한 나라의 마테오'를 몰래 찍은 건데요, 본인도 이 사진은 보지 못했어요. 이건 메이크어모멘트에서 '스카이다이빙'을 하기 전에 비행사 복장을 하고 둘이서 찍은 사진이고요. 이건 공중전화 공동묘지인데요, 여기서 우린 많은 것들의 멸종을 논했죠. 이건 지하철에서 잠든 마테오를 찍은 거예요. 손에 든 건 얘가 레고로 만든 안식처고요. 이건 파다 만 자기 무덤에 들어가 앉은 마테오예요. 이건 '열린 서점'의 진열창이에요. 이 사진을 찍고 몇 분 후에 바로 근처에서 폭발 사고가 일어났는데 우린 살아남았죠. 이 자전거는 원래 제 거였는데요, 마테오가 자전거는 너무 위험하다며 타기를 무서워하더라고요. 그래도 딱 한 번 처음이자 마지막으로 같이 탄 다음엔 그전처럼 무서워하지 않았지만 제가 자전거에 미련이 없어져서 여기 이 형한테 줘 버렸어요. 이 사진들은 '세계여행 체험장'에서 찍은 것들이에요. 이건 클린츠 그레이브야드 바깥에서 찍은 건데요, 이 클럽에서 마테오랑 저랑 노래하고 춤추고 키스하고 다 좋았는데 목숨을 위협받는 상황이 닥쳐와 둘이 도망 나왔어요. 아, 이건 마테오가 자기 방 침대에서 신나게 뛰는 모습이네요. 이건 우리 둘이 찍은 마지막 사진이에요. 제가 마테오의 안경을 썼고 마테오는 눈을 찡그렸지만 행복에 겨운 표정이죠.

저도 행복해요. 비록 지금은 다시 슬픔에 빠져 버렸지만, 아니 그런 지금조차 행복해요. 마테오는 고장 난 저를 고쳐 줬어요.

난 동영상을 재생한다. 아무리 반복해 들어도 질리지 않을 그의 목소리가 흘러나온다.

"이건 걔가 저한테 〈당신의 노래〉를 불러 주는 걸 동영상으로 찍은 거예요. 아저씨도 걔 어머니한테 이 노랠 불러 주셨다면서요? 마테오는 오로지 제게 특별대접 받는 기분을 느끼게 해 주고 싶어서 노래를 부르는 것처럼 굴었어요. 그럼요, 물론 전 특별한 사람이 된 기분이었죠. 그런데 마테오가 노래한 건 자신을 위해서이기도 하다는 걸 전 알아요. 노래하는 걸 정말 좋아하더라고요. 사실 실력은 그다지 좋지 않았지만요, 하하. 마테오는 노래하길 사랑했고, 아저씨랑 리디아랑 페니랑 저랑 모두를 사랑했어요."

마테오의 노래나 내 이야기에도 아저씨의 심장 모니터는 아무런 반응이 없다. 돌연 튀거나 하지도 않고 그저 한결같다. 너무나 가슴 아프다, 이 상황 자체가. 마테오의 아버지는 살아 있으나 여기 갇혀 아무 데도 갈 수 없다. 어쩌면 그것이 요절보다 더한 곤욕일지도 모른다. 하지만 깨어날 가능성도 있다. 장담하는데, 아들을 잃은 아저씨는 매일 수천 명에 에워싸여 산다 해도 이 세상에 홀로 남은 기분일 것이다.

아저씨 침상 옆 서랍장에 사진 한 장이 놓여 있다. 어린 마테오와 아저씨, 그리고 〈토이 스토리〉 케이크가 함께한 사진이다. 꼬마 마테오가 무척이나 행복해 보인다. 어린 시절부터 그를 알고 지냈더라면 얼마나 좋을까 하는 생각이 든다.

일주일만 더 알았더라도.

한 시간이라도 더.

얼마건 간에 시간이 더 있었더라면.

사진 뒷면에 메시지가 적혀 있다.

모든 게 다 고마워, 아빠.

용감해질게. 난 괜찮을 거야.

여기서 그랬듯 저기서도 사랑해요.

마테오.

난 마테오의 손 글씨를 가만히 바라본다. 오늘 써서 배달까지 마쳤구나.

마테오의 아버지는 아들이 무슨 일을 겪었는지 아서야 한다. 주머니를 뒤져 보니 오늘 새벽 마테오와 함께 내 단골 식당에 있을 때 그린 세계 지도가 있다. 형편없이 구겨지고 조금 젖기까지 했지만, 이거면 되겠다. 서랍 안에 들어 있던 펜을 꺼내어 세계랍시고 그린 동그라미 주위로 글을 쓴다.

토레즈 아저씨,

전 후퍼스 에메테리오예요. 마테오의 '마지막 친구'였죠.

그 친구는 '최후의 날'에 무척 용감했답니다.

제가 하루 종일 사진을 찍어 인스타그램에 올렸어요.

마테오가 어떻게 살았는지 아저씨도 보셔야 해요.

제 계정은 '@RufusonPluto'입니다. 생애 최악의 날이 될 뻔했는데 아저씨의 아들이 저한테 돈을 뻗어 줘서 얼마나 다행인지 몰라요.

삼가 고인의 명복을 빌며,

루퍼스 올림. (2017년 9월 5일)

종이를 접어 사진과 함께 놓아둔다.

병실을 나서는데, 몸이 덜덜 떨린다. 마테오의 시신을 보러 갈 생각은 없다. 마테오는 내가 생애 마지막 몇 분을 그렇게 써 버리길 바라지 않을 것이다.

난 병원을 떠난다.

오후 10시 36분

모래시계의 모래가 거의 다 떨어졌다. 점점 오싹해진다. 죽음이 나를 몰래 쫓아다니는 것만 같다. 언제든 그 무시무시한 낫을 휘두를 준비를 하고서 자동차 뒤나 덤불 속에 숨어 있는 게 아닐까.

환장하게 피곤하다. 몸뿐 아니라 마음까지 진이 다 빠져 버렸다. 가족을 잃고 나서도 딱 이런 느낌이었다. 이러한 총체적

슬픔은 오직 시간만이 해결해 줄 수 있는데, 우리 모두 알다시피 내겐 그 시간이 없다.

난 앨시아 공원으로 돌아가는 길이다. 거기서 이 밤의 끝을 기다리려 한다. 그저 평범한 일에 지나지 않지만, 이놈의 떨림을 주체할 수가 없다. 이젠 세상 모든 게 다 경계의 대상일 수밖에 없는데 아무리 촉각을 곤두세운들 그 일이 환장하게 임박했다는 사실은 변하지 않기 때문이다. 우리 가족과 마테오 그 인간이 너무나 보고 싶기도 하다. 요, 사후세계란 건 꼭 있어야 한다. 마테오는 약속한 대로 날 금방 찾아내야 할 거다. 그 인간, 지금쯤 어머니는 만났으려나. 어머니께 내 얘기는 했을지도 궁금하네. 먼저 가족을 찾게 되면, 다 함께 얼싸안고 기뻐하는 시간을 보낸 다음, 다 같이 내 마테오를 찾아달라고 졸라야지. 그다음엔 뭐가 어찌될지 알 바 아니고.

헤드폰을 쓰고 마테오가 내게 노래 불러 주는 동영상을 본다.

멀찍이 앨시아 공원이 시야에 들어온다. 내 대단한 변화의 장소가 머지않았다.

다시 동영상을 들여다본다. 그의 음성이 내 귓속 가득 퍼진다.

앞을 가로막는 팔도 없겠다, 난 거침없이 길을 건넌다.

옮긴이 **이신**

영미권 도서 번역가. 원저자의 문체와 의도를 최대한 살리면서 한국 독자들이 편하게 읽을 수 있는 번역을 추구한다. 옮긴 책으로는 문학수첩의 〈펜더개스트〉 시리즈와 〈셀렉션〉 시리즈를 비롯해 《죽기 위해 산다》, 《신비한 소년 44호》, 《그렇게 한 편의 소설이 되었다》, 《파크 애비뉴의 영장류》, 〈블레이드〉 시리즈 등이 있다.

두 사람 다 죽는다

초판 1쇄 인쇄 2021년 1월 12일
초판 1쇄 발행 2021년 1월 22일

지은이 | 애덤 실베라
옮긴이 | 이신
발행인 | 강봉자, 김은경

펴낸곳 | (주)문학수첩
주소 | 경기도 파주시 회동길503-1(문발동633-4) 출판문화단지
전화 | 031-955-9088(대표번호), 9530(편집부)
팩스 | 031-955-9066
등록 | 1991년 11월 27일 제16-482호

홈페이지 | www.moonhak.co.kr
블로그 | blog.naver.com/moonhak91
이메일 | moonhak@moonhak.co.kr

ISBN 978-89-8392-847-4 03840